사람들은 죽은 유대인을 사랑한다

사람들은 죽은 유대인을 사랑한다
People Love Dead Jews

데어라 혼 지음   서제인 옮김   정희진 해설
DARA HORN

엘리

어떻게 살아가야 할지 그 방법을 아는
마야, 아리, 일라이 그리고 로넨에게

차례

서문

유령이 출몰하는

현재로부터

가끔씩 당신의 몸은 다른 누군가의 유령이 사는 집이 된다. 사람들은 당신을 바라보지만 오직 죽은 사람만 볼 수 있을 뿐이다.

나는 이 사실을 열일곱 살의 가장 평범한 순간에, 테네시주 내슈빌에서 열린 아카데믹 퀴즈볼 토너먼트에서 처음 알게 됐다. 뉴저지 고등학교 여학생 대표로 그곳에 간 나는 미시시피에서 온 두 여학생과 호텔 방을 함께 썼다. 우리는 친한 척했지만 서로에게 타인이자 경쟁자였다. 어느 날 밤 우리는 어린 시절에 좋아했던 TV 프로그램 이야기를 하며, 그때 우리 모두 프레드 로저스 아저씨가 화면을 통해 우리에게 개인적으로 말을 걸고 있다고 믿었던 일에 대해 이야기하며 늦게까지 깨어 있었다. 우리는 함께 웃었는데, 그러다 한 아이가 말했다. "꼭 예수님 같지. 십자가에 못박혀 죽어가시던 예수님도 내 이름을 모르셨지만 난 그분이 날 사랑하셨다는 걸 알아. 그리고 내 이름을 아셨어도 그분은 날 사랑하셨을 거야." 다른 아이가 새된 소리로 말했다. "맞아, 그렇다니까? 꼭 예수님 같아!" 그러더니 두 아이는 구세주의 기쁨이 가득 담긴 얼굴로 나를 보았다.

나는 아무 말도 하지 않았다. 몹시 요란한 침묵이었다. 두 아이는 불편한 얼굴로 기다렸다. 그러다 한 아이가 용기를 내 침묵을 깼다. "북부 사람들은 신앙심이 우리보다 훨씬 덜한 것 같네." 그애가 말을 던져보았다. "너희는 얼마나 자주 교회에 가?"

공교롭게도 나는 독실한 신자였다. 우리 가족은 일주일에 한 번씩 회당에 가서 예배를 드렸고 그보다 자주 가기도 했다. 부모님은 우리 신도 모임의 평신도 지도자로 자원해 일하고 계셨고, 나는 토요일 아침마다 아동부 신도들 앞에서 토라 두루마리●에서 고른 찬양을 드리는 일을 했는데 그건 사실상 모세5경의 상당 부분을 원래의 히브리어로 외우고 있다는 뜻이었다. 일요일이면 나는 뉴욕의 유대교 학교로 십 대를 위한 프로그램을 들으러 가서 네 시간씩 고대 유대교 법률 문서를 배웠고, 화요일과 목요일에는 밤 8시부터 10시까지 동네의 성인 교

● 토라(Torah)는 히브리어로 '율법'을 뜻하는 말로 구약성서의 창세기, 출애굽기, 레위기, 민수기, 신명기 등 다섯 편을 의미하며 보통 '모세5경'이라고도 부른다. 글로 쓰인 토라는 두루마리에 기록해 유대교 회당에 보관해두고 신자들이 함께 읽는다. 토라는 유대 민족의 탄생 과정을 알려주는 역사서이자 삶의 방식을 제시하는 율법서로 유대인들의 삶에 매우 중요한 역할을 한다.

육기관에서 히브리어 수업을 받았다. 내가 다니던 공립학교는 로시 하샤나와 속죄일이 휴일이었지만, 형제자매들과 나는 초막절, 심챗 토라, 유월절, 칠칠절에도 학교를 쉬었다.[*] 나는 즐거움을 위해 유대 철학 책들을 읽으며 신의 본성에 관한 중세와 근대의 논쟁들을 따라갔다. 종종 하루의 시작과 끝에 조용히 히브리어 전통 기도를 드리기도 했다.

이것들 모두와 다른 일들까지 하려면 단순히 '교회에 가는 것'을 훌쩍 넘어서는 우리 가족의 대항문화적 노력과 교육과 헌신이 필요했다. 하지만 이것은—'이것'은 한 인간으로서 내 경험의 핵심이었는데—이 아이들의 질문에 대한 대답으로는 부적절하게 느껴졌다. 나는 회당에 관해 몇 마디 중얼거리고는 프레드 로저스 아저씨 이야기로 돌아갈 방법을 찾아내려고 애를 썼다. 하지만 이제 두 아이는 믿기지 않는다는 듯 입을 딱 벌리고 나를 노려보고 있었다.

"너," 한 아이가 더듬거리며 말했다. "너—너 금발이잖아!"

다른 아이가 눈을 가늘게 뜨고 내 얼굴을 뜯어보았다. 여드름이라도 났나 궁금해질 정도였다. "그리고 너, 눈 색깔은 뭐야?"

"파란색인데." 내가 말했다.

● 로시 하샤나는 유대교의 새해 명절 중 하나이고, 속죄일은 유대교의 가장 엄숙한 제일로 단식과 속죄의 기도를 드리는 날이다. 초막절은 유대교의 추수감사절을 말하며, 심챗 토라는 토라 강독의 한 주기가 끝나고 다음 주기가 시작됨을 축하하는 명절이다. 유월절은 이집트 탈출을 기념하는 유대교의 절기이고, 칠칠절은 유대교에서 밀 수확 시기를 알리는 절기다.

첫 번째 아이가 말했다. "히틀러는 너희 눈이 전부 검은색이라고 했던 것 같은데."

당시 내가 이 말에 무엇을 느꼈을지 지금은 여러 가지로 상상이 가능하지만 그 순간에는 그저 당혹스러울 뿐이었다. 나는 그 주 내내 두들겼던 퀴즈볼 버저 위에 올라간 내 손을 상상하고는 정답을 말했다. "히틀러가 한 말은 다 개소리야."

영원처럼 느껴지는 침묵이 흐른 뒤 한 아이가 순순히 말했다. "네 말이 맞는 것 같기도 하다." **같기도 하다고.** 다른 아이는 내가 "중동 출신"이라면 눈 색깔에 대해 설명해보라면서 더 밀어붙였다. 하지만 착하게 구는 건 그만하면 됐다고 나는 생각했다. 착하게 구는 게 나 자신의 얼굴을 변호해야 한다는 뜻이라면. 나는 혼란에 빠진 채 방을 나섰다.

그날 밤 호텔 공중전화로 어머니와 통화하다가 불쑥 내뱉었다. "이해가 안 돼요. 전국 대회에 나온 애들이에요. 똑똑한 애들이라고요! 그런데 히틀러한테서 정보를 얻고 있다뇨?"

어머니가 길고 지친 한숨을 내쉬었다. "알아." 어머니는 자세한 설명 없이 단지 그렇게만 말했다. "엄마도 다 알지."

그때 어머니는 지금의 내 나이와 같았다. 그리고 이제 나도 안다.

그애들은 멍청한 아이들도 아니었고, 아마도 편견이 심한 아이들은 더욱 아니었을 것이다. 하지만 대단히 일반적이고 선의의 교육을 받은 그애들은 주로 사람들이 유대인을 죽인 적이 있었기 때문에 유대인에 대해 배웠다. 세상 사람 대부분이 그렇듯 그애들도 오직 죽은 유대인들만 접해본 것이었다. 유일한 특성이 죽임을 당했다는 점이고, 그렇게 죽임을 당한 사실이 우리에게 무언가 교훈을 준다는 분명한 목적에 부합되는 사람들만 접해본 것이었다. 유대인은 도덕적이고 교육적인 목표를 위해 죽게 되어 있는 사람들이었다.

나는 오랜 세월이 지나서야 그애들이 나를 보고 오직 섬뜩한 과거만 떠올렸던 것이 전적으로 잘못된 일은 아니었음을 이해하게 되었다. 나 역시 종종 내가 유령이 사는 집이 된 듯한 기분이 든다.

어린 시절, 내 안에는 타오르는 듯한 질문 하나가 있었는데 유대교는 그 질문에 대답해줄 것처럼 보였다. 시간의 본질에 관한 질문이었다.

나는 '빠져나갈 수 없는 영원한 현재에 갇힌 상태'라는 문제에 사로잡혀 있었는데, 누구에게 말할 수도 없는 그 문제는 나를 불안하게 했다. 밤마다 잠자리에 들면 어둠 속에 누워 궁금해하곤 했다. 방금 끝난 이 하루는 이제 사라졌구나. 그건 어디로 갔지? 만약 내가 내 장편소설에 나오는 인물이었다면 나는 그에게 그런 끊임없는 열망에 대한 동기를 부여해주었을 것이다. 하지만 나는 소설 속 인물이 아니다. 그때의 내게는 이런 깊은 상실감을 설명할 말도, 그것을 느낄 만한 어떤 분명한 이유도 없었다. 어머니 쪽 가계의 수많은 여자들이 대대로 일찍 세상을 떴고, 어머니가 외할머니의 죽음을 애도할 때, 어머니나 내가 놓치고 있는 것이 무엇인지도 모르면서 내가 그 모습을 지켜보고 속속들이 받아들였다는 것 말고는. 이런 슬픔의 부수적인 특징은 너무 늦게 도착했다는 느낌, 내가 표현할 길 없이 품고 있던 그 느낌을 분명하게 할 뿐이었다. 애도할 대상은 아무것도 없었지만, 나는 내 삶의 사정없이 밝은 표면 바로 밑에서 무언가가 계속 흘러 나가고 있다고 느꼈다. 어린 시절에 글쓰기를 시작했을 때, 내 글쓰기를 추동하는 힘은 이야기를 지어내고 싶다는 충동이 아니라 시간을 멈추고 싶다는 충동, 사라지는 그날들을 보존해두고 싶다는 충동이었다. 나는 심지어 최고로 지루한 일들에 대해서도 몇 분씩 시간을 들여 기록하며 기자 수첩에 더 가까운 일기를 썼는데, 그것들을 종이 위에 가둬두고 싶다는 것 말고는 어떤 다른 이유도 없었다. 사람들 대부분이 이런 문제에 관심이 없다고는 생각해본 적 없었는데, 내가 우리 가족의 종교 관습 속에서 수천 년 동안 나처럼 이 문제에 사로잡혀 있던, 그리고 어린 내 눈에는 그 문제를 푸는 데 성공한 것으로 보이던 많은 사람들을 발견했기 때문이었다.

미국의 수많은 건국 신화 중 하나는 우리의 부모가 누구인지, 부모의 부모가 누구였는지, 혹은 우리가 어디 출신인지 따위는 중요하지 않고, 이 나라가 선사하는 기회를 통해 우리가 무엇을 하는지가 중요하다는 것이며, 이것은 아메리칸 드림이라고 불린다. 이 신화는 대체로 사실이 아니지만 그렇다고 그 위력이 떨어지는 건 아니다. 신화는 현실에 대한 기록이 아니라 한 문화권이 지닌 가치와 열망의 표현이기 때문이다. 유대교에도 마찬가지로 수많은 건국 신화가 있는데, 그것들은 모두 앞의 개념과 정반대되는 것을 표현한다. 고대 랍비 전통은 이집트의 노예 신분으로부터 해방된 것이 단지 우리 조상들만

이 아니며 우리 자신도 하느님에 의해 한 명 한 명 자유를 얻었다고 주장한다. 이 전통은 하느님이 시나이산에서 이스라엘 백성에게 토라라는 율법을 주셨을 때 그 자리에는 단지 그 세대의 이스라엘 백성만 있었던 것이 아니라 그들의 모든—생물학적인, 그리고 영적인—미래의 후손까지 함께 서 있었던 것이라고 가르친다. 미국에서 시간은 직선으로 흐르고 그 안에서 중요한 것은 오직 미래일 뿐이었지만, 유대교에서 시간은 그보다는 나선형으로 올라가는 소용돌이나 옛날식 전화기의 꼬인 코드에 가까운데, 그 안에서 미래는 현재이고, 현재는 본질적으로 과거였다.

내 두 가지 정체성 사이의 이 엄청난 차이는 난해하거나 미묘한 것이 아니라 어린아이에게조차 명백한 것이었다. 공립학교에서 반 아이들과 나는 국기에 대한 충성을 맹세했고 미국의 미래에 온전히 투입되어 더욱 완벽한 연합국가를 만들 수 있기를 열망했다. 하지만 과거—미국에 처음 정착한 청교도와 아메리카 선주민, 독립전쟁 때의 독립파와 왕당파, 남북전쟁 때의 북군과 남군—에 대해 배울 때면 '우리'라는 건 존재하지 않았다. 히브리어 학교에서, 그리고 내가 회당과 집에서 읽는 전통 문헌 속에서는 그 반대였다. 히브리어 성서는 결코 역사적 맥락에서 논의되지 않았는데, 우리 자신이 역사적 맥락이기 때문이었다. 성서는 곧 우리의 현재였고, 우리 가족의 종교 생활 속에서 그런 방식으로 다루어졌다. 매주 안식일이면 우리의 식탁에서는 천지창조가 다시 일어났고, 우리는 일곱째 날에 휴식을 취하신 하느님과 관련된 히브리어 성서의 구절들로 찬양을 드리고 많은 것이 조화를 이루게 하신 하느님의 창조력에 관한 중세 히브리어 장시들을 낭송했다. 유월절이면 여전히 자유를 향해 탈출하느라 빵을 부풀릴 여유가 없었던 우리는 수천 년 동안 먹어온 똑같은 무교병*을 먹었다. 새해 첫날마다 아브라함은 한 번 더 아들 이삭의 목에 칼을 겨누고 우리의 미래를 인질로 잡았고, 우리를 붙잡은 그 손아귀에는 운명과 자유의지가 이중나선 구조로 한데 얽혀 있었다.

아홉 살이 되어 처음으로 이스라엘에 갔을 때, 나는 그렇게 사라진 날들이 어디로 간 거냐는 내 질문에 실제로 대답이 존재한다는 사실을 발견하고 몹시 놀랐다. 그 시간들은 땅 밑에 있었다. 처음으로 예루살렘 구시가지에 들어선 나는 지금의 지상층 높이에서 시작되는 계단을 내려갔는데, 바닥에 도착했을 때는 로마 시대에 지상층 높이에 깔려 있었던 포석들을 밟으면서 어안이 벙벙해졌다. 마치 돌들이 아니라 시간을 통과해 여행한 것 같았다. 도시 자체가 일종의 텔tel**, 즉 지난 여러 세기의 층들이 차곡차곡 쌓이고 그 일부는 보존된 상태로 모습을 드러낸 고분과도 같았다. 나이가 들면서 나는 사람들에게도 이런 여러 개의 층이 있다는 것을, 그 사실을 알건 모르건 모든 사람의 내면에는 그렇게 사라진 날들이 담겨 있다는 것을 알게 되었다. 현재에 갇히는 대신 택할 수 있는 대안이 한 가지 있었는데, 어떤 개인이나 생애도 초월하는 기억에 대한 깊은 자

● 효모를 사용해 반죽을 부풀리는 빵과 달리 물과 밀가루만으로 만든 빵. 발효 과정이 없어 납작하고 단단하다.
●● 고대 히브리어로 '언덕'을 뜻하는 말.

각이었다. 나는 몸과 마음을 다해 이 가능성에 뛰어들었다. 히브리어 공부는—그 언어 자체에도 멍청한 TV 쇼에서부터 성서의 기본 원리까지 쭉 내려가는 여러 층이 있었다—이디시어 공부로 나를 이끌었고, 두 언어 모두로 박사학위를 따게 해준 다음 내 소설 속으로 흘러들었다. 나는 잠드는 일이 더이상 두렵지 않게 될 때까지 글쓰기로 시간을 뚫고 터널을 파내다가 과거 속으로 더욱 깊이 파고들었는데, 그 과거는 사실 현재였고, 지금의 순간이라는 표면 바로 밑에서 숨 쉬고 있는 현실이었다.

이것이 내가 유대인이라는 사실이 내게 의미하는 바이자, 그토록 오래전 우리 가족에게 미래를 선사했던 이상한 나라에서 그 사실이 내게 준 선물이었다. 하지만 내가 서서히 이해하게 되었듯 비유대인에게, 혹은 우리의 문화에 대해 그다지 교육받지 못한 많은 유대인에게, 유대인으로 산다는 것은 이런 것을 의미하지 않았다. 그런 사람들에게 유대인이라는 정체성이 의미하는 바는 알고 보니 그저 '존재하지 않는 상태'였다. 유대인이란 기독교도도, 이슬람교도도, 다른 사람들이 겉으로 드러내는 여타의 어떤 정체성도 아닌 상태(예를 들어 영국에서는 자신이 유대인이라고 밝히는 사람보다 제다이라고 밝히는 사람이 더 많다), 소외되고 사회적으로 무시당하는 상태, 혹은 그중에서도 가장 좋은 것을 들자면 죽은 상태를 뜻했다. 홀로코스트에 관한 수천 권의 책과 영화와 TV 프로그램과 강의와 강좌와 박물관과 학교의 의무교육 과정 등이 충분히 분명하게 보여주었듯, 죽은 유대인은 모든 유대인 가운데 최고였다.

어른으로 살아온 대부분의 시간 동안 내게는 내슈빌의 그 호텔에서의 기억을 떠올릴 이유가 없었다. 나는 그 기억을 머릿속 깊은 곳에 있는 정신의 서랍 양말 칸에 보관해두었는데, 그 칸은 우리 학교 축구팀에게 "가스실에나 가라" 하고 함성을 질렀던 옆 동네 고등학생들, 내가 대학에서 한 첫 수업에서 히브리어로 된 1933년작 장편소설을 읽어 오라는 과제를 냈더니 히브리어는 "인종차별적"이라면서 읽기를 거부했던 학생, 내가 지옥에 가게 될 거라고 알려주면서 걷잡을 수 없이 흐느껴 울던 룸메이트(나는 적어도 지옥에 가면 내가 아는 사람은 많을 거라고 그애를 안심시켜주었다) 같은 기억들을 넣어둔 칸이었다. 이런 사건들은 특이한 일들이었고, 기이하고 심지어는 웃을 수도 있는 일들이었다. 그것들은 나에게나 내가 아는 사람들에게나 정상적인 일이 아니었다.

그로부터 25년이 넘게 지난 지금도 그런 일들은 여전히 내게 정상적인 일이 아니다. 그러나 이제 내가 아는 몇 명을 넘어 많은 이들에게 정상적인 일이 되었다. 최근 몇 년간 나는 불행하게도 이런 이상한 일들 밑으로 깊이 파고든 정상성의 혈관을 발견해왔는데, 홀로코스트 박물관이나 정전正典으로 여겨지는 서구 문학, 중국처럼 먼 곳에 정성 들여 복원된 유대교 역사 유적지처럼 겉으로 보기에는 선의에 기반한 문화 사업들 역시 이런 혈관을 지니고 있다. 나는 나로서는 한 번도 본 적 없는 유대인의 과거와 현재에 관한 모종의 가스라이팅이 심지어는 바로 내 눈앞에서도 일어나고 있음을 눈치채기 시작했다. 나는 유대인의 고통스러운 과거에 대한 대중의 엄청난 관심이 살아 있는 유대인에 대한 존중을 보여주는 것이라고 착각했었다. 내가 완전히 틀렸다.

　내가 작가로서 커리어를 시작했을 때부터, 그리고 스페인에 있는 유대교 역사 유적지에 관해 쓴 작품이 아니라 죽음의 수용소에 관해 쓴 초기 발표작이 가장 많은 호평을 받고 주요한 문학상 후보에 올랐을 때부터, 이 사실을 명백히 알아차렸어야 했다. 하지만 나는 으레 그런 현실을 받아들이기를 거부하면서 공식 석상에서 사람들에게 죽음의 수용소 세 군데의 이름을 댈 수 있는지 물었고, 그런 다음에는 같은 사람들에게 이디시어―죽음의 수용소 희생자들 80퍼센트 이상이 사용한 언어―로 글을 쓰는 세 명의 작가 이름을 댈 수 있는지 묻곤 했다. 나는 물었다. 사람들이 어떻게 살았는지에 하나도 관심이 없다면 그 사람들이 어떻게 죽었는지에 그토록 신경 쓰는 게 무슨 소용인가요? 당시 나는 죽은 유대인에 대한 집착이 얼마나 깊은지, 그 집착이 그토록 많은 사람들이 명료하게 표현하지 않은 채 문명과 자기 자신에 대해 품고 있는 관념에 얼마나 필요한지를 제대로 이해하지 못하고 있었다. 하지만 우리가 살아가는 금세기가 흘러가고 이스라엘에 관한 대중의 논의가 점점―어떤 정상적인 정치적 관심의 수준도 훌쩍 넘어설 만큼―유독함을 띠게 되면서, 그리고 율법을 준수하는 유대인을 바라보는 대중의 논의 또한 같은 어조를 띠게 되면서, 나는 죽은 유대인에 대한 열광을 몹시 비뚤어진 무언가로 인식하게 되었고, 그 열광이 선의를 표면에 내세울 때 더욱 그렇게 된다는 사실도 알게 되었다. 나는 이런 비뚤어진 성향에 가장 고결한 방식으로 대처했다. 다시 말해, 그것을 피했다.

작가로서, 그리고 유대 역사와 문학을 공부하는 학자로서 이것은 어려운 일이었다. 내 독자들과 학생들이 분명 가장 좋아하는 주제를 피해야 한다는 것을 의미했으니까. 그럼에도 나는 애를 썼다. 남북전쟁 시기의 유대인 스파이들에 관한, 카이로에 있는 중세 히브리어 기록 보관소에 관한, 소련에서 이디시어로 글을 썼던 초현실주의자들에 관한, 고대 예루살렘에서 태어났으나 결국 죽지 못했던 한 여인에 관한 장편소설들을 썼다. 대학에서 내가 맡은 과정과 강의에서는 히브리어의 전례 없는 부흥과 이스라엘 소설의 진화하는 형식, 전통적인 예술 형식에서 벗어난 현대 이디시어 시와 희곡, 그리고 후대 대중 작가들의 작품에 영향을 끼친 유대교 내부의 복잡한 종교 논쟁들에 주안점을 두었다. 나는 모든 것을 가능한 한 자율적으로 놔두려고 힘겹게 투쟁하면서 유대인들이 어떻게 죽었는지보다는 어떻게, 그리고 무엇을 위해 살았는지에 관한 이야기를 반드시 하려고 했다. 오래전 내슈빌에서 룸메이트들에게 말했듯, 나는 눈 색깔도 생각도 그렇게 어두운 사람이 아니었다.

하지만 과거는 계속 현재로 스며들었다. 2018년 말, 갑자기 나타났을 리 없는 우리의 더 완벽한 국가에서 유대인 대학살이 일어난 뒤, 내 독자들과 학생들, 동료들, 편집자들이 내게서 듣고 싶어하는 유일한 이야기는 죽은 유대인에 관한 이야기가 되었다. 나는 유대교 회당 총격 사건 관련 기명 논평이라는 막 뜨기 시작한 문학 장르에서 사람들이 앞다퉈 청탁을 하는 사람이 되었다. 내가 요청한 일은 아니지만 역사에 대해 나보다 무지한 사람이 무슨 말을 쏠지 알 수 없다는 두려움 때문에 승낙한 일이었다. 정신을 차려보면, 사람들은 신문 머리기사를 장식하는 그런 사건들에 관해서가 아니더라도 죽은 유대인에 관한 의견을 내게 거듭 묻고 있었다. 아마 사람들은 내가 일종의 경건함을, 그 주제에 절실히 요청되는 희망과 품위를 자아내는 태도를 지니고 글을 쓸 거라고 기대했을 것이다. 어쨌든 나는 생존해 있는 유대인이었으니(작가였고, 독실한 종교인이었고, 심지어는 히브리어와 이디시어 학자이기까지 했으니) 분명 무언가 점잖고 용기를 주는 말, 관련된 모든 이들을 만족시킬 만큼 슬프고 아름다운 말을 할 능력이 있는 사람이었다.

하지만 나는 그 일을 할 수 없었다. 너무 화가 나 있어서였다. 내 아이들은 내가 성장해 온 미국과는 매우 다른 미국에서 자라나고 있었는데, 그곳은 남들의 어리석음과 싸우는 일에 뇌 공간이 뭉텅뭉텅 소모되고 사람들의 괴롭힘과 가스라이팅이, 즉 내가 예전에 정신의 서랍 양말 칸 깊숙이 넣어두었던 것과 같은 부딪힘들이 예외가 아니라 원칙인 곳이었다. 편견을 뒤집어 유대인들이 다 그렇게 어두운 사람들은 아니라는 것을 증명하려 했던 내 노력은 우리가 어이없을 정도로 몸집이 작으면서도 다른 민족의 상상 속에서는 거대 괴수의 역할을 하는 소수자라는 현실에 제압당해 실패로 돌아간 뒤였다.

그래서 내 가족의 정체성이 타인들의 견해와 투사投射에 의해 정의되고 결정되는 이 유령의 집 같은 세계를 피하고 거부하는 대신, 나는 그 왜곡된 대중의 거울 위로 직접 몸을 기울여 거기서 내가 찾아낸 것들을 기록하기로 마음먹었다. 아무도 이야기하지 않지만 죽은 유대인에 대한 대중의 집착이 겉으로는 가장 상냥하고 시민 정신이 투철해 보이는 형태를 띠고 있을 때조차 인간 존엄에 대한 심각한 모욕이라는 사실을 보여주는 수많은 방식을 풀어내고, 기록하고, 묘사하고, 똑똑히 말할 것이다. 내가 이 작업을 해야 할 필요를 느끼지 않았더라면 좋았을 것이다. 하지만 나는 내 아이들이, 그리고 당신의 아이들이 알기를 바란다.

이 책은 죽은 유대인을 향한 세상의 애착이 현재의 순간을 빚어내는 이상하고 끔찍한 여러 방식을 탐구한다. 당신 역시 나만큼이나 그것들이 충격적이라고 느끼기를 바란다.

2020년 12월,
데어라 혼

24

1장

모두가 (두 번째로) 좋아하는 죽은 유대인

사람들은 죽은 유대인을 사랑한다. 살아 있는 유대인은 그만큼 사랑하지 않는다.

이런 충격적인 생각은 2018년 '안네 프랑크의 집'에서 일어난 한 사건 때문에 떠올랐다. 암스테르담에 있는 안네 프랑크의 집은 네덜란드어로는 '뒷집Het Achterhuis'인 프랑크의 '비밀별채'가 있는 블록버스터 박물관이다. 십 대 일기 작가였던 안네 프랑크는 이 집 내부에 숨겨진 일련의 조그만 방들에서 부모님, 언니, 그리고 네 명의 다른 박해받는 유대인들과 함께 2년 넘게 살다가 1944년 나치에게 붙잡혀 아우슈비츠로 이송되었다. 여기, 사람들이 죽은 유대인들을 얼마나 사랑하는지 보여주는 예가 있다. 안네의 살아남은 아버지 오토 프랑크에 의해 1947년 네덜란드어로 처음 출간된 안네 프랑크의 일기는

70개 언어로 번역되어 전 세계에서 3000만 부 이상 팔려 나갔고, 안네 프랑크의 집은 이제 해마다 100만 명이 족히 넘는 관람객을 맞아들이고 있으며, 입장권 예약은 몇 달 전부터 매진되고 있다. 하지만 안네 프랑크의 집에서 일하던 한 젊은 직원이 직장에서 야물커*를 쓰려고 하자, 고용주들은 야구모자 속에 안 보이게 쓰라고 말했다. 박물관 측 대변인은 박물관의 목표가 "중립성"인데 야물커를 쓴 살아 있는 유대인은 박물관의 "독립적 위치"를 "방해"할 수 있다고 영국의 신문 〈데일리 메일〉에 설명했다. 박물관 측은 넉 달 동안의 심사숙고 끝에 마침내 견해를 굽혔는데, 안네 프랑크의 집을 운영하는 입장에서 유대인에게 정체성을 숨기라고 강요하는 일이 좋은 일이었는지 곰곰이 생각하기에는 다소 긴 시간 같다.

1년 전 일어났던 비슷한 사건이 반복된 것만 아니었다면 단순한 실수로 볼 수도 있었을 것이다. 1년 전에는 박물관의 음성 가이드 표지판에 오류가 있는 것을 관람객들이 알아채는 일이 있었다. 음성 가이드의 각 언어는 국기로 나타나 있었는데, 히브리어는 예외적이게도 오직 언어 이름만 알파벳으로 표기되어 있었다. 표지판은 결국 이스라엘 국기를 넣도록 수정되었다.

홍보에 있어 이런 작은 사고들은 눈치가 없기는 했어도 실은 실수가 아니었고, 전적으로 박물관 측의 잘못만도 아니었다. 그와는 반대로, 이런 식으로 유대인의 정체성을 숨기는 사례들이야말로 안네 프랑크가 쓴 일기가 순식간에 성공과 명성

● 유대인 남자들이 쓰는 작고 동글납작한 모자.

을 얻게 된 비결이다. 이런 종류의 은폐는 일기의 원본을 출판하는 과정에서도 필수적인 요건이었는데, 편집 과정에서 유대 관습을 직접적으로 언급한 여러 부분이 잘려 나갔다. 이런 은폐는 또한 안네 프랑크의 부모와 조부모가 남긴 심리적 유산이기도 했는데, 독일계 유대인이었던 그들은 서구 사회에 받아들여지기 위해 그 사회에의 동화라는 대가를 치렀고, 궁극적으로 자신들을 파괴하려 하는 문화에 순응하고 환심을 사려는 행동을 함으로써 자신들의 다른 점을 숨겼다. 안네 프랑크의 무한한 매력 밑바탕에는 그런 대가가 깔려 있다. 결국, 그는 자신의 정체성을 너무도 많이 숨겨야 했던 나머지 공공장소에서 숨을 쉬기보다는 어쩔 수 없이 벽장 속에서 2년을 보내야 했다. 그리고 죽은 유대인 소녀의 은신처였던 그 벽장은 수백만 명의 관람객들이 보고 싶어하는 장소다.

✳

분명 안네 프랑크에 대해서라면 더이상 할 말이 남아 있지 않다. 모든 것—그가 살아남아 쓰지 못한 모든 책—이 아직 말해지지 않은 채 남아 있을 뿐이다. 안네 프랑크는 의심할 여지없이 진짜 문학이 요구하는 재능과 열정을 갖춘 뛰어난 작가였으니까. 네덜란드의 영향력 있는 역사학자 얀 로메인이 1946년 4월 〈헷 파롤〉 신문에 출간을 격려하며 했던 묘사— "아이가 쓴 일기, 어린아이의 목소리로 더듬더듬 터져 나오는 이 **구렁텅이에서의 절규**"—와는 상당히 반대되게도, 안네의 일기는 순진한 사람이 쓴 글이 아니라 이미 미래에 출간을 계획하고 있던 작가의 작품이었다. 안네는 일기 쓰기를 가볍게 시작했지만 이내 그 잠재력을 깨달았다. 1944년 3월, 라디오방송에서 전쟁 기간에 썼던 일기와 여타 개인 기록들을 보존해달라고 네덜란드 시민들에게 요청하는 말을 듣자마자 그는 곧바로 지난 2년간 썼던 일기들을 고쳐 쓰기 시작했다. 은신처 거주자들의 가명과 함께 '뒷집'이라는 제목도 이미 염두에 둔 상태였다. 그가 고친 부분들 역시 단순한 수정이나 대체가 아니었다. 독자를 끌어들이기 위해 신중하게, 의도적으로, 세련되게 계획된 편집 작업이었다. 예를 들어 원본 일기의 첫 번째 글은 생일 선물로 받은 물건들(아무것도 쓰이지 않은 일기장도 그중 하나다)에 대한 긴 설명으로 시작하는데, 남의 눈을 전혀 신경 쓰지 않는 열세 살 소녀의 기록이다. 반면 고쳐 쓴 일기의 첫 번째 글은 깊은 자의식과 아이러니가 담긴 태도로 시작한다. "나 같은 사람이 일기를 쓰다니 묘한 생각이 들어. 전에는 한 번도 일기를 써본 적이 없어서이기도 하지만, 나도, 그리고 다른 누구도 열세 살짜리 여학생이 털어놓는 속마음 따위에는 관심이 없을 것 같아서이기도 해."

여기서 느껴지는 순진함은 모두 신중하게 만들어낸 감정이다. 출간된 원고에 대한 선명한 상像을 품고 글을 이렇게 고쳐 쓰는 일을 상상해보라. 이것은 결코 '더듬거리는' 아이의 머릿속이 아니다. 안네는 일기뿐 아니라 소설도 열심히 썼는데, 자랑스러운 말투로 "내 펜에서 태어난 아이들이 쌓여가고 있어"라고 표현했다. 이 글들의 일부는 은신처 생활에서 경험한 장면들이었지만, 일부는 완전히 지어낸 이야기였는데, 형제자매가 여섯 명인 가난한 소녀나 고아가 된 손주를 보호하는 죽은 할머니가 등장하는 이야기, 혹은 불운한 연인들과 여러 번의 결혼, 우울증, 자살, 그리고 예지몽들이 등장하는 미완성 장편소설이 그런 이야기였다. 작가가 빠지기 쉬운 함정을 벌써부터 경계하며 안네는 이렇게 적었다. "이건 아빠의 삶의 이야기를 모델로 한 글이기 때문에 감상적인 헛소리는 아니야."

"나는 내 작품의 가장 훌륭하고 날카로운 비평가야." 안네 프랑크는 체포되기 몇 달 전 이렇게 적었다. "어떤 것이 잘 쓴 글이고 어떤 것이 그렇지 않은지 나 자신이 잘 알아."

어떤 것이 잘 쓴 글이고 어떤 것이 그렇지 않은지. 만약 안네에게 더 오래 살 기회가 있었다면 이 주제에 관한 그의 의견 또한 서서히 발전해 나갔을 것이다. 그의 일기를 어른으로서 읽으며 우리는 십 대의 관점에 존재하는 한계들을 보게 되고, 그 이상을 간절히 바라게 된다. 어느 날의 일기에서 안네는 아버지의 동업자들—그리고 이제는 자기 가족을 보호해주고 있는 사람들—이 가족의 은신처 아래층에 있는 사무실에서 회사 일로 매우 중요한 회의를 하는 광경을 묘사한다. 아버지와 언니, 그리고 안네는 바닥에 귀를 대고 누우면 아래층 사람들이 하는 말이 들린다는 사실을 알게 된다. 안네 프랑크의 이야기로 듣는 그 일화는 코믹하다. 안네는 너무도 지루한 나머지 잠에 빠져버린다. 하지만 성인 독자들은 간신히 파산을 이겨내고 회사를 세웠으나 이제 그마저도 도둑맞아버린, 그저 부하 직원들이 자기 일생의 업적으로 무엇을 할지 엿듣기 위해 마룻바닥에 얼굴을 대고 누운 신세로 전락해버린 안네의 아버지 때문에 어쩔 수 없이 마음이 아플 것이다. 방을 같이 쓰는 못 견디게 싫은 중년 남자 프리츠 페퍼(안네가 붙인 가명으로는 알베르트 뒤셀)가 화장실에 너무 오래 들어가 있다며 안네가 불만을 터뜨릴 때, 성인 독자들은 오히려 페퍼에게 공감하게 될지도 모른다. 페퍼는 집단에서 유일하게 미혼인 성인이었고, 반유대주의적 법 때문에 비유대인 반려자와 결혼할 수 없었을뿐더러 그와 영구히 떨어져 살아야 했기 때문이다. 안네 프랑크 또래의 독자들은 숨어 살던 동료 거주자 페터 판 펠스(페터 판 단으로 개명)와 안네의 싹트기 시작한 로맨스에 친밀감을 느끼지만, 성인 독자들은 은신처에 아이들과 함께 갇힌 두 부부가 어떻게 부부 관계를 이어나갈 수 있었을지를 궁금해할지도 모른다. 좀더 광범위하게 말하자면 안네 나이대의 독자들은 어른들과 그들의 옹졸함에 대한 안네의 끊임없는 불평에 공감하지만, 성인 독자들은 이 어른들의 초토화된 정신 상태를, 그들이 물질적 빈곤뿐 아니라 타인들의 일시적 기분에 어린아이처럼 의존해야 하는 신세로 전락해버렸다는 더 큰 충격까지도 어떻게 견뎌냈을지를 헤아릴 능력이 있다.

주변 어른들의 한계를 느꼈던 안네는 사소해 보이는 문제에 집착하는 자기 어머니와 페터 어머니를 비판하는 글을 썼다. 사실 이 여성들이 처해 있던 상황은, 전시의 빈곤뿐 아니라 전쟁 전 가정주부로서 살았던 삶 역시 그랬지만, 안네에게 야망을 불러일으키는 주된 동인이었다. "엄마와 v.P. [판 펠스] 부인, 그리고 할 일을 해내고는 잊히는 그 모든 여자들과 똑같은

삶을 살아야 한다는 건 상상할 수 없는 일이야." 안네는 이렇게
썼다. "내겐 남편과 아이들 말고도 무언가가 있어야 해. 나 자
신을 바칠 수 있는 무언가가!" 출간된 일기에서 이 구절 뒤에는
곧바로 다음의 유명한 문장이 이어진다. "나는 죽은 뒤에도 삶
을 계속 이어가고 싶어!"

　출판사들은 이 문장을 안네의 책 표지에 덕지덕지 바름으
로써 작가의 꿈들이 죽고 난 뒤의 명성을 통해 성취되었다고
암시해왔다. 하지만 작가의 진짜 야망들을 고려해본다면, 그의
꿈들이 실은 파괴되었다는 것은 명백하다. 안네의 경험에서 탄
생했을 그 작가는 안네 자신이 원래 되려고 했던 작가와는 전
혀 닮은 데 없었으리라는 사실도. 살지 못한 삶을 살아간 한 작
가의 이런 부고를 상상해보라.

　네덜란드의 유명한 소설가이자 에세이스트 안네 프랑크
가 지난 수요일 암스테르담의 자택에서 별세했다. 향년
92세.
　아우슈비츠와 베르겐벨젠 수용소의 생존자였던 안네 프
랑크에 대한 찬사는 힘겹게 얻어진 것이었다. 이십 대 때,
그는 은신처와 나치 강제수용소에서의 경험을 담은 회
고록인 첫 책 『뒷집』을 내줄 출판사를 찾으려고 애를 써
야 했다. 잔혹한 폭행으로 외모가 손상된 안네는 인터뷰
에 거의 응하지 않았고, 그의 후기작 『귀환』에는 1945년
재회했을 때 아버지가 자신을 알아보지 못했던 일이 묘사
되어 있다. 안네 프랑크는 저널리스트로 일하면서 스스로

생계를 해결했으며, 1961년에는 이스라엘이 나치의 하수인 아돌프 아이히만을 생포한 일에 대해, 유럽의 엘리트들이 규탄했던 그 납치를 통한 범죄인 인도에 대해 쓴 신랄한 기사로 악명을 얻었다. 아이히만의 예루살렘 재판기사를 써서 네덜란드 언론에 내보낸 뒤 안네는 『마고』를 집필해 출판하는 일에 이끌렸는데, 이 작품은 갈릴리에서 산파가 되어 안네가 한때 꿈꾸었던 삶을 살아가는 자신의 언니를 상상해서 쓴 장편소설이었다. 소설과 회고록의 경계를 허무는 초현실적인 작품으로 인물들의 생사 여부를 모호하게 처리한 『마고』는 히브리어로 번역되어 순식간에 베스트셀러가 되었지만, 영어판은 결국 미국에서 소수의 안목 있는 독자들만을 얻는 데 그쳤다.

안네 프랑크의 이후 저서와 에세이는 그에게 '위선이라는 주제에 신중히 초점을 맞춘 명민한 예언자'라는 명성을 가져다주었다. 안네는 소련의 압제에서부터 아랍-이스라엘 전쟁들에 이르기까지 다양한 주제를 다룬 수많은 폭로 기사로 '굽히지 않는 양심'이라는 평판을 얻었고, 이 평판은 아버지가 세상을 떠난 뒤 그가 집필해 국제적 호평을 받은 1984년작 『모든 뒷집』으로 굳어졌다. 아버지의 무조건적 헌신에 대한 경의를 표하며 시작하는 이 책은 자신이 어린 시절을 보낸 은신처를 '고급문화라는 허울 뒤에 악마 같은 사악함을 숨기고 있는 서구 문명에 대한 은유'로 새롭게 상상하면서 혹독한 고발로 나아간다. "어느 아파트에나, 어느 집에나, 어느 도시에 있는 어느 사무실 건물에나," 안네는 이렇게 썼다. "하나같이 뒷짐이 있다."

독자들은 안네 프랑크의 첫 책에 나오는, 그가 열다섯 살 때 썼던 일기에서 인용한 다음 문장들을 오랫동안 기억할 것이다. "나는 전쟁을 저지른 죄가 권력자들에게 있다고 믿지 않는다. 절대 그렇지 않다. 평범한 사람도 똑같이 책임이 있다. 그렇지 않다면 전 세계 민족은 오래전에 반기를 들었을 것이다! 사람들의 내면에는 그저 파괴하고픈 충동이, 죽이고픈 충동이, 살해하고 날뛰고픈 충동이 존재한다. 모든 인류가 예외 없이 커다란 변화를 겪을 때까지 전쟁은 계속될 것이고, 인류가 쌓아올리고 길러내고 성장시켰던 모든 것은 쓰러지고 망가질 것이며, 인류는 모든 것을 처음부터 다시 시작해야 할 것이다."

안네의 마지막 책인 회고록에는 '다시 시작하기 위하여'라는 제목이 붙었다.

안네의 존재하지 않는 성인기에 대해 이런 식의 가정, 혹은 다른 가정을 해볼 때의 문제는 단지 그의 삶과 커리어가 어떻게 발전했을지 우리가 알 수 없다는 것만이 아니다. 문제는 안네 프랑크가 더 넓은 세상에 대해 갖는 호소력 전체가—그를 알고 사랑했던 사람들과는 달리—그에게는 미래가 없다는 사실에 기반해 있다는 것이다.

이 '어린 소녀'를 포용하는 일에는 무죄로 인정받을 수 있다는 용이성이 있다. 안네를 박해했던 자들에게 연합군 보병들보다는 무기를 소지하지 않은 유대인 아이들을 죽여 없애는 일이 더 쉬웠던 것과 거의 마찬가지로, 안네가 살해된 것은 그의 수많은 열광적인 독자들에게는 편리한 일이다. 안네 프랑크가 살아남았더라면 그는 자신을 배신한 네덜란드인들에게, 유대인 한 명을 고발할 때마다 보상으로 약 1.4달러씩을 받았던, 여전히 신원이 밝혀지지 않은 그들에게 결국에는 다소 화가 나 있었을 것이다. 살아남은 안네 프랑크는 '전 세계 아이들'을 대변하고 싶지는 않았을지도 모른다. 특히 그의 일기의 그토록 많은 부분이 자신을 아이로 여기지 말고 진지하게 대해달라고 필사적으로 간청하는 데 몰두하고 있기에 그렇다. 무엇보다, 살아남은 안네 프랑크는 자신이 베스터브로크, 아우슈비츠, 베르겐벨젠 수용소에서 본 것들을 사람들에게 이야기했을 것이고, 사람들은 그가 해야만 하는 이야기를 좋아하지 않았을 것이다.

그리고 여기 안네가 죽은 뒤 거둔 성공에 관한 가장 충격적인 사실이 있다. 이 사실은 그가 정말로 경험한 것을 영원히 은폐된 채로 남겨놓는다. 사실인즉, 우리는 그가 살아남았더라면 했을 이야기를 알고 있다. 다른 사람들이 그 이야기를 해왔기 때문이다. 그리고 우리는 그런 이야기를 듣고 싶어하지 않는다.

안네의 일기에서 가장 자주 인용되는 문장은 다음과 같은 유명한 말들이다. "이 모든 것에도 불구하고 나는 여전히 사람들의 내면은 진정으로 선하다고 믿어." 이 말들은 우리에게 '모종의 영감'을 주는데, 그건 그 말들이 우리 귀에 좋게 들린다는 뜻이다. 이 말들은 살해된 소녀들의 시체가 수북하게 쌓이는 걸 용납하는 우리 문명의 타락에 대해 용서받은 기분이 되게 해준다. 그리고 만약 그 말들이 살해된 소녀에게서 나왔다면, 글쎄, 그렇다면 그 말들은 틀림없이 진실일 테니 우리는 죄사함을 받게 되는 게 틀림없다. 살해된 유대인이 내려주는 그런 은총과 사면이라는 선물이야말로(정확히 기독교 사상의 핵심에 자리잡은 선물이다) 수백만 명의 사람들이 안네의 은신처에서, 그가 쓴 글에서, 그가 남긴 '유산'에서 너무도 간절히 찾고 싶어 하는 것이다. 죄 없는 죽은 소녀가 우리에게 은총을 내려주었다고 믿는 것이 다음과 같은 명백한 사실을 인정하는 것보다는 훨씬 만족스러운 일이다. 안네가 '내면이 진정으로 선한' 사람들에 관해 쓴 것은 그렇지 않은 사람들을 만나기 전이었다. 그 문장을 쓰고 3주 뒤, 그는 그렇지 않은 사람들을 만났다.

어떤 사람들이 살아 있는 유대인을 얼마나 싫어하는지 보여주는 사실이 여기 있다. 그 사람들은 600만 명의 유대인을 살해했다. 이 사실은 안네 프랑크의 글에는 전혀 등장하지 않기 때문에 되풀이해 말할 가치가 있다. 그의 일기를 읽는 독자들은 작가가 집단 학살에서 살해되었다는 사실을 알지만, 이것이 그의 일기가 집단 학살에 관해 쓴 작품이라는 뜻은 아니다. 만약 그런 작품이었다면 그 일기는 전 세계적으로 받아들여지는 것 근처에도 가지 못했을 것이다.

우리가 이 사실을 아는 것은 피해자들과 생존자들이 생생하고 자세하게 연대기순으로 정리해 쓴 글이 수없이 많기 때문이다. 그 기록들 가운데 어떤 것도 안네의 일기가 얻은 명성 같은 무언가를 얻지 못했다. 그런 무언가에 가까이 갔던 기록들은 오직 은폐라는 똑같은 규칙, 자신을 박해한 자들을 모욕하지 않는 예의 바른 피해자가 되라고 강요하는 규칙을 준수함으로써만 그럴 수 있었다. 안네 프랑크의 세계적인 명성에 가장 가까웠던 작품은 엘리 위젤의 『나이트Night』일 텐데, 아우슈비츠에 수감된 열다섯 살 소년의 고통을 자세히 이야기하고 있어 안네의 일기가 계속 이어졌더라면 그런 형태가 되었을 거라고 여겨지기도 했던 회고록이다. 학자 나오미 사이드먼이 논했듯 위젤은 이 회고록을 처음에는 '그리고 세상은 침묵했다And the World Was Silent'라는 제목의 이디시어판으로 출간했다. 이디시어판은 『나이트』와 똑같은 이야기를 했지만 자신의 가족을 살해한 자들에 대한 그리고 제목이 암시하듯 무관심으로(혹은 적극적인 혐오로) 그런 살해를 가능하게 했던 세상 전체에 대한 분노를 터뜨렸다. 위젤은 후에 프랑스인이자 가톨릭 신자이며 노벨상 수상자였던 프랑수아 모리아크의 도움을 받아 '나이트La Nuit'라는 새로운 제목으로 프랑스어판을 출간했는데, 이 책은 젊은 생존자의 분노를 신학적 고뇌로 전환한 작품이었다. 어쨌든 자신이 속한 사회가 기대에 못 미치고, 자신에게 죄가 있다는 이야기를 어떤 독자가 듣고 싶어하겠는가? 신을 비난하는 것이 낫다. 이런 접근법은 위젤에게 노벨평화상을 안겨주었을 뿐 아니라 세월이 흐른 뒤에 이 책이 미국이 베푸는 호의의 전형인 오프라 북클럽 선정작이 되게 해주기도 했다. 하지만 그런 접근법도 일본의 십 대 소녀들이 안네의 일기를 읽었듯 이 책을 읽게 만들어주지는 못했다. 그렇게 되려면 위젤은 많은 것을, 훨씬 더 많은 것을 은폐해야 했을 것이다.

이 참혹한 경험을 은폐하지 않는다는 것은 작가에게 무엇을 의미하게 될까? 신비스러운 일은 전혀 생기지 않고 오직 무관심만 돌아올 뿐이다. 아마도 당신은 같은 시기에 활동했던 또 한 명의 살해된 젊은 유대인 연대기 작가인 잘만 그라도프스키의 이름을 들어보지 못했을 것이다. 안네의 일기처럼 그라도프스키의 작품도 감금된 상태에서 쓰였고, 그가 죽은 뒤에야 발견되었다. 유일한 차이점은 그라도프스키의 작품은 아우슈비츠에서 쓰였다는 것이다.

젊은 기혼 남성으로 온 가족이 몰살당한 그라도프스키는 아우슈비츠의 존더코만도에 속해 있던 유대인 수감자 중 한 명이었다. 존더코만도는 새로 도착한 수감자들을 가스실로 호송하고, 새로 나오는 시신들을 화장장으로 끌고 가고, 금니가 있으면 뽑아낸 다음 불태우는 일을 하도록 강요받은 사람들이었다. 전해지는 바에 따르면 그라도프스키는 자신의 종교적 신념을 지키면서 저녁마다 그날 자신이 시신을 불태운 수천 명의 영혼을 위해 카디시(애도자의 기도)를 낭송했는데, 그 시신 중에는 1944년 9월 6일, 같이 은신하던 사람들과 함께 아우슈비츠에 도착하자마자 가스실로 보내진 페터 판 펠스의 아버지도 있었다. 그라도프스키는 자신의 경험을 이디시어로 기록해 땅에 묻었고, 이것은 전쟁이 끝난 뒤에 발견되었다. 그라도프스키 자신은 1944년 10월 7일, 그가 계획하고 꼭 하루밖에 지속되지 못한 존더코만도 봉기에서 살해되었다.

"나는 사람들 대부분처럼 헛되이 살고 싶지는 않아." 안네는 일기에 이렇게 썼다. "아직 나를 모르는 내 주변 사람들에게 쓸모 있거나 기쁨을 주는 사람이 되고 싶어. 나는 내가 죽은 뒤에도 삶을 계속 이어가고 싶어!" 그라도프스키 역시 목적을 가지고 글을 썼다. 하지만 그라도프스키의 목적은 개인적이거나 공적인 성취가 아니었다. 그의 목적은 진실이었고, 불길에 휩싸인 세상을 애통해하는 예레미야에게서 나온 것처럼 타는 듯 눈부신 예언이었다.

"지금 내가 쓰는 이 문장들이 내가 살았던 삶의 유일한 목격자가 될지도 모릅니다." 그라도프스키는 이렇게 적고 있다. "하지만 내 글이 당신에게, 자유로운 세상의 시민에게 가닿기만 한다면 나는 행복해질 것입니다. 어쩌면 내 내면의 불길에서 나온 작은 불꽃이 당신의 내면에 불을 붙일 것이고, 우리가 무엇을 위해 살았는지 그 일부가 느껴지기만 해도 당신은 우리에 대한 복수를 하지 않을 수 없을 것입니다. 우리의 죽음에 대한 복수를요! 이 글을 발견한 분이여! 당신에게 드리는 부탁이 한 가지 있습니다. 이것이 제가 이 글을 쓰는 진짜 이유입니다. 불운한 제 삶에 약간의 의미라도 생기고, 제가 보내는 지옥 같은 나날들과 희망 없는 내일들에도 언젠가는 목적이 생길 수 있지 않을까 하는 마음입니다." 그런 다음 그라도프스키는 자신이 보아온 것을 이야기한다.

그라도프스키의 연대기는 1944년 3월 8일 밤 한꺼번에 대규모 '수송'되어 학살당한 체코계 유대인 5000명의 충격적인 살해 현장 속으로 우리를 한 걸음 한 걸음 이끌고 간다. 이 집단이 이례적이었던 유일한 이유는 그들이 이미 몇 달 동안 아우슈비츠에 감금되어 있었고, 따라서 무슨 일이 닥칠지 알고 있었다는 점이었다. 그라도프스키는 자신이 어떻게 수천 명의 여자들과 어린아이들을 탈의실로 호송했는지 이야기하면서 "지금은 생기 있게 맥이 뛰는 이 여자들이 깨끗한 몸에 인간의 배설물을 잔뜩 묻힌 채 먼지와 오물 속에 누워 있게 되리라는 사실"을 믿기 어려워한다. 그는 어머니들이 어떻게 자기 아이들의 팔다리에 입을 맞추고 자매들이 어떻게 서로를 꽉 끌어안는지를, 한 여자가 그에게 "저, 아저씨, 죽는 데 얼마나 걸리나요? 쉬운가요 어려운가요?" 하고 물었던 일을 묘사한다. 여자들이 일단 알몸이 되면 그라도프스키와 동료 수감자들은 이 특별한 의식을 위해 모여 양쪽으로 늘어서 있던 나치 친위대 장교들 사이로 그들을 데려간다. 이 의식이란 푸림절— 유대인들이 계획되어 있던 집단 학살을 아슬아슬하게 모면한 것을 기념하는 성서 속 축제— 전날 밤이 되게 의도적으로 일정을 잡은 야간의 독가스 살포다. 그라도프스키는 한 여자, "사랑스러운 금발의 젊은 여자"가 죽음의 행진 도중에 발을 멈추고 장교들에게 말을 걸었던 일을 회상한다. "이 진절머리 나는 살인자들아! 짐승같이 굶은 눈으로 쳐다보는구나. 내가 좀 벗었더니 눈으로 질리도록 처먹는구나. 그래, 이게 너희가 기다려온 거겠지. 민간인으로 살면서는 꿈도 꿔보지 못한 거잖아. […] 근데 너희가 이런 거 즐길 날도 얼마 남지 않았어. 게임은 거의 끝났고, 아무리 너희라도 유대인 전체를 죽일 수는 없어. 그리고 너희는 이 모든 것에 대해 대가를 치르게 될 거야." 그러더니 여자는 갑자기 그들에게 달려들어 화장장 책임자였던 보스라는 이름의 분대장을 세 번 연달아 후려쳤다. 곤봉 여러 개가 여자의 머리와 어깨를 내리쳤다. 여자는 상처로 뒤덮인 머리를 하

고 벙커로 들어갔다. […] 기쁨으로 웃음을 터뜨린 여자는 차
분히 죽음을 향해 나아갔다." 그라도프스키는 가스실에 들어
간 사람들이 이제는 이스라엘의 국가가 된 〈하티크바(희망)〉
를 포함한 여러 노래를 불렀던 광경을 묘사한다. 그러고는 자
신과 동료 수감자들이 하나씩 끌어내 불태워야 했던, 눈을 크
게 뜨고 죽은 벌거벗은 시체들의 산을 묘사한다. "그들의 시선
은 고정되어 있었고, 몸은 조금도 움직이지 않았다. 무음 처리
된 것처럼 고여 있는 고요함 속에는 오직 조용한, 간신히 들리
는 소음만이 존재했다. 죽은 이들의 몸에 있는 각각 다른 구멍
들로부터 체액이 새어 나오는 소리였다. […] 아는 사람의 시체
를 알아보게 되는 일이 자주 생긴다." 그라도프스키는 특별히
건조된 시체 소각실에서 제일 먼저 불이 붙는 부분은 머리카락
이지만 "타는 데 가장 오래 걸리는 부분은 머리다. 두 개의 작
고 푸른 불꽃이 양 눈구멍에서 깜박거린다. 이것들은 뇌와 함
께 타는 두 눈이다. […] 전체 과정은 이십 분쯤 지속된다. 그리
고 한 명의 인간이, 하나의 세계가, 재로 변했다. […] 5000명의
사람들이, 5000개의 세계가 불꽃에 먹혀버리는 데는 그리 오래
걸리지 않을 것이다" 라고 우리에게 말해준다.

　　그라도프스키는 시적이라기보다는 예언적이었다. 그는 이
지옥을 들여다보며 이유를 묻지 않았다. 그는 그저 알았다. 유
대인의 역사에서 오랫동안 호를 그리듯 되풀이되어온 파괴를,
그리고 잔인함의 근원은 무가치하다는 느낌 속에 있다는 보편
적인 사실을. 그 둘 모두를 아는 그는 이렇게 쓴다. "이 불은 오
래전 세상의 야만인들과 살인자들이 붙인 것이다. 그들은 그

빛으로 자신들의 야만적인 삶에서 어둠을 몰아내고 싶어했다."

우리는 다만 우리에게 이 진실을 은폐하지 않고 들을 용기가, 불길을 직면하고 다시 시작할 용기가 있기를 바랄 수 있을 뿐이다.

2장

얼어붙은 유대인들

아홉 살 때 처음으로 이스라엘 여행을 갔던 내게 낯설고
도 생생하게 남은 기억 중 하나는 텔아비브의 디아스포라 박물
관에서 짧은 만화영화를 본 것이다. 그 만화영화는 12세기 스
페인계 유대인 상인이었던 '투델라의 베냐민'의 여행을 담고
있었다. 베냐민은 자신이 6년 동안 지중해를 가로질러 터키, 이
스라엘, 바빌로니아, 페르시아를 여행하며 구세계를 횡단한 일,
인도와 중국에 대해 보고하고, 각각의 장소에서 유대인 공동체
와 함께 머무르고, 그 사이사이에 사람들로 꽉 찬 배들과 마차
들을 얻어 탄 일들을 기록으로 남겼다. 디아스포라 박물관은
이후 '유대 민족 박물관'으로 개명되고 개조되었지만, 1986년
에는 음울한 데다 대놓고 기운 빠지는 장소였다. 세계 곳곳의
유대인 공동체에 관한 음침한 전시물들은 모두 중앙의 '불의

두루마리'라는 넓은 홀로 이어졌는데, 거기에는 이 공동체에 속했던 불운한 유대인들이 어떻게 추방되었거나 산 채로 불태워졌는지 묘사되어 있었다.

하지만 그 만화영화는 명랑하고 신기했다. 베냐민은 둥그렇고 커다란 눈을 하고 볼링핀처럼 우스꽝스럽게 생긴 모습으로 등장해 화면을 가로질러 까딱까딱 움직이면서 세계 곳곳에서 번창하는 유대인 공동체들에 대해 쾌활하게 알려주었다. 이유는 알 수 없지만 성에서 살았던 프랑스의 유대인들, 둥그렇고 커다란 눈을 한 자신들만의 왕이 있었던 바빌로니아의 유대인들, 그 지역의 아랍 군대에 합류해 그들과 함께 뿌연 먼지 속을 우루루 달려갔던 예멘의 유대인들, 구불구불한 눈썹을 한 암살자들에게 실크 스카프를 공짜로 선물해 진정시켰던 시리아의 유대인들이 그들이었다. 나는 아홉 살이라는 나이에는 명확히 표현할 수 없었던 몇 가지 이유로 완전히 매혹되었다.

지금, 세계를 하나의 놀라운 장소로 상품화하는 여행 산업의 유혹에 빠질 때면 나는 그것과 똑같은 매혹을 느낀다. 그 세계는 환대하는 사람들, 겉모습은 서로 달라도 밑바탕은 사실 똑같은 사람들로 가득 찬 장소다. 그러나 현실에서는, 관광객으로 방문해본 50개가 넘는 나라 중 어떤 곳에서든 더 많은 시간을 보낼수록 나 자신과 그곳 사람들의 차이를 더 많이 알아차리게 되고, 더 소외감을 느끼고, 불편해지고, 불안해진다. 그럼에도 트립어드바이저 사이트에 올라온 이국적인 장소들의 다채로운 사진은 매번 나를 유혹한다.

그렇게 해서 나는 중국 북동부의 멀리 떨어진 지역, 시베리아의 남쪽이자 북한의 북쪽에 있는 하얼빈이라는 도시에 몹시 가고 싶어졌다. 연중 많은 날이 영하 35도 근처를 맴돌고, 겨울마다 1만 명이 넘는 노동자들이 얼음덩어리로 거대한 도시를 통째로 건설하는 곳이라고 했다. 하얼빈 얼음 축제는 그 규모 면에서 캐나다와 일본의 비슷한 전시회들을 왜소해 보이게 만들었는데, 발광 다이오드 조명이 수놓인 그곳의 거대한 얼음 건물들은 가끔 유명한 기념물들을 실제 크기나 그에 가까운 크기로 정확히 모사하기도 했다. 이 축제는 해마다 200만 명의 관람객을 끌어모은다. 그 광경을 믿으려면 직접 봐야 하는 것이다. 하얼빈으로 여행을 갈까 고려하고 있던 나는 별생각 없이 여행사 사이트들을 스크롤하다가 그 지역의 다른 관광 명소 목록을 보게 되었는데, 그 목록에는 유대교 회당들도 있었다.

그렇다, 유대교 회당들이었다. 한 군데가 아니었다. 그리고 동시에, 나는 몹시 이상한 사실 한 가지를 발견했다. 하얼빈 시는 유대인들이 세운 도시였다.

✳

유대인은 중국에서 1000년 이상 살아왔는데, 이것은 그들이 폴란드에서 살아온 시간과 맞먹는다. 하지만 하얼빈의 유대인 이야기, 그리고 하얼빈이라는 도시 자체의 이야기는 철도와 함께 시작된다. 하얼빈은 철도가 생기기 전에는 존재하지 않았기 때문이다.

당신이 들어본 적 없을 중국의 도시 대부분과 마찬가지로 오늘날의 하얼빈은 뉴욕보다도 크며, 인구는 1600만 명쯤 된다. 하지만 1896년만 해도 있는 것이라고는 강굽이 근처에 자리잡은 일군의 조그마한 어촌들이 전부였다. 그해에 러시아는 만주―중국 북동부의 광활하고, 지독하게 춥고, 당시에는 사람이 거의 살지 않았던 지역을 가리키는 전통 지명―를 통과하는 시베리아 횡단 철도 일부의 부설권을 중국으로부터 넘겨받았다. 이 노선이 건설되면 모스크바에서 블라디보스토크로 여행하는 데 걸리는 귀중한 시간이 줄어들 것이었다. 그 노선에는 또 중국 안쪽을 더 깊숙이 파고드는 지선도 하나 포함될 예정이었는데, 연결부에 대규모 행정 중심지, 즉 기본적으로 도시가 필요했다. 러시아군 사령관이 되기 위해 러시아 정교로 개종했던 미하일 그룰료프라는 유대인이 후에 하얼빈이 될 땅을 선정했다.

보전해야 할 막대한 투자금이 생긴 철도 공무원들은 지역의 군사 지도자들이나 시베리아 농부들에게 의존해서는 아직 존재하지 않는 이 도시를 세울 수 없다는 사실을 빠르게 깨달았다. 러시아어를 하는 경험 많은 사업가들이 필요했다. 하지만 누가 만주 같은 곳으로 이주해 오고 싶겠는가? 그때 러시아의 재무장관이었던 세르게이 율리예비치 비테가 천재적인 아이디어를 냈다. 유대인들을 부르자는 것이었다.

극심한 고통을 초래하는 러시아의 반유대주의적 법률과 끔찍한 인종 학살은 이미 내 선조들을 포함한 수십만 명의 유대인을 미국으로 몰아내고 있었다. 재능 있는 사람들과 자본을 만주로 끌어오기 위해서는 그저 유대인들에게 그곳으로 이주하면 반유대주의적 제약 없이―그리고 새로운 언어를 배울 필요도, 노동력을 착취하는 뉴욕의 기업들에서 최하층민으로 일할 필요도 없이―살 수 있다고 말하기만 하면 됐다. 비테는 상트페테르부르크의 러시아 정부에 그렇게 주장했다.

러시아 정부는 마지못해 동의했다. 그리고 수백 명, 그 뒤에는 수천 명에 이르는 러시아계 유대인들도 그랬다.

첫 번째로 온 유대인들은 1898년에 도착해 1903년에 공식적으로 공동체를 설립했다. 단 5년 만에 계획은 눈부신 효과를 내고 있었다. 만주에 온 어느 미국 영사는 1904년 〈내셔널 지오그래픽〉에 쓴 기사에서 몹시 놀라워하는 투로 "전 세계가 목격한 도시 건설 역사상 가장 위대한 업적 중 하나가 지금 만주 한복판에서 진행되고" "시베리아의 유대인들이 민영 기업 대부분에 자금을 대고" 있다고 전했다. 이 유대인 사업가들은 하얼빈 최초의 호텔, 은행, 약국, 보험회사, 백화점, 출판사와 그밖의 많은 시설을 세웠다. 1909년 무렵에는 40명의 하얼빈 시의회 의원 중 12명이 유대인이었다. 그 뒤로 이 초기 사업가 집단에는 1904-1905년의 러일전쟁 참전 군인으로 새롭게 등장한 유대인들, 1905년 러시아 유대인 대학살에서 도망쳐 온 유대인 난민들, 그리고 제1차 세계대전과 러시아 내전에서 도망쳐 온 더 많은 난민들이 차례로 합류했다.

하얼빈의 유대인 공동체 인구는 정점에 올랐을 때 약 2만 명을 기록했다. '옛' 유대교 회당은 1909년에 지어졌고, 1921년 무렵이 되자 몇 블록 떨어진 곳에 '새' 유대교 회당을 짓자는 요구가 충분해졌다. 율법에 맞게 가축을 도축하는 도축업자, 의식용 목욕탕, 무교병을 만드는 빵집도 필요했고, 유대교 초등학교와 중등학교, 병원, 무료 급식소, 무상 대부 조합, 양로원, 여러 잡지사와 신문사, 유대 음악과 연극 공연장, 그리고 많은 청년의 삶의 중심이었고 경쟁 종목 운동선수들이 즐겨 찾을 뿐아니라(이런 클럽들에는 자체 스포츠 시설뿐 아니라 심지어 요트까지 갖춰져 있었다) 히브리어와 시온주의* 사상을 철저히 공부하는 모임들도 열리던 시온주의자 클럽들에 대한 수요는 말할 필요도 없었다. 중요한 국제 시온주의자 회담들이 하얼빈에서 개최되어 아시아 전역에서 유대인들을 끌어모았다. 거리에서는 시온주의자들의 가두 행진이 열리기도 했다.

당신은 이 이야기가 좋게 끝나지 않으리라는 사실을 이미 알고 있다. 유대인들이 한 번이라도 거주했던 거의 모든 지역과 마찬가지로 하얼빈 역시 처음에는 유대인들에게 너무나 좋은 곳이었다가 결국 그렇지 않은 곳이 되었다. 하지만 보통은 수 세기에 걸쳐 이루어지는 흥망성쇠가 하얼빈에서는 약 30년 동안 압축되어 진행되었다. 1917년 러시아혁명으로부터 도망쳐 온 엄청난 수의 난민 가운데는 러시아계 비유대인 '백인'(반공산주의 왕정주의자)들이 다수 포함되어 있었는데, 이들은 곧 적개심 가득한 반유대주의로 하얼빈 정부 내에 파시스트 정당

---

* 유대인들이 자신들의 조상의 땅이었던 팔레스타인 지역에 유대 민족 국가를 건설하는 것을 목표로 했던 민족주의 운동.

을 세웠고, 1931년에는 옛 유대교 회당을 불태웠다. 그해는 일본이 만주를 점령하고, 그곳에 부유한 유대인들이 있다는 사실을 알아차리고, 그들의 돈을 빼앗아야겠다고 결심한 해이기도 했다. 편리하게도 러시아계 백인 갱단들은 이를 도와줄 준비가 되어 있었다.

일본 헌병대는 러시아계 백인들과의 동업에 착수하면서 유대인 경영주들과 그들의 가족을 갈취와 재산 몰수, 납치, 살해의 대상으로 삼았다. 그 뒤에는 유대인 공동체를 조종해 정치적 목적에 이용하면서, 존경받는 의사이자 공동체가 선출한 지도자였던 아브라함 카우프만에게 일왕과 함께 두 무리의 청중을 따로 만나게 했고, 하얼빈의 유대인 공동체로부터 나치와 연합한 일본에 대한 애정을 선언하는 공식 성명을 이끌어내도록 강요했다. 1945년 하얼빈을 점령한 소련은 카우프만 박사를 포함해 그 도시에 남아 있던 유대인 지도자들을 모아 굴라크*로 보냈다. 카우프만 박사는 굴라크에서 11년을 버티고 카자흐스탄으로 망명해 5년을 보낸 뒤 이스라엘의 가족에게 합류하는 것이 허용되었다. 그는 너무나도 운이 좋았다. 다른 사람은 한 명도 살아남지 못했던 것이다. 하지만 또 한편으로 일본 치하에 있던 어떤 유대인들의 운명은 굴라크에서 죽음을 맞는 것보다 극적이기도 했다. 일본군은 만주의 하이라얼구에서 퇴각하면서 그곳에 살던 유대인들의 목을 베었다.

1949년, 중국의 모택동주의자들이 하얼빈을 지배했다. 여

---

* 소련의 정치범 강제 노동 수용소.

전히 도시에 남아 있던 1000명이 넘는 유대인들은 서서히 사업과 생계를 강탈당했고, 그동안 이스라엘 정부는 하얼빈에 남아 있던 유대인들과 비밀리에 접촉해 그들의 이주 계획을 세우기 시작했는데, 이 과정에서 유대인들은 대체로 갈취에 복종하게 되었다. 공산주의 중국으로부터 유대인을 이주시키는 일을 돕는 책임자였던 이스라엘 공무원 월터 시트린은 다음과 같이 설명했다. "중화인민공화국 정부가 자국에서 이질적 요소를 몹시 제거하고 싶어한다는 건 분명합니다. 하지만… 이주를 원하는 사람이 여전히 자금을 가지고 있는 한 정부 당국은 일을 몹시 어렵게 만들고, 개인 자금이 모두 소진된 것이 아주 분명해진 뒤에야 이주 허가를 내주죠." 남아 있던 마지막 유대인 가족은 1962년에 하얼빈을 떠났다. 그 뒤에는 단 한 명의 유대인만이 도시에 남았는데, 한나 아그레라는 그 여성은 떠나기를 거부했다. 그는 마치 미친 노파의 이미지를 받아들인 것처럼 옛 유대교 회당의 조그만 방으로 들어가 지냈고(그 무렵 그 건물은 내부가 세분되어 관공서 공간으로 사용되고 있었다), 1985년 그곳에서 사망해 공식적으로 하얼빈의 마지막 유대인이 되었다.

하지만 아그레가 정말로 마지막 유대인은 아니었다. 현재 하얼빈에는 꼭 한 명의 유대인이 있는데, 칠십 대의 이스라엘인으로 이름은 단 벤카난이다. 이스라엘 언론에 극동 지역의 뉴스를 제공하다가 하얼빈 지방대학에 와서 강의를 해달라는 초청을 받았던 벤카난은 2002년 하얼빈에 영구히 정착했다. 벤카난은 대학에서 맡은 일들과 지역의 영어 뉴스 프로그램 편집

업무로 바쁘지만, 유대인들이 살았던 과거의 하얼빈에 대해 방대한 연구를 해서 지방정부가 유대교 역사 유적지들을 복원하는 데 없어서는 안 될 사람이 되었기 때문에 바쁘기도 하다. 그러니 그는 결국 반쯤 공식적인 '하얼빈의 유일한 유대인'으로 고용되어 있기도 한 셈이다.

그는 하얼빈의 유일한 유대인으로 제법 많은 시간을 보내온 까닭인지 스카이프를 통해 처음으로 나와 이야기를 나누면서 준비해둔 짤막한 농담을 건네기도 했다. "여기 공동체 대표가 전데 회원도 저 한 사람이에요. 말싸움할 사람이 없어서 너무 좋죠." 하얼빈에 살았던 유대인들의 역사에 대한 벤카난의 관심은 그가 저널리스트로 일하던 시절에 생겨났고, 하얼빈 정부가 유대인 공동체의 공식 기록 보관소들을 소유하고 있으며 자물쇠로 잠가두었다는 사실을 알게 되자 더욱 강해졌다. "기록 보관소들을 다시 열게 하려고 애썼지만 정부는 거절했습니다." 그가 말했다. "두 가지 이유를 대더군요. 하나는 거기에 정치적으로 민감한 기록이 있다는 것이었고, 다른 하나는 재산 반환 소송에 대한 우려였어요. 여기 살았던 어떤 유대인들은 부자였고 수백만 달러 가치의 재산을 가지고 있었거든요." 기록 보관소에 접근할 수 없자 벤카난은 전에 하얼빈에 살았고 지금은 전 세계에 퍼져 살고 있는 800명 이상의 유대인들과 그들의 후손들로부터 사진과 수집품과 증언을 모아 스스로 기록 보관소를 재창조했다. 그 결과 벤카난은 그의 표현대로 하얼빈의 유대인 역사와 관련된 '일종의 어드레스'가 되었다. 하얼빈 지방정부는—그 이유들이 내게 분명해지는 데는 시간이 걸렸지만—3000만 달러를 들여 유대교 회당들을 복원하거나 개조하거나 재건하기로 결정하면서 벤카난을 고용했다.

하얼빈의 유일한 유대인은 나와 두 시간 가까이 이야기를 나눴는데, 그가 재단장하는 일을 감독했던 유대교 유적지들에 대한 설명이 그만큼 오래 이어졌기 때문이다. 들어보니 볼거리가 많은 듯했다. 1월에 하얼빈에서 만날 수 있을지 묻자 벤카난은 웃으며 겨울을 중국 남부에서 보낸다고 설명했다. "여기 겨울은 다른 데 겨울이랑 달라요." 그가 경고했다. "그냥, 밖에 나가서 걸어 다닐 수가 없어요. 겨울 말고 봄이나 여름에 오세요." 하지만 나는 이미 얼음의 도시에 매혹된 뒤였다. 그래서 벤카난은 전에 자신의 학생이었고 지금은 여행 가이드로 일하고 있는 사람과 나를 연결해주었고, 나는 길을 나서게 되었다.

✳

'유대인 문화유산지구'라는, 대체로 유대인들이 살지 않는 지역에서 인기 있는 관광산업 콘셉트가 있다. 이 용어는 참으로 기발한 마케팅 작품이다. '유대인 문화유산'은 전적으로 무해하게 들리고, 아마도 유대인들에게는 아주 조금 의무적으로 들릴, 꼭 가봐야 하는 장소(아무튼 여기까지 왔는데 어떻게 안 가본단 말인가?)를 추천할 때 쓰이는 구절이다. '사망하거나 추방된 유대인들로부터 압수한 재산'보다는 훨씬 나은 이름이다. 이런 장소들을 '유대인 문화유산지구'라고 부르면 그 모든 성가신 도덕적 걱정거리—예를 들어 이런 '지구'들이 애초에 왜 존재하는지 같은—는 선의의 안개 속에서 증발한다. 그리고 그건 그냥 선의가 아니라 나 같은 유대인 관광객을 똑바로 겨냥한 선의다. 유대인이 아닌 이곳의 시민들과 그들의 인정 많은 정부는 순전히 한때 이곳에 살았던(그리고 더이상 이곳에 살지 않지만 그 이유는 밝히지 않는) 유대인들에 대한 깊은 존경심에서, 그리고 나 같은 유대인 관광객이 언젠가 찾아오리라는 진실한 소망에서 이 묘지를 보존하거나 저 유대교 회당을 개조하거나 그 박물관을 세우기로 선택한 것이다. 하지만 그럼에도 이곳들을 찾는 유대인들은 어쩔 수 없이 불편함을, 그리고 마침내는 무력감을 느끼게 된다. 투델라의 베냐민이 한때 했던 일과 정반대되는 일에, 즉 세계를 여행하고 유대인들을 방문하는 일이 아니라 그들의 무덤을 방문하는 일에 참여하게 되기 때문이다.

내가 도착했을 때 하얼빈 사람들은 장기간의 무더위를 즐기고 있었다. 바람에선 영하 18도의 한기가 느껴졌지만 영하 10도밖에 안 되는 훈훈한 날씨였다. 밖으로 나가려면 그저 보온 내의 한 벌, 셔츠, 스웨터, 플리스, 파카, 발라클라바 모자, 넥워머, 모자, 장갑, 양말 세 켤레, 그리고 바지 세 벌만 껴입으면 됐다.

첫 번째 목적지는 하얼빈의 유대인 묘지였는데, 관광 회사들이 극동 지역에서 가장 큰 유대인 묘지라고—묘지에는 시신들이 있는데 이곳에는 시신들이 없으므로 묘지라고 할 수 없다는 점은 쏙 빼고—홍보하는 곳이었다. 1958년, 하얼빈 지방 정부는 도시를 재설계하면서 약 3200명의 죽은 유대인들이 묻혀 있던 유대인 묘지를 이장하기로 결정했다. 하얼빈시는 가족들에게 무덤 하나당 50달러 정도씩 줄 테니 죽은 친척들의 무덤을 차로 한 시간 거리에 있는 하얼빈 외곽의 황산이라는 널찍한 중국 묘지로 이장하라는 선택지를 제공했다. 그 무렵에는 많은 유대인 가족들이 떠난 지 오래였으므로 오직 812개의 무덤만이 이장되었다. 게다가 묘석만 옮겨진 것으로 드러났는데, 시 관계자들이 시신까지 옮겨갈 이유가 없다고 생각했기 때문이었다. 옛 묘지의 유해들은 현재 중국인들이 '심부 매립지'라고 부르는 곳에 있는데, 다시 말하자면 유해가 있는 공간이 포장되어 놀이공원으로 변했다는 뜻이다. "그분들도 거기 계시니 좋을 겁니다." 내 여행 가이드—문제가 생기지 않도록 그를 데릭이라고 부르겠다—는 놀이기구 아래 묻힌 죽은 유대인들에 대해 이렇게 말했다. "이제 행복한 사람들하고 항상 같이 계시니 말이에요."

차로 황산까지 가는 데는 한 시간쯤 걸렸는데, 산업 불모지들과 얼어붙은 들판들을 지나자 거대한 양파 모양의 러시아식 돔 여러 개가 달린 거창한 요금 징수소가 나왔고, 버려진 창고들을 지나며 다시 몇 킬로미터쯤 달리는 동안에는 길가에 서서 공물로 태울 가짜 돈다발을 파는 몇 무리의 사람들을 지나쳤다. 황산은 똑같이 생긴 빛나는 하얀 묘석들이 끝없이 늘어서고 화장한 유해가 묻힌 작은 부지들이 가득한, 정말로 방대한 중국 묘지였던 것이다. 수만 명의 죽은 중국인들을 지나 차를 달리던 우리는 묘지의 유대인 구역으로 들어가는 입구를 발견했고, 요금을 지불하고 문으로 들어갔다.

유대인 구역은 작지만 위엄 있는 공간이었다. 히브리어와 러시아어가 정교하게 새겨진 700개 정도의 묘석이 들어서 있었는데, 예전에 하얼빈에 살던 유대인들이 친지의 원래 묘석을 옮기는 대신 돈을 대서 새로 만든 현대식 금속 명판들도 많았다. 많은 묘지 표석에 고인의 사진이 들어간 도자기 부속품이 붙어 있었는데, 모두 산산조각이 나거나 떨어져 나가지만 않았어도 하나하나 아주 흥미로워 보였을 것들이었다. 그런 훼손은 명백히 의도적으로 보였고 묘지 직원이 우리를 줄곧 따라다니는 것도 그래서인 듯했다. 현재 하얼빈에서 유대인 묘지 훼손이 유행하고 있다고 생각하니 조금 우울했지만, 놀랍게도 눈처럼 새하얀 이 유대인 문화유산지구는 외로움이나 상실감이 느껴지는 장소가 전혀 아니었다. 사실 그곳은 상당히 화려했다.

문 안쪽 광장에는 화강암으로 만든 거대한 다윗의 별 조각상이 서 있었고, 그 옆에는 더 많은 다윗의 별들로 장식된 2층 높이의 반구형 유대교 회당 건물이 있었다. 회당 문은 잠겨 있었지만, 창문으로 들여다보니 그 건물이 드문드문 흩어진 연장들과 쓰레기 말고는 안에 아무것도 없는 텅 빈 껍데기라는 걸 알 수 있었다. 내가 건물의 용도를 묻자 데릭은 웃음을 터뜨렸다. "이건 올메르트가 온다고 해서 지은 거예요." 그가 설명했다. "지금은 그냥 묘지 노동자들이 추울 때 들어가 있는 곳으로 사용되고요." 부패로 감옥 생활을 했던 전직 이스라엘 총리 에후드 올메르트는 하얼빈에 뿌리를 둔 사람이었다. 그의 부친이 그곳에서 태어났고, 그의 조부는, 혹은 적어도 조부의 묘석

은 황산 묘지에 있었다. 지금은 묘석을 능가하는 3.6미터 높이
의 검은 대리석 오벨리스크가 함께 세워져 있지만 말이다. 꼭
대기에 또 하나의 유대인의 별이 달린 그 오벨리스크에는 올메
르트가 손으로 쓴 영어 인사말이 새겨지고 금으로 칠해져 있었
다. "저희 가족의 기억을 지켜주시고, 이 공동체의 일원이었고
[알아볼 수 없는 단어] 오래전 하얼빈의 일부였던 위대한 유대
인의 삶을 상기해주는 이들의 기억 속에 존엄을 되찾아주신 것
에 감사드립니다." 올메르트가 그 문장을 묘석에 새길 생각은
별로 없었음을 보여주듯 급히 휘갈긴 글씨체였다. 그의 조부의
묘석은 오벨리스크에 어울리도록 검은색과 황금색으로 장식된
대리석으로 교체되어 있었는데, 도자기 사진틀이 부서져 나간
서민들의 묘석과 비교가 되었다. 그의 무덤 근처에는 축구공처
럼 보이게 디자인된 쓰레기통이 있었다.

2004년 이스라엘 부총리였던 올메르트가 하얼빈에 방문
한 것은 큰 사건이었지만, (가짜) 묘지에 그를 기념하기 위해 지
은 (역시 가짜인) 유대교 회당은 하얼빈 지방정부 입장에서는
유대인 문화유산지구들을 복원하는 막대하고 사치스러운 프로
젝트의 일부에 불과했다. 정부의 노골적인 목표는 관광과 해외
거주 유대인들의 투자라는 두 가지 형태로 유대인들의 돈을 끌
어오는 것이다.

하얼빈의 유일한 유대인은 나와 대화하는 동안 자신이 깊
이 관여해온 이런 노력의 성과들에 대해 그저 좋은 말만 했었
다. "복원에 3000만 달러가 들었습니다. 여기서는 전례가 없는
일이죠. 모든 것이 최고급으로 마련됐어요." 벤카난은 그렇게

말하고는 하얼빈의 유대인 문화유산지구들이 자금성과 마찬가지로 중국의 랜드마크로 공식 지정되었다고 덧붙였다. 하지만 그가 내게 공유해준 하얼빈에 관한 여러 자료 가운데 하나는 2007년 중국의 어느 잡지에 실린 장문의 뉴스 기사였는데, 그가 중국에서는 드물게 비리 폭로가 전문인 기자라고 설명한 저널리스트 수 링이 쓴 글이었다. '하얼빈의 유대인들: 진실'이라는 제목의 그 기사는 매우 특별한 하나의 역사를, 하얼빈의 유대인 문화유산이 아니라 그 유산을 이용하려는 헤이룽장 지방정부의 시도를 추적한 글이었다.

이야기는 사회과학자 겸 부동산업자인 장 티에장을 등장시키며 제법 천진하게 시작했다. 1992년, 티에장은 자신이 도시계획 사업을 위해 철거하기로 되어 있던 역사적 주택 여러 채가 전에는 유대인의 소유였다는 사실을 발견했다. 흥미가 생긴 티에장은 황산 묘지의 유대인들 무덤을 자세히 살펴보며 거기 새겨져 있던 러시아어 문장들을 컴퓨터 프로그램의 도움을 받아 번역했다. 그의 타이밍은 순조로웠다. 1992년은 중국이 이스라엘과 외교 관계를 수립한 해였고, 1999년에는 중국 총리가 처음으로 예루살렘을 공식 방문하였다. 순조로웠던 또 한 가지는 오랫동안 탄광업 같은 사양산업에 의존해오던 헤이룽장 지역이 경기 침체를 맞았다는 사실이었다. 1999년, 장 티에장은 자신의 아이디어를 '헤이룽장의 경제 발전 가속화를 위한 하얼빈 유대인 연구 제안'이라는 기사로 써서 중국 관영 통신사에 발표했다.

이 기사는 베이징에 있던 중국 정부 윗선에 전해졌고, 정부는 "하얼빈 유대인들의 역사 연구를 강화"하기 위해 헤이룽장의 사회과학연구원에 관리를 파견했다. 유대인 연구센터가 설립되었고, 방대한 예산이 투입되어 자격 없는 사람들이 최소한의 연구만 하면서 해외여행을 즐기는 일이 가능해졌다. 센터의 초기 웹사이트는 "여행 산업을 발전시키고 사업 투자를 유치하는" 일이 "우리 존재의 신조이자 목표"라고 선언했다. 그다음 몇 해에 걸쳐 정부가 투자한 3000만 달러는 훨씬 더 손에 잡히는 결과들을 만들어냈는데, 거기에는 묘지의 재단장뿐 아니라 새 유대교 회당을 유대인 박물관으로 바꾸는 일, 옛 회당과 유대인 중등학교를 재건하는 일, 그리고 전에 유대인들이 소유했던 건물들을 하얼빈의 역사적 중심부에 위치한 랜드마크로 명명하는 일이 포함되어 있었다.

유대인의 역사를 연구함으로써 "사업 투자를 유치하려는" 이런 시도에는 좋게 말하자면 통계학상으로 오류가 있어 보인다. 해마다 중국을 찾는 수천만 명의 관광객 가운데서, 4000명밖에 되지 않는 이스라엘인 관광객과 그보다도 적은 타 지역 유대인 관광객 수는 반올림 오차나 마찬가지다. 그리고 이스라엘 기업이나 유대인 소유의 다른 기업들이 헤이룽장 지역에 있는 유대인 문화유산에 대한 향수 때문에 투자를 할 거라는 생각은 아무리 좋게 생각해도 일어날 것 같지 않은 일이다. 이런 사고방식을 이해하는 유일한 방법은 중국인의 상상 속에서 유대인이 수행하는 역할을 깨닫는 것이다.

중국인 대부분은 유대인이나 유대교에 대해 거의 아무것도 모른다. 하지만 난징대학교에서 유대인 연구를 담당하는 리

홍 송 교수는 2009년 한 에세이에서 중국에서의 유대인 연구 동향을 검토하며 중국인이 확실히 아는 것들에 공통의 패턴이 있다는 사실을 지적했다. "내 학생들이 유대인에게서 가장 먼저 연상하는 것은 그들이 '부유하고 똑똑하다'는 것이다." 송은 이렇게 언급했다. "중국 서점의 서가에는 유대인과 관련된 주제를 다룬 베스트셀러가 늘어서 있다." 그는 설명했다. 유대인과 관련된 어떤 주제일까? 음, 그런 베스트셀러 중 몇 권의 제목은 다음과 같다. 『유대인들이 세계 경제에서 거둔 성공의 비밀 벗기기』『유대인의 탁월함 뒤에는 무엇이 있는가?』『금융 제국 로스차일드가』『사업을 위한 탈무드식 지혜』. 그리고 물론 『탈무드: 돈벌이를 위한 유대인의 가장 위대한 경전』도 있다. 송은 이런 경향이 반유대주의적이라기보다는 "일종의 병적인 유대인 애호"에 가깝다고 주장했다.

2007년 하얼빈에서 열린 '하얼빈과 세계 유대인 간 경제 협력에 관한 국제 포럼'에는 이스라엘 대사부터 일군의 헝가리계 유대인 치과의사들에 이르기까지 수십 명의 유대인 내빈들이 초대되었는데, 이 자리에서 하얼빈 시장은 J. P. 모건과 존 D. 록펠러 같은 존경받는 유대인들(실제로는 두 사람 다 유대인이 아니었지만)을 언급하며 참가자들을 환영했다. 시장은 이렇게 선언했다. "세상의 돈은 미국인의 주머니에 들어 있고, 미국인의 돈은 유대인의 주머니에 들어 있습니다. 이것은 유대인의 지혜에 보내는 최고의 찬사이자 칭송입니다."

＊

전에 하얼빈에 거주했던 유대인들은 종종 하얼빈을 일종의 낙원으로 기억했다. "그들이 그 도시의 주인이었어요." 부모님이 예전에 하얼빈에 거주했던 아이린 클루르만은 수많은 '하얼빈치Harbintsy'—하얼빈에 살았던 사람—들이 자신이 사랑하는 도시에 대해 드러내는 향수에 관해 설명하며 이렇게 말했다. "반半식민지적 상황이었죠. 그 사람들은 중국인 하인들이 있었고 아주 좋은 학교에 다녔고 모피 코트를 입었어요." 1986년에 클루르만의 조모인 로자(후에는 에설로 이름을 바꿈) 클루르만이 인터뷰에서 했던 표현을 빌리자면 "하얼빈은 꿈같은 도시였다".

로자 클루르만의 남편, 즉 아이린 클루르만의 조부는 일본이 반유대주의적 공포정치를 벌이던 시기에 수익성 높은 사업(그는 만주에 실내 화장실 설비를 도입했다)과 최고급 임대 건물을 압수당하고 납치와 고문 끝에 살해되었으며, 이로 인해 그의 가족들은 빈털터리 신세가 되었다. 그리고 클루르만 일가의 끔찍한 악몽은 그보다 한참 전에 시작된 것이었다. 로자 클루르만은 1905년 오데사 집단 학살 당시 다섯 살이었는데, 동네가 샅샅이 수색당하고 이웃들이 살해되는 며칠 내내 다락방에 계속 숨어 있어야 했다. 남편도 결국 살해된 사실을 떠올려보면 하얼빈으로의 이주는 그의 가족이 공격 대상이 되는 일을 그다지 막아주지 못했다. 하지만 아이린 클루르만은 "저희 할머니는 틀림없이 하얼빈에 향수를 느끼고 계셨어요"라고 주장했다. 인터뷰에서 로자 클루르만은 하얼빈의 "모든 것이 변했다"고 인정하면서도 자기 가족이 먹었던 스테이크, 집에 있던 하인들, 아이들이 받았던 개인 교습처럼 그곳에서의 빛나던 나날들을 묘사하는 데 훨씬 더 많은 시간을 할애했다.

집단 학살로부터 개인 교습으로의 상승은 현기증이 날 만큼 빠르게 이루어지면서 꼭 그만큼 급작스러웠던 공동체의 쇠퇴를 보이지 않게 만들었다. 어느 하얼빈치의 후손인 진 이스파는 고아였던 자신의 아버지가 순전히 음악을 공부하기 위해 혼자서 하얼빈까지 갔다고 말해주었다. 러시아 음악학교에서 유대인 학생을 받아주지 않아서였다. 고아원에서 도망친 그는 고철을 모아 하얼빈행 기차표를 샀고, 하얼빈에 도착해서는 곧바로 불법 입국 혐의로 감옥에 갇혔는데, 유대인 공동체에 있던 음악가들이 보석금을 내고 그를 꺼내주었다. "당시 아버지는 열여섯 살이었어요." 이스파가 놀라워하며 말했다. "아버지는 하얼빈에서 공연도 여러 번 하셨어요. 저는 그 공연 프로그램들도 가지고 있답니다." 하얼빈으로 망명했던 또 다른 유대인 알렉산드르 갈라츠키는 1919년부터 1920년까지 러시아 내전에서 집단 학살이 일어났을 때 여덟 살이었다. 당시 그와 어머니는 그들이 살던 우크라이나의 아파트에 거듭 방어벽을 치고 숨어 있었고, 이웃들이 강간당하고 살해되면서 지르는 비명을 들었다. 아버지가 뉴욕에서 보낸 뱃삯이 도난당하자 그들의 유일한 희망은 동쪽으로 만주까지 가는 것이었고, 아버지는 그곳에서 그들을 만날 계획을 세웠다. 갈라츠키는 자신의 가족을 위해 적어둔 회고록에서 우크라이나를 떠나기 위해 가축 운반차에 탔던 일을 다음과 같이 묘사했다. "어머니는 낡은 옷 꾸러미를 들고 있다. 화차를 감시하던 병사가 어머니에게서 그것을 빼앗으려 한다. 어머니는 옷 꾸러미를 부여잡은 채 울면서 병사의 손에 입을 맞춘다. 우리는 돈도 값나가는 물건도 없지만 낡은 옷들은 가는 도중에 음식으로 바꿀 수 있다. 그 옷들이 없으면 우리는 굶어 죽고 말 것이다." 그렇게 살다가 도착한 만주는 낙원이었다.

물론 뉴욕으로 이주한 러시아계 유대인에 대해서도 같은 이야기를 할 수 있을 것이다. 하지만 하얼빈으로 간 러시아계 유대인은 그들만의 버블을 만들어냈기에 주인 의식과 자부심이 더 컸다. 그리고 그 자부심은 그들의 공동체가 파멸했다는 이야기를 부차적인 것이 되게 했다. 내가 인터뷰한 하얼빈치의 후손 대부분은 일본 점령기에 납치·고문당하거나 살해된 친구들이나 친지들 이야기를 했다. 모두 자기 가족이 힘겹게 벌어들인 재산을 만주에 들어선 여러 정권에게 몰수당한 사람들이었다. 하지만 그런 이야기를 한 직후 그들은 또다시 하얼빈에서의 시절이 얼마나 '황금시대'였는지 이야기하곤 했다. 이스라엘에 있는 '중국인 망명자 협회Igud Yotzei Sin'는 네트워킹과 사교행사, 장학금, 그리고 3개 국어로 발행되고 수백 페이지에 달하는 뉴스레터를 통해 고향을 그리워하는 전 세계의 '중국계 유대인'을 서로 연결하는 것이 유일한 존재 목적인 단체다. 회원들은 최근까지 매주 텔아비브에 모여 마작을 하고 차를 마시며 하얼빈의 경이로움에 대한 추억담을 나눠왔다. 2012년 사망할 때까지 이 단체를 운영했던 테디 카우프만은 '내 가슴속에 살아있는 하얼빈의 유대인들'이라는 제목의 회고록을 출간해 유대인의 낙원이었던 그곳을 극찬했다. 그의 부친은 하얼빈 유대인 공동체의 대표였는데 결국 굴라크로 보내져 삶을 마감했다.

하얼빈에 살았던 유대인의 '황금시대'는 채 한 세대도 지속되지 못했다. 심지어 일본 점령기 이전에도 상황은 좋지 않아서 많은 유대인에게는 떠나는 것이 뻔한 결론이었다. 시베리아 횡단 열차에서 어머니가 낡은 옷과 바꾼 음식들을 먹고 지냈던 소년 알렉산드르 갈라츠키는 십 대였던 1925년부터 1929년까지 일기를 썼는데, 최근 그의 딸 보니 갈라트가 그 일기를 번역했다. 일기에는 대부분의 십 대는 품지 않는 하나의 당연한 가정이 드러나 있었다. 모두가 떠날 계획을 세우고 있었고, 유일한 문제는 어디로 갈지였다. 갈라츠키는 떠나간 친구들을 하나씩 손으로 꼽아보고는—팔레스타인으로, 러시아로, 오스트레일리아로, 미국으로—떠날 일을 생각하면서 점점 향수가 차올라 일기에 '영원히'라고 대문자로 적었다. "같은 반 친구였던 미샤가 오늘 파리로 떠난다." 수많은 영원한 이별 중 하나를 묘사하며 갈라츠키는 이렇게 썼다. "아마도 영원히… '영원히'는 무서운 단어다. 비로가 떠났고, 핀스키도 떠났고, 아마나 역시 내년이면 떠나게 될 것이다… 게다가 엄마나 아빠 없이 나 혼자서." 갈라츠키의 두려움은 현실이 되었고, 그다음 해에 그는 기차와 배를 타고 상하이와 실론섬과 수에즈운하를 거쳐 파리로 향했다. 그 뒤, 부모님이 낡은 옷과 크게 다르지 않은 것들만 가지고 하얼빈에서 도망치자 갈라츠키는 결국 그분들을 부양하게 되었다.

많은 사람들은 그 공동체의 파멸을 비나 눈처럼 거의 예정되어 있었던 것으로 기억하게 되었다. 하얼빈에서 태어나고 세 살이 되던 1950년에 가족과 함께 다른 지역으로 이주했던 알렉스 나홈손은 오직 자신의 부모님이 이야기하는 "매우 행복했던 기억들"만을 들려준다. "중국인은 우리한테 어떤 나쁜 짓도 하지 않았어요. 그냥 러시아인하고 일본인만 그랬죠." 나홈손은 이스라엘의 자택에서 히브리어로 나와 통화하며 이렇게 말했다. 그의 가족이 모택동주의자 정권에게 재산을 약탈당했다는 사실에도 불구하고 말이다. "우리 부모님은 하얼빈 이야기를 하실 때면 그저 다차[시골 저택], 극장, 오페라 이야기만 하셨어요." 그는 단언했다. 내가 일본 점령기에 발생했던 납치 이야기를 꺼내자 그는 어깨를 으쓱하듯 말했다. "그건 그냥 범죄잖아요." 그는 주장했다. "범죄는 어디서나 일어나는 거예요." 자신의 부모님은 그 모든 정치체제의 변화를 "빗방울 피하듯"—반복되는 재앙을 피하는 일을 가리키는 히브리어 표현—피해 살아남았다고 그는 쾌활하게 말했다. 그들이 가진 모든 것을 잃어버린 것은 날씨처럼 피할 수 없는 일이었다. 러시아계 유대인 작가 숄렘 알레이헴이 언젠가 말했듯 유대인의 부는 3월의 눈처럼 녹아서 씻겨 내려가는 법이었다. 좀더 이야기를 나누다가 나홈손은 거의 아무렇지 않은 투로 자신의 조부 또한 일본인에게 납치되어 고문을 당했었다고 언급했다.

✳

하얼빈의 새 회당에 세워진 유대인 박물관—혹은 입장권

에 적힌, 건물의 현재 소유주인 하얼빈시 건축과에서 따온 이름에 따르면 '건축예술박물관'—에 정확히 어떤 문제가 있었는지 설명하기는 쉽지 않다. 누구든 (대체로) 유대인과 관련된 이 박물관이 존재한다는 단순한 사실에 갈채를 보내고, 그곳의 많은 장점을 신중하고 상세하게 기술하고, 이 지역 사람들의 아낌없는 선의에 감사해야 할 것만 같은 강력한 필요성을 느끼게 된다. 왜냐하면 그곳에는 정말로 엄청난 장점들이 있었고, 선의도 넘칠 정도로 많았으니까. 그럼에도 나는 그 커다란 돔형 건물에 도착해 거대한 다윗의 별이 바닥에 장식된 넓게 트인 공간—이런 세부 장식이 얼마나 우스꽝스러운지는 나중에야 깨달았는데, 회당이 사용 중일 때는 좌석들로 바닥이 가려질 것이기 때문이었다—에 들어선 순간부터 스멀스멀 올라오는 '유대인 문화유산'의 불편함을, 말로 표현할 수는 없지만 그 모든 이른바 '선의'에도 불구하고 무언가가 분명히 잘못됐다는 감각을 느꼈다. 하지만 그 순간 나의 유대인으로서의 진짜 문화유산이, 수 세기 동안 쌓인 후성적 본능으로 이루어진, 나는 그저 손님일 뿐이라고 일깨워주는 그 감각이 치고 들어왔다. 나는 불편함을 삼키고 사진을 찍기 시작했다.

유대인의 역사를 보여주는 전시물들이 2층을 채우고 있었다. 회당에서 여성이 쓰는 공간이었다. 그곳에 방대하게 배열된 사진들 속에서 나는 잘 차려입은 사람들이 미소 띤 얼굴로 유대교 회당을 짓고, 결혼식을 거행하고, 시온주의자 모임에 참석하고, 도서관을 후원하고, 스카우트 유니폼을 입고 포즈를 취하고, 병원에서 일하고, 홍수 피해 현장에서 이웃들을 구조하고, 강에서 스케이트를 타는 모습을 살펴보았다. 전시물들은 충분히 정보를 제공하고 있었지만, 번역된 캡션들은 가끔씩 혼란스러운 단어 조각들로 뒤죽박죽이기도 했다. 예를 들어 기도용 숄을 걸치고 높은 성직자용 모자를 쓴 한 남자의 사진 아래 달린 영어 캡션은 "하얼빈 합창단 리드 보컬의 유대인 집회 흔적 그램 이익 맥스웰 근본적인 성직자"였다. 나는 데릭에게 원래의 중국어 캡션이 무슨 뜻인지 물어보았다. 데릭은 미안한 듯 미소 짓더니 말했다. "저도 잘 모르겠네요."

좀 혼란스럽기는 해도 모든 것이 훌륭할 만큼 잘 갖춰져 있었다. 하지만 갤러리의 반대쪽 끝, 전에는 토라 두루마리들이 담긴 궤가 세워져 있던 벽감(궤를 보관하던 벽감 자체는 이제 화장실로 통하는 입구가 되어 있었다) 위층 한쪽에서, 나는 혼란스러운 전시물이 놓인 일련의 작은 방들에 들어가게 되었다.

첫 번째 방의 두드러지는 특징은 커다란 나무 책상이었는데, 거기에는 대머리에 수염이 난 서양 남자를 조각한 실물 크기의 하얀 석고상이 아주 오래된, 종이가 끼워져 있지 않은 타자기 앞에 앉아 있었다. 남자 앞에 붙은 놋쇠 명판에는 "하얼빈 유대인 기업가의 실제 작업 현장"이라고 적혀 있었다. '실제'라는 단어 때문에 혼란스러워진 나는 이것이 어떤 특정한 사람을 표현하기로 되어 있었던 것인지 데릭에게 물었다. 데릭은 명판을 힐끗 보더니 설명했다. "이건 하얼빈의 유대인을 보여주고 있네요. 이 사람은 사업을 하고 있고요."

그다음 방들에서는 더 많은 얼어붙은 유대인들로 이루어진 광경이 펼쳐졌다. 그랜드피아노 앞에 얼어붙은 실물 크기의 석고 유대인들, 뜨개바늘을 들고 의자에 앉은 채 얼어붙은 실물 크기의 석고 유대인, 그리고 침대 위에 얼어붙은 채 석고 블록을 영원히 가지고 놀고 있는 어린아이만 한 두 명의 석고 유대인이 있었다. 놋쇠 명판은 이것이 "하얼빈의 유대인 가족의 모습"이라고 알려주었다. 명판에는 다음과 같은 문장이 이어졌다. "20세기 전반에는 유대인 가족의 모습이 단출했을 뿐 아니라 현실적이었고, 아이들은 그 안에서 다채로운 삶을 살았다." 아이들이 가지고 노는 블록에는 아이들과 마찬가지로 색깔이 결여되어 있었다. 나는 나중에야 이 전시물에 영감을 불어넣은, 이름이 밝혀지지 않은 원형을 알아냈다. 해마다 개장되는, 대량생산된 눈 블록을 깎아 만든 조각상들로 가득한 하얼빈의 눈 조각 공원이었다.

얼어붙은 유대인으로 가득한 방들을 빠져나오자 대부분이 죽은 유대인들의 사진이 다시 펼쳐지기 시작했는데, 그중에서도 하얼빈 최초의 제당 공장, 최초의 콩 수출업체, 최초의 사탕 공장, 그리고 중국 최초의 양조장 설립자들을 비롯해 하얼빈에서 "경제적으로 수많은 기적을 일으킨 실제 유대인 기업가들"의 사진이 두드러졌다. 벽에 적힌 문구는 하얼빈이 어떻게 "유대인들에게 새로운 기업체들을 설립할 기회를 주고 이후 유럽과 미국에서 경제 활동을 하기 위한 탄탄한 토대를 제공해주었는지" 설명하고 있었다. 나는 이 말이 사실이었다고 생각한다. 하얼빈을 일종의 실업학교 실습장 같은 곳으로 여긴다면 말이다. 실제 유대인들이 실제 자본금을 만들어냈지만 그 뒤에 몰수당한, 그래서 그나마 운이 좋다면 하룻밤 사이에 무일푼의 난민으로 변해버린 장소가 아니라.

이를테면, 그 박물관에서 눈에 띄게 다루고 있던 한 기업은 스키델스키 탄광 주식회사였다. 스키델스키가는 하얼빈에 초기 자본을 제공한 '시베리아계 유대인들'의 일원이었다. '초기 자본'은 절제된 표현이지만 말이다. 하얼빈에서 태어난 영국 상원의원 로버트 스키델스키는 잡지 〈프로스펙트〉에서 자기 가족의 재산에 관해 이야기하면서 증조부 레온 스키델스키가 1895년에―즉, 하얼빈이 세워지기 이전에―만주에서 블라디보스토크까지 시베리아 횡단 철도를 건설하기 위한 계약을 보유하고 있었다고 설명했다. 스키델스키가는 블라디보스토크에 살도록 허락된 열 가구밖에 되지 않는 유대인 가족 중 하나였는데, 이는 철도 건설에 그들이 절실히 필요했기 때문이었다. 그들은 시베리아와 만주에 있는 3000제곱킬로미터의 삼림지에 대한 장기 사용권과 그 지역의 최대 고용주가 되기에 충분할 만큼의 장기 광산 채굴권을 보유하고 있었다. 그들은 철도의 주인이 러시아인에게서 중국인으로, 다시 일본인으로 바뀌는 동안 철도에 필요한 물자를 계속 보급했다. 1924년, 레온의 아들 솔로몬은 지역의 군사 지도자와 포커를 치면서 일부러 거듭 져주는 방법으로 환심을 사서 그가 광산의 30년 임차권을 자신에게 매각하게 만들기까지 했다.

1945년, 소련이 솔로몬 스키델스키와 그의 형제를 굴라크에 보내 죽게 만들고 공산주의자들―처음에는 소련인, 그다음에는 중국인―이 광산을 장악했을 때에도 솔로몬이 보유한 임차권이 만료되려면 아직 9년이나 남아 있었다. 그로부터 수십 년 뒤 스키델스키 상원의원은 보상금 청구 신청을 했다. "1984년에 저는 1100만 파운드에 달하는 청구액에 대해 24,000파운드를 수표로 지불받는 것으로 최종 합의를 했습니다." 그는 이렇게 설명했다. 2006년 그가 하얼빈을 방문했을 때 지역 TV 방송국 사람들은 그를 따라가 꽃을 선물했다. 그 꽃값은 1100만 파운드보다는 다소 덜 나갔다.

박물관이 이야기의 일부만 전하고 있는 것 같다고 내가 말하자 데릭은 벤카난이 내게 반복적으로 이야기했던 문제를 제기했다. 박물관이 전적으로 부유한 사람들에게만 초점을 맞추고 있으며 그렇게 함으로써 유대인이 부유하다는 생각을 강화하고 있다는 것이었다. "분명 이곳에는 가난한 유대인도 있었습니다." 데릭이 지적했다. "길 건너에 있는 저 건물은 유대인을 위한 무료 급식소였고요."

나는 메주자°가 부착되어 있지 않은 거대한 문을 통과해 그곳을 나설 때가 되어서야 한때 성소였던 곳을 돌아보고 정확히 무엇이 잘못됐는지 이해했다. 어마어마하게 커다란 다윗의 별이 장식된 박물관의 바닥 위로 1930년대에 열린 송별 연회를 찍은 거대한 확대 사진 한 장이 걸려 있었는데, 그 속에서는 턱시도 차림으로 줄지어 모인 하얼빈의 유대인들이 알렉산드르 갈라츠키의 표현대로라면 '영원히' 이곳에서 도주하는 또 다른 유대인 가족에게 작별 인사를 하고 있었다. 갑자기 '유대인

• 한쪽 면에는 신명기의 성구를, 다른 쪽 면에는 신의 이름을 적은 작은 양피지 두루마리로, 케이스에 담아 유대인 가정의 문설주에 부착해 신의 뜻을 기억하고 거주자를 위험에서 보호하는 역할을 한다.

문화유산'의 독기가 녹아 사라지더니 깨달음이 찾아왔다. 이 박물관에 있는 어떤 것도 이 영광스러운 공동체가 더이상 존재하지 않는 이유를 설명해주지 않았던 것이다.

✳

하얼빈은 소련 스타일로 지어진 아파트 단지들이 시야 끝에서 끝까지 뻗어 있는 다소 흉물스러운 도시다. 하지만 도시의 역사적 중심부는 너무도 철저하게 복원되어 있어서 중국인 군중과 도로명 게시판만 아니라면 전쟁 전의 유럽처럼 느껴지기도 한다. 복원 작업에는 나무가 늘어서 있는 역사적으로 중요한 중앙 대로를 야외 건축 박물관 기능을 겸한 보행자 전용 도로로 바꿔놓는 일도 포함되어 있었는데, 이 대로에 원래 있던 건물—그 80퍼센트는 한때 유대인의 소유였다—하나하나에는 건물의 과거를 설명하는 명판이 붙어 있다. 안타깝게도 복원 작업에는 서양 음악이 큰 소리로 끊임없이 울려 나오는 스피커들을 설치하는 일도 포함되어 있었다. 내가 도착했을 때 스피커들에서는 〈에델바이스〉가 흘러나오고 있었다. "내 조국에 영원한 축복을." 음악 때문에 생각을 할 수가 없었다.

데릭은 중앙 대로와 그 지역의 다른 곳에 복원된 여러 건물들을 가리켰다. 유대인이 경영하는 약국, 유대인을 위한 무료 급식소, 유대민족은행, 그리고 수많은 가정집들이었는데 모두 이제는 다른 업체들이 그 자리를 차지하고 있었다. 역사적으로 중요한 각각의 건물에 부착된 '문화유산 건축물' 명판은 더이상 직설적일 수 없었다. "이 저택은 유대인이 지은 건물입니다." 명판에 새겨진 전형적인 문장은 이랬다.

중앙 대로에서 "유대인이 지은" 가장 인상적인 건물은 '모던 호텔'이었는데, 이 건물에 관련된 이야기는 하얼빈 유대인 공동체의 롤러코스터 같은 성공과 참혹함의 역사를 고스란히 담고 있다. 유대인 사업가 요세프 카스페가 지은 모던 호텔은 1909년 문을 여는 순간부터 만주 사람들의 유행의 첨단이었다. 이 호텔은 그저 유명인들과 외교관들이 자주 찾는 상류층용 시설이 아니었다. 호텔 구내에는 중국 최초의 영화관도 딸려 있었고, 수백 석 규모의 연극 공연과 강연, 콘서트도 종종 열렸다. 카스페는 보석과 최고급 음식처럼 '모던'이라는 상표를 단 다른 명품들을 만들어냈다. 다시 말해 '모던'은 하나의 브랜드였다.

하얼빈을 점령한 일본은 곧바로 모던 그룹에 눈독을 들였다. 하지만 요세프 카스페는 그들보다 한발 앞서 있었다. 그의 아내와 두 아들은 파리로 이주해 프랑스 시민권을 따낸 뒤였고, 그렇게 해서 카스페는 모던 그룹을 자기 아들 명의로 해두고 호텔에 프랑스 국기를 걸었다. 그는 일본인이 단지 그의 사업을 가로채기 위해 국제 분쟁까지 감수하지는 않을 거라고 생각했다. 그런데 그 생각은 틀렸다.

1932년, 카스페는 유명 피아니스트가 된 큰아들 세미온을 만주로 돌아오도록 초청해 콘서트 투어를 하게 했다. 투어 마지막 날 밤, 세미온은 납치되었다. 요세프 카스페는 파산할 정도로 높은 몸값을 지불하는 대신 프랑스 영사관을 찾아갔다. 그러나 소용이 없었다. 납치범들은 아들의 귀를 잘라 보내오면서 판돈을 올렸다. 3개월 뒤, 시 외곽에서 세미온의 시신이 발견되었다. 불구가 되고 패혈증에 걸린 아들의 시신을 본 카스페는 미쳐버렸다. 친구들은 카스페를 배에 태워 파리로 보냈고, 그는 거기서 1938년에 죽었다. 그의 아내는 5년 뒤에 아우슈비츠로 강제 이송되어 그곳에서 사망했다. 멕시코로 도피한 그의 작은아들은 하얼빈 이야기를 하는 것을 일체 거부하며 살다가 1996년에 세상을 떠났다.

길을 내려가면 나오는, 내가 묵었던 홀리데이 인 호텔보다는 별 몇 개가 모자라지만 모던 호텔은 지금도 여전히 운영 중이다. 화려한 아치형 창문들과 작은 탑들이 달린 커다란 분홍빛 석조 건물은 여전히 중앙 대로에 우뚝 솟아 있고, 그 너비는 도시의 한 블록 전체만큼 늘어나 있으며, 건물 정면 한구석에는 '모던'의 철자를 이루는 키릴문자들이 세로로 박혀 있다. 나는 길을 따라 내려가며 호텔의 한쪽 끝을 향해 기다랗게 굽어진 줄을 이룬, 영하 10도의 날씨에 무리 지어 서 있는 사람들을 보았다. 데릭은 그 줄이 모던 호텔의 명물인 아이스크림을 사먹으려고 서 있는 줄이라고 설명해주었다. "하얼빈 사람들은 추운 날씨에 차가운 음식 먹는 걸 좋아하거든요." 그는 싱긋 웃으며 말했다. 정말 그렇다. 하얼빈 거리에는 꼬치에 꿴 얼린 과일을 파는 간이식당들이 늘어서 있다. 이 점을 파악한 카스페 부부는 중국 최초로 상업적으로 생산되는 아이스크림을 만들어냈고, 현재는 '모던 1906'이라는 멋들어진 영어 상표명 아래 팔고 있다. (이 브랜드 창립 연도와는 3년의 오류가 있지만 여기에 신경 쓰는 사람은 분명 나밖에 없는 것 같다.) 나는 얼린 간식들을 지나쳐 호텔 안으로 들어갔다.

　　모던 호텔 로비는 추레하고 별다른 특징이 없었지만 호텔의 화려한 역사를 기념하는 전시물들만은 예외였다. 전시물은 요세프 카스페의 청동 흉상으로 시작됐는데, 벽에는 모던 그룹과 그 설립자인 "러시아 국적을 지닌 유대인 알렉산드르 페트로비치 카스페 씨"의 업적이 중국어와 영어로 설명되어 있었다. ('알렉산드르'는 어디서 온 것인지 알 수 없었다. 요세프 카스페의 진짜 이름은 흉상에 러시아어로 표기되어 있었다.) 벽에 적힌 글귀들이 설명해주듯 이 인상 깊은 유대인은 "호텔, 영화관, 보석 상점 등을 통합해 하얼빈의 주력 상품이 될 사업체"를 설립했다. 글귀는 이렇게 계속됐다. "최근 몇 년간 문화 브랜드 '모던'은 계속 굳건히 발전하고 있다." 그런 다음에는 이야기에 자주 등장하는 이 회사가 보유한 수많은 사업들이 나열되었는데, 거기에는 몇 년 전 지방정부가 인수하기 전까지 모던 그룹의 소유였던 하얼빈 얼음 축제도 포함되어 있었다. 벽의 글귀는 흐뭇한 어조로 계속되었다. "현재 모던 그룹은… 계속 상승세를 타고 있으며, 새로운 국제 문화산업 혁신 플랫폼을 만들어내고 있다." 카스페 씨의 후손들은 정말로 이 유산을 자랑스러워했을 것이다. 그들 중 누구든 이것을 물려받기만 했더라면 말이다.

　　하지만 어쨌든 모던 호텔은 명확하게 그 유대인 문화유산을 기리고 있다! 벽에는 요세프 카스페의 가족사진이 확대되어 걸려 있었는데, 그중에는 연미복을 입은 섹시한 모습으로 피아노 위로 몸을 굽힌 채 얼어붙은 그의 살해된 아들도 있었다. 거기 유리 밑에는 은촛대, 구식 전화기, 사모바르*를 포함해 카스페 가족이 실제로 사용했던 역사적인 물건들도 있었다! 그리고 바닥 근처 유달리 먼지가 낀 유리 진열장 안에는 "카스페 가족이 유대교 제사에 썼던 가재도구들"을 모아두었는데 그중에는 진짜 유월절 만찬용 접시도 있었다!

이 전시물을 더 자세히 보려고 쪼그려 앉은 나는 안에 진열된 접시가 두 개임을 알아차렸다. 만찬용 접시는 내가 미국계 유대인으로 어린 시절을 보내면서 접했던 것과 의심스러울 만치 비슷한 청동빛 유대 문헌 모티프로 장식돼 있었다. 나는 의심을 억눌렀지만 결국 접시 여기저기에 영어 단어가 새겨진 것을 발견했다. 또 하나의 접시는 도자기였는데 아즈텍 문명을 떠올리게 하는 디자인을 자랑했고, '멕시코'라는 단어가 바닥을 가로질러 박힌 1980년대의 공항 기념품이었다. 그 순간 하나의 사실이 분명해졌다. "카스페 가족이 실제로 사용했던 역사적인 물건들"은 모두 어떤 정권의 주머니 속으론가 사라진 지 오래였고 이 전시물들은 이베이 사이트에서 조달해 온 것이었다.

✳

나는 발라클라바 모자를 다시 쓰고 추위 속으로 나가 카스페의 아이스크림을 사 먹으려고 떠들어대는 수백 명의 사람들을 지나 지금은 콘서트홀이 된 옛 회당으로 향했다. 하얼빈

---

* 러시아의 가정에서 사용하는 특수한 주전자로 구리, 은, 주석 등으로 만든다.

78

의 유일한 유대인이 고문으로 참여한 수백만 달러짜리 혁신 프로젝트의 결과물인 회당 건물은 이제 가까이에 있는, 한때는 유대인 중등학교였던 음악학교를 포함해 한 블록 전체가 '유대인 블록'인 구역의 일부다. 벤카난은 이 프로젝트에 꼼꼼하게 신경을 썼고, 십계 모티프를 새긴 화강암이 든 계약의 궤*, 기둥들, 한때 여성 신도의 구역이었던 좌석들, 기도서를 놓는 받침대가 달린 의자들을 정확하게 복제하기 위해 오래된 사진을 수집해 검토했다. 그는 자신이 유일하게 양보한 부분은 실내 관현악단이 들어올 수 있도록 비마(계약의 궤 앞에 놓이는 단)를 널찍하게 만드는 것이었다고 내게 말했다. 티켓 부스를 담당하는 직원이 안을 들여다보지 못하게 해서 나는 그날 밤의 현악 4중주 공연 티켓을 샀다.

옛 회당의 내부는 내게 충격으로 다가왔다. 내가 무엇을 기대했는지는 모르겠지만, 전에 다니던 뉴욕시의 회당에서부터 런던과 모스크바와 케이프타운과 부에노스아이레스와 멜버른에 이르기까지 한 번이라도 들어가본 20세기 초 세계 여러 도시의 모든 회당과 조금도 다를 바가 없는 회당 안에 서 있게 되리라 기대하지는 않았던 것 같다. 전 세계의 그런 건물들에서는 (보통 무장한 경호원을 지나) 성소로 걸어 들어가면 말 그대로 어느 곳에 있는 어느 회당과도 똑같은 공간을 경험하게 되는데, 바로 그것이 중요한 점이다. 하얼빈의 유일한 유대인은 너무도 놀랄 만큼 일을 잘 해놓아서, 커다란 홀로 걸어 들어가

● 하느님과 이스라엘 백성 사이의 약속의 표시로 지성소에 안치해두었던 궤.

내 앞에 어렴풋이 나타나는 거대한 계약의 궤와 거기 히브리어로 적힌 네가 누구 앞에 서 있는지 알라고 탄원하는 친숙한 문장을 보자 본능적으로 내가 예배의 어느 부분에 걸어 들어온 건지, 이번에는 얼마나 늦었는지, 사람들이 토라를 읽는 부분까지는 아직 오지 않았는지 파악하려고 귀를 기울이게 되었다. 얼마나 뒤쪽에 앉아야 할까 하는 생각들은 마침내 이성에 자리를 내주었고, 나는 내 티켓에 적힌 좌석 번호를 쳐다보았다.

하지만 내 근육에 새겨진 기억은 세 번째 줄 내 자리에 앉았을 때도 여전히 멈출 수 없었다. 두 손이 앞좌석에 난 홈으로 저절로 향하더니 거기 없는 기도서를 찾아 뻗어 나갔다. 이런 공간들에서 내가 평생 암송해온 말들, 지난 2000년 내내 야브네와 품베디타와 알레포와 로마와 마라케시와 필라델피아와 뭄바이와 상파울루와 하얼빈에서 이런 공간에 모인 모든 사람이 예루살렘을 향해 암송했던 똑같은 말들을 참지 못하고 암송할 뻔했다. 나는 외경심에 사로잡혀 눈이 휘둥그레져 있었다. 그 순간, 불현듯 시간과 공간을 훌쩍 넘어 확장되는 거대한 감각 속에서 나는 내가 누구 앞에 서 있는지 알게 되었다.

그때 중국인 현악 4중주단이 계약의 궤 앞에 있는 비마로 걸어 올라왔고, 궤를 향해서가 아니라 나를 향해 절을 했다. 조명이 비쳤고, 그들은 브람스의 〈헝가리 무곡 5번〉과 차이코프스키의 〈로미오와 줄리엣〉과 왜인지는 모르겠지만 〈코튼 아이드 조〉*를 장관이라 할 만큼 훌륭하게 연주했다.

• 널리 사랑받아온 미국의 포크송.

그리고 나는 갑자기 아주, 아주 피곤해졌다.

※

　회당들 사이 어딘가, 니콜라이 고골의 이름을 딴 벨 에포크 스타일의 서점과 강에 언 얼음을 잘라 만든 수영장에서 영하 30도의 날씨에 수영을 하고 있는 사람들, 그리고 수백 명의 죽은 유대인들 사이 어딘가를 거닐다가, 나는 어느새 '시베리아 호랑이 공원'에 들어와 있었는데, 거기에는 전 세계적으로 남아 있는 호랑이 700마리가 철사를 얽어 만든 울타리 뒤에 축 늘어져 있거나 호랑이 재교육 수용소를 닮은 분리된 방에서 왔다갔다하고 있었다. 그곳에서 호랑이 줄무늬가 페인트로 그려진 버스를 타고 긴장증에 걸린 것처럼 보이는 호랑이들이 가득한 얼음 덮인 헐벗은 마당을 여러 곳 지나자, 날고기 조각을 사라는 호객이 들어왔다. 데릭이 설명했듯 이 시설에서는 관광객들이 부족한 양을 채워줄 거라는 가정하에 동물들에게 먹이를 불충분하게 주고 있었다. 죄책감으로 더럽혀진 호기심—내가 '유대인 문화유산'에서 느꼈던 불안과 놀랄 만큼 비슷한—에 이끌린 나는 양동이에 담긴 돼지고기 날것을 조각으로 파는 여자에게 다가갔는데, 관람객들은 거기서 고기를 사서 집게로 철사 울타리 안의 호랑이들에게 먹였다. 고기 조각을 파는 여자는 구입할 수 있는 또 다른 호랑이 먹이로 상자에 든 살아 있는 닭을 권하기도 했는데, 그것을 선택하면 닭 전용 미끄럼판을 통해 호랑이 축사에 밀어넣게 되는 모양이었다. 나는 태어나서 처음으로 돼지고기라는 것을 구입했다.

　미끈거리는 고기 조각들을 집게로 집어 올리려고 애를 쓰는데 『탈무드』('돈벌이를 위한 유대인의 가장 위대한 경전')의 한 장면이 기억났다. 천지창조가 이루어진 일주일 동안 가장 마지막에 창조된 것은 세계 최초의 집게 한 벌인데, 그건 집게는 오직 집게로만 벼릴 수 있기 때문이었다고 랍비들이 주장하는 장면이었다. 비논리적이기는 해도 인간의 한계를 보여주는 잊히지 않는 이미지가 그 비논리를 뛰어넘는 이야기였다. 내가 고기를 집어 올리는 데 성공하자, 그러지 않았으면 긴장증 증세를 보였을 호랑이들이 내 앞의 울타리를 향해 만화에 나오는 것처럼 격렬하게 와락 덤벼들었고, 소련 스타일의 장벽에 몸을 덜컹덜컹 부딪쳐가며 고기 조각들을 두고 서로 다퉜다. 나는 강력하고 아름다우며 갇혀 있는 존재들을 향해 부적절한 고기 조각들을 하릴없이 내던지면서 동정심과 공포가 뒤섞인 짙은 몽롱함 속에서 거의 신화에나 나올 것 같은 이 사로잡힌 짐승들을 지켜보았다. 그로부터 한참 뒤에 〈내셔널 지오그래픽〉 기사를 우연히 보게 되었는데, 그 기사는 이 '공원'이 실은 호랑이 농장이며, 그곳에서는 멸종 위기에 처한 이 짐승들—그중 여전히 야생 상태로 중국에 서식하고 있는 건 북동부에 있는 일곱 마리뿐인데, 이는 그 지역의 유대인보다 일곱 배나 많은 수다—을 사육하고 자랑삼아, 혹은 전통 약재로 쓰기 위해 도살하고 있다고 주장하고 있었다. 모든 것이 정교한 사기처럼 느껴졌다. 혹은, 사기까지는 아니라도 **전시**처럼.

하얼빈 얼음 축제는 내 가장 열띤 기대까지도 뛰어넘을 만큼 최고로 멋진 전시였다. 나를 하얼빈으로 끌어당겼던 사진과 동영상 들을 통해 상상했던 것보다 몇 배나 거대하고 정교했다. 밤에 야외의 혹독한 기온 속에 장시간 있어야 하는 축제의 특성상 견디기 몹시 힘들 거라는 경고는 온라인의 모르는 사람들로부터 충분히 들은 뒤였다. 하지만 일단 거기 도착하자 일이 너무 수월해서 충격을 받았다. 내 하얼빈 복장에 더해야 하는 건 두 겹째의 스웨터, 네 겹째의 바지, 두 겹째의 장갑, 네 겹째의 양말, 장갑과 부츠 속에 쑤셔넣은 핫팩, 그리고 아이젠뿐이었고, 나는 문제없었다. 사십 분 이상 추위를 견디기 힘들 거라는 말을 들은 터였다. 하지만 나는 그날 저녁 그곳에 약 1만 명의 관람객과 함께—축제의 방대한 규모에 비하면 상대적으로 대수롭지 않은 수치였다—세 시간 동안 머물렀다.

눈으로 만든, 고등학교 건물만 한 부처를 둘러싸고 모여 있는 얼음 성과 얼음 요새들 사이에서 나는 내가 현실에서 가본 적 있는 장소들이 조잡한 네온 버전으로 바뀌어 희미하게 빛나고 있는 걸 알아보았고, 투델라의 베냐민처럼 그것들을 머릿속에서 목록으로 만들었다. 시안시의 대안탑, 베이징 외곽의 이화원, 자금성으로 들어가는 문, 샤르트르 대성당, 베니스의 첫 번째 유대인 게토 근처에 있는 종탑, 예루살렘에서 로마로 데려온 유대인 노예들이 지은 콜로세움. 나는 발광 다이오드 배선이 각각의 얼음 블록 안에서 깜박임에 따라 몇 초에 한 번씩 색깔이 바뀌는 이 번쩍이는 건축물들 주위로, 사이로 돌아다니면서 다리를 건너 만월문을 통과했고, 계단을 올라가서 얼음 성 사이로 구불구불하게 이어진 미끄럼틀을 타고 내려왔다. 시안에 있는 1만 명의 테라코타 병사들로 채워진 2000년 된 무덤에서부터 베이징 외곽의 오래디오랜 만리장성과 1994년에 세워진 상하이의 동방명주탑에 이르기까지, 중국은 값싼 노동력 덕분에 만들 수 있었던 거대하고 요란하고 지나칠 만큼 인간미가 느껴지지 않는 역사적 건축물들로 가득한 곳이다. 하얼빈 얼음 축제는 내밀함이나 미묘함에 정반대되는 어마어마하게 큰 형광등 같았다. 압도적이면서 아무 생각을 할 필요가 없는 광경이었다. 인간이 만들어낸, 내가 본 적 있는 것 중에서 가장 놀라운 것이기도 했다.

얼음 축제의 가장 충격적인 점은 축제의 모든 것이 한시적이라는 기이한 사실이었다. 한 달이나 두 달 안에 그 방대한 도시는 녹기 시작할 터였다. 하지만 아무것도 모르던 내가 짐작한 것과는 달리 얼음 도시는 그냥 저절로 사라지는 게 아니다. 그 대신, 얼음이 녹기 시작하면 1만 명의 노동자들이 돌아와 수백만 개의 얼음 블록들을 난도질해 부수고, 전기 배선을 제거한 다음 끌고 나가서 강에 버린다. 다른 모든 도시와 마찬가지로 얼음 축제 역시 그 창조에 있어서나 파괴에 있어서나 저절로 되는 일이란 하나도 없다.

그냥 사라지는 건 아무것도 없다. 하얼빈을 떠나며 나는 하얼빈의 마지막 유대인이었던 한나 아그레를, 그 도시를 떠나기를 거부했고, 마지막 유대인 가족이 떠나고 23년 뒤인 1985년에 자신이 아파트로 고쳐 쓰던 옛 회당 2층의 사무실 공간에서 홀로 숨을 거뒀던 그 이상한 노파를 떠올렸다. 하얼빈

공항으로 가는 길에 산업 불모지들과 끝없이 늘어선 고층 건물들을 지나는데, 어쩌면 그가 그렇게 미친 사람은 아니었을지도 모른다는 생각이 들었다. 어쩌면 그는 떠나라는 말을 듣는 게 싫었던 건지도 모른다. 어쩌면 그는 다른 모든 하얼빈치들이 여생 동안 샌프란시스코와 텔아비브에 모여 마작을 하고 사모바르와 모피 코트를 찍은 사진들을 공유하면서 하려고 애썼던 일을 몸으로 수행하고 있었는지도 모른다. 어쩌면 그는 자기 가족이 세운 성을 얼음 속에 보존하고 싶었는지도 모른다.

공항에 도착할 무렵, 하얼빈 홀리데이 인 호텔 아침 뷔페에 나왔던 용과와 리치의 기억은 가물가물해졌고, 나는 배가 고팠다. 다행히 내가 들어갈 게이트 바로 옆에는 벽돌로 만든 트렌디한 벽에 역사적인 장면을 담은 흑백사진 액자들을 걸어놓은 힙해 보이는 식당이 있었다. 식당 간판에는 "모던 1906"이라고 적혀 있었다.

거의 믿을 수 없을 지경이었지만, 그랬다, 여기 또다시 그것이, 요세프 카스페의 사업이 있었다. 마치 나 혼자만의 불신에 대답이라도 하듯 힙한 벽돌 벽 위의 거대한 평면 화면에 카스페 가족의 사진이, 그다음에는 카스페의 얼굴 사진이 떠올랐다. 눈 깜빡임에 사라지기에 앞서 나는 그 사진들을 가만히 보았다. 살해된 그 가족을, 그러고는 카스페를, 도시 하나를 세웠지만 결국 아들과 재산과 이성을 잃어버린 한 남자를 바라보았다. 나는 한 세기가 넘도록 중단 없이 계속되어온 것처럼 보이는 이 사업의 '성공'에, 기업의 '유산'을 이렇게 공공연하게 자랑하는 일의 순수한 대담함에, 훔친 물건들의 오래가는 품질에 갑작스레 속이 울렁거렸다. 바깥은 영하 20도였지만 나는 '오리지널' 맛 아이스크림을 하나 샀다. 달콤하게 냉동된 크림은 입속에서 녹았고, 내가 중국 잔돈을 다 써버리기도 전에 사라졌다.

나는 하얼빈발 에어차이나 항공기의 맨 뒷줄에 기내의 유일한 서양인으로 탑승해 있었다. 앞줄에 앉은 누군가가 돼지의 해를 축하하는지 돼지 바비큐 냄새가 강렬하게 진동했다. 나는 상하이행 기차에 올라 하얼빈을 '영원히' 떠났던, 그런 다음 배를 타고 실론섬으로 갔다가 수에즈운하를 통과했던 알렉산드르 갈라츠키를 떠올렸다. 그가 아홉 살의 나이로 어머니와 함께 낡은 옷가지가 든 가방을 들고 시베리아 횡단 열차에 올라 처음으로 세계를 횡단한 지 9년 만에 나선 여정이었다. 내 앞 스크린에 펼쳐진 애니메이션에서는 쾌활한 판다 한 마리가 항공기의 여러 안전장치를 설명하고 있었는데, 그중에는 어색한 영어 번역에 따르면 '비상시 수면 불시착'이 필요할 때 어떻게 해야 하는지도 포함되어 있었다. 나는 빗방울 피하듯 재앙을 피해 가며 필요에 따라 불시착을 하고 예상대로 불시착을 했을, 뻔한 결론대로 불시착을 했을 클루르만 가족을, 카스페 가족을, 나훔손 가족을 떠올렸다. 애니메이션을 보는 동안 투델라의 베냐민이 기억났다. 몹시 위험한 세계 여행을 다루고 있던, 모든 유대인 공동체가 기록되고 중요하게 여겨지고 놀라움의 대상이 되었던, 불시착할 필요 같은 건 전혀 느끼지 못하는 쾌활한 캐릭터들이 가득하던, 도시들이 녹아 사라지는 일이 없던 그 명랑한 만화영화가 기억났다.

이륙하고 이 분이 채 지나지 않아 하얼빈은 더이상 보이지 않았다. 창밖으로는 오직 눈 덮인 농지와 얼어붙은 강 위로 반짝이는 햇빛만 보일 뿐이었다. 농지는 엄청나게 넓었고 텅 비어 있었다. 거대한 도시는 사라지고 없었다.

3장
죽은 미국계 유대인들 1

"무슨 말을 해야 할지 모르겠군요."

2018년 10월의 어느 토요일 아침, 피츠버그 회당에서 11명이 살해되는 미국 역사상 최대의 유대인 학살이 일어났을 때 그 뉴스에 충격을 받은 선량한 사람들로부터 내가 가장 자주 들은 말이었다. 하지만 이 일에는 말들이, 아니 말들로 가득한 책 전체가 여러 권 존재한다. 살해된 사람들이 죽기 직전 읽고 있던 책들이다. 뉴스 보도에서는 희생자들이 기도를 하고 있었다고 했지만, 유대교의 기도는 기본적으로 개인적이거나 자발적인 기도가 아니다. 그것은 공동의 낭독, 즉 수 세기 전에 편찬되고 전 세계 모든 회당에서 거의 동일하게 유지되는 대본인 오래된 말씀을 다 같이 낭송하는 일이다. 그 말들 중 대다수에 정확히 이런 과정이 필요하다.

무슨 일이 일어났는지 말해주자 내 아이들은 이유를 묻지 않았다. 그애들은 그냥 알았다. "어떤 사람들은 유대인들을 싫어하니까요." 그애들은 그렇게 말했다. 미국에서 자란 이 아이들이 그걸 어떻게 알았을까? 아이들은 어깨를 으쓱하며 말했다. "유월절 이야기랑 비슷한 거예요. 하누카• 이야기랑도요. 푸림절 이야기랑도요. 그리고 바빌로니아 사람들이랑 로마인 이야기들하고도 비슷해요." 내 아이들은 홀로코스트 생존자들의 후예지만 그렇게까지 역사를 한참 거슬러 올라갈 필요는 없었다. 말들은 이미 거기 있었다.

피츠버그에서 살해된 사람들은 대체로 노인들이었는데, 유대인의 삶에서는 살아온 날들도 기억도 풍부한 노인들이 기둥과도 같은 존재들이기 때문이다. 그들은 회당에 제일 먼저 오는 사람들이고, 말들을 외우고 있는 사람들이다. 생명의 나무 회당에서 가장 나이가 많았던 희생자는 로즈 맬린저로 아흔일곱 살이었다.

맬린저가 태어난 해는 100만 명 이상의 동유럽계 유대인들이 미국으로 집단 이주해 오던 시기의 말엽이었다. 많은 이들이 집단 학살과, 무장을 하고 회당에 침입하던 남자들과 성경들에 튄 피의 기억을 안고 왔다. 이것은 충격적인 일이 아니었는데, 바로 그 성경들에 이미 기술되어 있는 일이었기 때문이다. 속죄일이 되면 이 유대인들은 로마인들에게 살해된 랍비

• 기원전 2세기의 예루살렘 탈환을 기념하는 유대인의 명절로 8일 동안 촛대에 불을 밝힌다.

들의 이야기를 회당에서 읽는데, 토라 두루마리가 몸에 감긴 채 불태워진 랍비, 하나냐 벤 테라디온의 이야기도 그중 하나다. 죽기 전에 그는 자신의 학생들에게 이렇게 말했다. "양피지는 불타고 있지만 글자들은 자유롭게 날아가는구나!" 내가 다니는 회당의 오래된 대제일 기도서는 랍비 모리스 실버먼이 편집한, 20세기 미국의 유대교 회당들에서 가장 널리 쓰이던 클래식 에디션인데, 이런 이야기들이 맬린저 씨 나이대의 미국계 유대인들에게 어떤 의미였을지 넌지시 알려준다. 1939년에 영어로 쓰인 그 기도서의 서문은 이렇게 묻는다. "아무리 수십 년이 지난 뒤라 해도, 이 시를 낭독하는 동안 커다란 기도용 숄을 걸치고 두 뺨에 흘러내리는 눈물을 감추려 헛되이 애를 쓰던 그의 아버지의 모습을 잊을 수 있는 사람이 누가 있겠는가?" 내가 어린 시절에 그런 시적인 이야기들을 낭독할 무렵에는 아무도 울고 있지 않았다. 그 대신, 나와 형제자매들은 과도하게 피범벅이던 그 이야기의 세부사항에, 너무 낯설어서 우스꽝스러워 보이던 폭력 묘사에 히죽히죽 웃었다. 하지만 우리는 여전히 똑같은 두루마리에서 유대인이 맨 먼저 세상 사람들에게 가르쳤던 똑같은 말들—**낯선 이를 탄압하지 말라. 네 이웃을 네 몸같이 사랑하라**—을 읽고 있었으니, 랍비 하나냐는 틀림없이 옳았을 것이다.

유럽에서의 유대인 대학살에 대한 소문이 퍼졌을 때 맬린저 씨 나이대의 사람들은 이십 대였다. 그들은 새해, 즉 로시 하샤나가 되면 회당에서 "당신의 성스러운 이름으로 죽임을 당한 이들을 위해" "당신의 유일하심을 위해 학살당한 이들을 위해"처럼 하느님께 연민을 간청하는 오래된 말씀들을 읽었다.
내 남편의 조부모님들은 그런 수차례의 대학살이 지나고 미국
에 이주해 왔는데, 그분들의 전 배우자들과 아이들은 그 기도
에 나오는 사람들처럼 학살당한 뒤였다. 그들은 계속 그 기도
를 낭송했고, 그들이 미국에서 새로 만든 가족들에게 그 기도
는 다시 은유가 되었다.

그 뒤로 이어진 수십 년 동안에는 다른 지역에서 온 유대
인들이 미국의 유대교 회당에 합류했는데, 그들 중 대다수가
미국계 유대인들은 잊어버린 기억들을 품고 왔다. 그 기억들은
회당의 책들 속에서 그들을 기다리고 있었다. 푸림절이면 그들
은 에스더서에서 고대 페르시아의 어느 지도자가 유대인들을
학살하려 시도했다가 실패했던 이야기를 낭독한다. 그날은 특
별한 의상을 입고 들뜬 기분으로 보내는 날이며, 소리 나는 악
기를 흔들어 악한의 이름을 지워버리는 날이다. 어느 해 푸림
절에는 우리 오빠가 아야톨라*처럼 차려입었는데, 우리 신도들
가운데 페르시아인들은 그것을 보고 웃음을 터뜨렸다. 또 어느
해에는 누군가가 고르바초프 분장을 했는데 러시아인들이 아
주 좋아했다. 악한들은 패배한 것처럼 보였다.

맬린저 씨가 일흔아홉이 되던 2000년, 한 유대인 상원의
원이 소속 정당의 부통령 후보가 되었다. 1년 뒤 백악관은 최초
로 공식적인 하누카 파티를 열었다. 그로부터 약 10년 뒤, 나는
그 하누카 파티에 참석했다. 백악관에서 우리는 우리를 증오로

● 이란의 이슬람교 시아파의 종교 지도자의 칭호.

94

부터 구해주신 하느님께 감사드리는 오래된 말씀들을 낭송했다. 나이 많은 유대인들에게 이 일은 기적처럼 느껴지는 일이었다. 부모님과 할아버지는 내 사진들을 넋을 잃고 들여다보며 경이로워하셨다. 하지만 그 파티에서 나는 그런 이벤트들에 종종 참석하는 젊은 유대인 지도자들을 만났다. 그들에게 그것은 일상적인 일이었다. 오래된 증오는 단지 기억이고 종이 위에 적힌 말들일 뿐이었다.

아니, 어쩌면 그렇지 않았는지도 모른다. 2001년, 테러리스트들이 미국의 도시들을 공격한 뒤 우리 가족이 다니던 회당 앞에는 콘크리트 방벽이 세워졌고, 주차장에는 순찰차들이 세워져 있었다. 불안으로 가득한 나라에서 이것은 타당하게 느껴지는 조치였고, 우리는 그 일이 모든 사람에게 영향을 미쳤을 거라고 생각했다. 내 아이들이 태어나고 자라면서 그애들에게는 방벽과 경호원들이 정상적인 것이 되었다. 우리 회당에서 조금 내려가면 있는 교회의 종파를 초월한 추수감사절 예배에 내 아이들을 데려갔을 때는 한 아이가 왜 문에 보초를 서는 사람이 아무도 없느냐고 물었다.

그 뒤로 몇 년 동안, 인터넷에서는 갑자기 누구나 말하고 싶은 것은 무엇이든 말하는 일이 허용되었고, 모든 정치 성향에서 가장 악의에 찬 말들이 보상을 받았다. 곧 댓글난은 몇 세기나 묵은 쓰레기들이 흘러 다니는 열린 하수관이 되었고, 소셜 미디어가 폭발적으로 증가하면서 그런 댓글들은 공공연한 독설로, 유대인 시설들과 개인들에게 언어 공격을 가하기 위해 규모를 확대한 추상적인 증오로 진화했다. 유대인 청년들에게 이것은 혼란스럽게 느껴지는 일이었다. 하지만 나이든 유대인들에게 성경 속에서 전해져 내려오고 되풀이되던 이 기억은 분명 익숙하게 느껴졌을 것이다.

맬린저 씨는 아흔일곱 살이 되던 해에 다른 열 명의 유대인과 함께 자신의 회당에서 살해되었다. 이 사건에 대한 말들 역시 존재하는데, 2500년간 유대인이라는 이유로 살해된 사람들을 위한 히브리어 구절 '키두시 하솀kiddush hashem', 즉 '하느님의 이름을 신성하게 하기 위한 죽음'이 그것이다.

내 아이들이 옳았다. 이 이야기는 낡았고, 관련된 말들은 많아도 너무 많았다. 하지만 그애들도 한 가지는 잘못 알고 있었다. 오래된 이야기들 속에서는 공동체 외부인들이 도움이나 관심을 제공하는 일이 드물었고, 우리 선조들은 오직 서로로부터, 그리고 하느님으로부터만 위안을 얻었다. 하지만 이 새롭고 끔찍한 현실에서는 어쩌면 우리의 오래된 말씀들은 무언가 새로운 것을 의미할지도 모른다.

회당으로 돌아간 조문객들을 반기는 것은 더 많은 오래된 말씀들이다. "하느님께서 시온과 예루살렘의 슬퍼하는 이들 가운데서 당신을 위로하시기를." 그 절에서 하느님을 가리키는 말로 사용되는 단어는 '하마콤hamakom'인데, 이것은 그대로 옮기면 '그곳'이라는 뜻이다. 그곳이 당신을 위로하기를.

이 곳에 있는 사람들이, 당신을 구하기 위해 처음으로 달려온 응답자들이, 친절한 마음으로 악을 제압하는 이웃들이, 유대인의 역사가 허용하는 것보다 더 많은 낙천주의를 불러일으키는 다양한 배경의 미국인들이 당신을 위로하기를. 이 나라가 그 무한한 약속으로 당신을 위로하기를. 조지 워싱턴이 1790년 로드아일랜드의 어느 유대교 회당에 보낸 서한에서 맹세했듯, 미국은 "모든 사람이 자기 포도나무와 무화과나무 아래 무사히 앉을 것이고, 그를 두렵게 하는 것이 아무것도 없는" 곳이 될 것이다. 그 말들은 워싱턴이 한 말들이 아니다. 전 세계 어느 회당의 책장에나 꽂혀 있는 히브리 예언자 미가의 말들이다.

회당에서 우리는 언제나처럼 우리가 '생명의 나무'라고 부르는 두루마리를 읽는다. 그곳은 우리를 위로해줄 것이다. 우리는 그 책을 거두면서 예레미야 애가에 나오는 말들을 되풀이한다. "우리의 날들을 옛날과 같이 새롭게 하소서."

4장

처형된 유대인들

나는 알라 주스킨 페렐만과 온라인으로 연락을 주고받다가 결국 직접 만나게 되었는데, 아직도 그가 정말로 존재하는 사람이라는 걸 잘 믿을 수가 없다. 몇 년 전 나는 마르크 샤갈과 샤갈이 한때 러시아에서 알고 지냈던 이디시어를 쓰는 예술가들에 관한 장편소설을 한 편 썼다. 샤갈을 빼고는 그들 모두 결국에는 소련 정권에 의해 살해된 사람들이었다. 소설을 위해 자료 조사를 하는 동안 나는 착취당하고 파멸당한 그 사람들의 기이한 사연 속으로 나도 모르게 빨려 들어갔다. 소련은 처음에는 그 예술가들을 보편적 인간 이상의 전형이라며 환영했지만, 그런 다음에는 자기 목적에 맞게 이용했고, 마침내는 처형했다. 나는 이디시어를 사용하다 처형된, 어릿광대 연기로 알려졌던 희극배우 베냐민 주스킨의 이름을 따서 내 소설 주인공 이름을 붙였다. 책이 나오고 나서 나는 알라로부터 영어로 더 듬더듬 쓰인 이메일 한 통을 받았다. "저는 베냐민 주스킨의 딸입니다." 그해 겨울 나는 이스라엘에서 열리는 한 문학 학회에 발표자로 참석하고 있었기에 그곳에 사는 알라와 만날 약속을 잡았다. 마치 책 속의 인물과 만나는 듯한 기분이었다.

　주최 측은 너그럽게도 나를 다른 작가들과 함께 예루살렘에 있는 어느 아름다운 석조 가옥에서 묵게 해주었다. 우리는 유대인의 독립을 축하하는 하누카 명절 동안 그곳에 머물렀다. 명절 첫날 밤, 나는 예루살렘 구시가지까지 걸어가 사람들이 통곡의 벽에서 거대한 하누카 촛대에 불을 밝히는 모습을 지켜보았다. 뉴저지에 있는 내 집이, 그곳에서 자라나는 동안 학교 크리스마스 공연에서 미국의 음악 교육 업체들이 만들어낸 가짜 하누카 노래들을 영어로 불렀던 내가 떠올랐다. 그 노래들의 가사는 하누카를 '기쁨과 평화와 사랑'의 명절로 묘사하고 있었다. 기쁨과 평화와 사랑이 하누카를, 약자가 강력한 제국에게 군사적 승리를 거둔 기념일로, 미국인들이 독립기념일을 설명하는 것과 거의 다를 바 없이 설명한다. 합창단 선생님께 그런 노래 중 한 곡에 대해 이의를 제기했다가 기쁨과 평화와 사랑을 싫어하다니 감사할 줄 모르는 아이라는 말을 들었던 일이 떠올랐다. (자유의 명절인 크리스마스를 기념하는 가사가 담긴 '크리스마스 캐럴'을 생각해보렴. 모두가 자유를 좋아하잖니? 아무리 까다로운 사람이라도 그런 노래를 거부하지는 않잖니?) 나는 수백 명의 사람들 앞에서 나의 전통이 보편적이라고—다시 말해 그들의 전통과 꼭 같다고—이웃들을 납득시키기 위해 그런 가

사로 된 노래들을 불렀다. 알라를 만나기 전날 밤, 숙소로 걸어 돌아가는 길에 구시가지 유대인 구역의 촘촘한 돌길들을 지났는데, 거기 있는 집들의 문 옆에는 모두 하누카의 오일 램프를 진열해놓은 유리 케이스가 하나씩 세워져 있었다. 그렇게 타오르는 수백 개의 불빛들을 보는 건 이상한 일이었다. 불빛들은 내 주위의 모든 낯선 사람들이 이 기쁨의 밤을 공유한다는, 그것이 보편적인 명절이라는 빛나는 선언과도 같았다. 그 경험이 너무 낯설어서 나는 어떻게 생각해야 할지 알 수 없었다.

다음 날 아침, 석조 가옥 문을 두드리고 들어온 알라는 구시가지가 내다보이는 거실에 앉았다. 알라는 체구가 작은 검은 머리 여성이었는데, 완벽한 자세가 나이답지 않게 너무도 꼿꼿했다. 그는 나를 보더니 히브리어로 말했다. "마치 작가님이 저희 아버지를 아셨던 분 같다고 느꼈어요. 아버지가 겪은 일을 이해하시는 것 같다고요. 어떻게 아셨어요?"

그 질문에 대한 대답은 수천 년을 거슬러 올라간다.

❋

지금으로부터 2200년 전, 예루살렘의 김나지움에서 경쟁 종목 운동경기에 참여하는 십 대 소년들은 할례 시 절제했던 포피를 복원하는 시술을 받았는데, 그러지 않으면 경기에 참여하는 게 허용되지 않았기 때문이었다. 고대 유대를 정복했던 헬레니즘 제국에서 스포츠는 신성한 것이었고, 한 명의 중요한 인간이 되기 위한 진입점이었으며, 멋짐의 궁극적인 절정이었다. 그리고 스포츠는 당연하게도 언제나 알몸으로 행해졌다. 상상할 수 있듯 고대에 시행된 이런 종류의 생식기 수술은 지극히 고통스러운 데다가 죽음을 초래할 가능성도 있었다. 하지만 소년들은 기회를 놓치고 싶어하지 않았다.

이런 흥미로운 사실은 7학년 때 사춘기에 접어든 나와 반 친구들에게 하누카 이야기를 가르쳐주던 히브리어 학교의 한 선생님에게 들어서 알게 되었다. 고대 유대에서 압제적인 헬레니즘 제국이 입지를 다질 수 있었던 건 그들의 일원이 되고 싶어했던 유대인들의 조력이 있었기 때문이라는 이야기였다. 선생님은 한 무리의 청소년들과 함께 페니스 이야기를 하는 일에 지나치게 흥분해 있는 것처럼 보였고, 나는 모든 게 그가 지어낸 이야기가 아닌지 의심스러웠다. 집에 돌아간 나는 사실 확인을 해보기로 했다. 부모님의 책장에서 먼지 쌓인 오래된 책한 권을 꺼냈다. 하인리히 그레츠의 『유대인의 역사History of the Jews』 1권이었다.

그레츠는 19세기에 쓴 그 학술적 산문에서 고대 유대의 지도자들이 김나지움을 세우고 십 대 운동선수들을 모집함으로써 점령 세력인 헬레니즘 제국에 대한 충성심을 드러냈다고 설명했다. 하지만 그 선수들은 결국 "옷을 벗는 과정에서 자신이 곧바로 유대인으로 식별될 수 있음을 알게 되었다. 그럼에도 올림픽 경기에 나가 그리스인들의 비웃음과 조롱 앞에 자기 몸을 드러낼 것인가? 선수들은 자신들이 유대인이라는 사실을 숨기기 위해 고통스러운 수술을 받음으로써 이런 어려움마저 피해 갔다." 하지만 제우스를 섬기던 권력자들은 속지 않았다.

그로부터 채 몇 년이 지나지 않아 정권은 할례뿐 아니라 유대교의 모든 종교 관행을 법으로 금지했고, 이를 따르지 않는 자는 누구든 사형에 처했다.

그로부터 얼마 뒤 마카비 형제들*이 등장했다. 그 이야기는 유대인들이 숱하게 듣는 이야기의 일부다.

그해 하누카 명절, 나를 찾아온 알라가 자기 아버지의 삶에 관한 오싹한 이야기를 들려주었을 때 내 머릿속에는 고대 유대의 그 십 대 소년들이 떠올랐다. 무언가 심오한 것이 그들을 하나로 묶어주고 있다고 느껴져서였는데, 그것은 우리가 일반적으로 배우는 '편협한 신앙'의 모습이나 느낌과는 다른 무언가였다. 그것은, 최소한 처음에는, '불관용'이나 '종교적 박해'와는 관련이 없어 보인다. 오히려 그 유대인들이 스스로 자신들의 전통을 거부하는 선택을 하고 있는 것처럼 보인다. 그것은 무기로 변한 수치심의 한 형태다.

우리는 반유대주의에 대한 승리를 기념하는 유대교 명절인 푸림절과 하누카에서 서로 뚜렷이 다른 두 가지 유형의 반유대주의를 찾아볼 수 있다. 푸림절에서 드러나는 반유대주의는, 성경의 에스더서에 나오는 페르시아의 집단 학살 법령이 전형적인 예인데, '모든 유대인을 죽여라'처럼 그 목표가 모호함 없이 공공연하게 말해진다. 하누카에서 드러나는 반유대주의는 스페인의 종교재판에서부터 소련 정권에 이르기까지 다

● 기원전 165년, 성전을 모독하고 예루살렘을 박해하던 시리아 왕 안티오쿠스 에피파네스에 대항해 유대 혁명을 일으키고 이스라엘 땅 전체를 차지한 형제들.

양한 모습을 취하는데, 여기서도 목표는 유대교 문명을 말살하는 것이다. 하지만 하누카식 반유대주의에서 이 목표는 이론적으로 유대 문명을 파괴하기만 해도 달성할 수 있고, 전에는 그 문명의 가르침을 실천했으나 탈유대화한 사람들의 따스한 몸은 건드리지 않고 놔둬도 된다.

이런 이유로 하누카식 반유대주의는 종종 유대인들을 행위자로 이용한다. 죽은 유대인들이 아니라 멋진 유대인들, 현재 멋지지 않은 유대교 문명의 구체적인 면모를 뭐든 기꺼이 포기할 의향이 있는 유대인들을 필요로 하는 것이다. 물론, 유대교는 멋진 것과는 늘 거리가 멀었다. 지구상의 하나뿐인 유일신교라는 근원으로 돌아가봐도 그렇고, 권위적인 데다 보이지 않아서 섹시하지도 않은 하느님을 내세운 것도 그렇다. 유대교라는 브랜드에는 멋지지 않은 부분이 상당히 많고, 그런 이유로 멋진 사람들은 그것이 몹시 위협적이라고 여기며, 또한 그런 이유로 하누카식 반유대주의가 성공하려면 기꺼이 멋진 사람이 되고 싶어하는 유대인들이 절대적으로 필요하다. 이런 '전향한' 유대인들은 체제의 선한 의도를 보여주는 데 이용되는데, 이런 의도는 물론 반유대주의는 아니고, 단지 그 체제하의 유대인들에게 유대 문명이 쌓아올린 수천 년의 시간을 변기에 넣고 공공연히 물을 내리라고, 그리고 그 대가로 먼지 취급을 받지도 살해되지도 않을 수 있다는 가치 있는 포상을 받으라고 요구할 뿐이다. 몇 년 동안은 그럴 수 있을지도 모른다. 아마도.

알라의 아버지 이야기를 간결하면서도 설득력 있게, 죽은 유대인들에 대한 이야기를 들을 때 모두가 선호하는 방식으로 들려줄 수 있다면 좋겠다. 유감스럽게도, 베냐민 주스킨은 자기 할 일을 열심히 하다가 무작위로 가스실에 밀어넣어진 게 아니고, 그의 열세 살 난 딸은 벽장 속에 앉아 인류의 선한 본성에 대해 희망을 주는 일기를 쓰고 있지 않았으며, 그는 동료 인간들의 잘못은 간편하게 눈감아주면서 신의 부재에 대해서는 곰곰이 생각하는 슬프지만 아름다운 아포리즘들을 남기지 않았다. 주스킨은 심지어 자신의 믿음으로 인해 십자가에 못박히지도 않았다. 대신, 그와 그의 동료였던 소련의 유대인 예술가들은—비범할 정도로 지적이고 창의적이며 재능 있고 공감 능력도 높은 성인들이었다—바보 취급을 당하면서 지속적인 긴장과 비틀린 자책으로 가득한 끔찍한 정신적 경험 속으로 슬로모션처럼 천천히 떨어져 내려가고 있었다. 그들은 타협과 순응이라는 오랫동안 지속되는 게임 속으로 이끌려 들어가면서 '살아도 된다는 허락'이라는 가장 큰 상을 타내기 위해 아주 조금씩 자신을 포기했다.

스포일러 주의: 그들은 그 게임에서 졌다.

＊

알라의 아버지 같은 소련의 유대인 예술가들에 흥미를 갖게 되었을 때 나는 대학원에서 이디시어 문학을 공부하고 있었는데, 그 장르 자체가 그런 몹시 곤란한 선택들에 관해 토론할 거리로 풍부한 하나의 광맥이었다. 도서관에 소장된 20세기 초반의 이디시어 작품들을 파고들던 나는 마르크 샤갈의 삽화

가 들어간 놀랄 만큼 많은 시집들을 우연히 발견했다. 나는 샤
갈이 자신이 삽화를 그려주었던, 이디시어로 작품을 쓰는 작가
들을 알고 있었는지 궁금했는데, 그랬던 것으로 드러났다. 샤
갈이 청년 시절 처음으로 가졌던 직업 중 하나는 1919년부터
1920년까지의 러시아 내전 중에 일어난 집단 학살로 고아가
된 아이들을 위해 모스크바 근교에 세워진 유대인 고아원에서
미술 교사로 일하는 것이었다. 이 고아원은 제법 명성 있는 교
사진을 갖추고 있었는데, 여러 유명한 이디시어 작가들이 창의
성의 치유적 기능을 통해 정신적으로 충격을 받은 이 아이들을
훈련시켰다.

　이 모든 이야기가 매우 바람직하게 들리지만, 나는 그 뒤
에 조금 다른 무언가를 알아차리게 되었다. 샤갈은 유대인의
언어에 기대지 않고 예술을 한다는 점 때문에—예의 그 음험
한 구절을 빌려 말하자면 '보편적인 호소력'을 지녔다는 점 때
문에—서양에서 예술가로 성공할 기회를 얻을 수 있었다. 나머
지 교사들도 샤갈과 마찬가지로 러시아혁명 전에 서유럽에서
수년을 보냈지만, 그들은 러시아로 돌아가기를 택했다. 이디시
어를 '소비에트 연방의 민족 언어'로 홍보하는 소련의 정책 때
문이었다. 소련은 1920년대에서 1930년대에 걸쳐 이디시어 문
화에 전례 없는 물질적 지원을 제공하면서 이디시어 학교와 극
장, 출판사, 그리고 다른 많은 시설에 자금을 댔는데, 심지어 소
련 정부에서 봉급을 받는 이디시어 문학 비평가들이 있을 정
도였다. 이런 지원은 일류 이디시어 소설가였던 도비드 베르겔
손이 1926년에 뉴욕과 바르샤바, 그리고 모스크바를 이디시어

문화의 중심지로 호명하면서 어느 도시가 이디시어를 쓰는 작가들에게 가장 밝은 전망을 제공하는지 질문하는 획기적인 글 「세 군데의 중심지」를 발표하는 계기가 되었다. 베르겔손의 명백한 답변은 모스크바였는데, 이 선택은 그다음 해에 그를 러시아로 돌아가게 만들었고, 다른 많은 유대인 예술가들도 그곳에서 그와 함께했다.

하지만 유대 문화에 대한 소련의 지원은 소수민족을 세뇌해 강제로 소련 정권에 복종하게 하려는 더 큰 계획의 일환이었고, 유대인들에게 그것은 매우 구체적인 대가를 요구했다. 정권은 처음부터 유대인의 잘 알려진 '민족성' 가운데 자신들의 필요에 들어맞지 않는 것은 무엇이든 제거했다. 유대인은 굉장한 민족이었다. 유대교 관습을 따르지 않고, 전통적인 유대교 텍스트들을 공부하지 않고, 히브리어를 쓰지 않고, 시온주의를 지지하지만 않는다면 말이다. 따라서 소련은 융통성 있는 가스라이팅 구호를 제창했는데, 이것은 이후 소련의 종속국이 된 개발도상국들을 통해 퍼져 나갔고 오늘날에도 그 인기가 여전한 구호로, '우리는 반유대주의를 표방하는 게 아니라 다만 시온주의에 반대할 뿐'이라는 것이었다. (그렇게 반유대주의를 표방하는 게 아니라 다만 시온주의에만 반대하는 과정에서 그 정권은 용케도 수천 명의 유대인들을 박해하고, 투옥하고, 고문하고, 살해하는 데 성공했다.) 유대 문화에서 종교 관습과 전통적 텍스트들과 히브리어와 시온주의를 마치 수술하듯 들어내면 무엇이 남을까? 소비에트 제국에서 이 질문에 대한 하나의 대답은 이디시어였지만, 이디시어 역시 퇴행적인 요소가 있다는 의심의 대상이 되었다. 이디시어 단어의 거의 15퍼센트는 직접적으로 성경이나 랍비들이 쓰는 히브리어에서 나온 것이었으므로, 소련의 이디시어 학교와 출판사들은 철자를 '단순화'한다는 구실로 고대의 근동 지역에서 온 그 단어들의 어근을 제거하는 새로운, 그러면서도 상당히 문자 그대로 반유대주의적인 철자 체계를 시행했다. 또 하나의 대답은 '전통문화', 즉 음악, 시각예술, 연극, 그리고 유대인의 삶을 반영하는 다른 창작 작업들이었는데, 그런 문화 자료 역시 대부분 성경이나 랍비들의 문화에 깊이 뿌리를 두고 있거나, 유대교 명절과 풍습 같은 공통의 종교 관습이 반영되어 있었으므로 마찬가지로 위험한 것이었다.

아니, 그 정권에게 필요한 것은 전통적인 유대교 관습이 얼마나 끔찍한 것인지를 보여주는 이디시어로 된 이야기들이었다. 이디시어를 하는 행복하고 계몽된 영웅들이 종교와 (그 사상이 현대에 취하는 정치적 형태와는 별개로, 적어도 매일 세 차례씩 낭독되는 오래된 유대교 텍스트들과 기도문들의 핵심이 되는 특징이기도 한) 시온주의 둘 모두를 거부하는 이야기들이었다. 이런 탈유대화 과정은 정부 지원을 받았던 국립 모스크바 이디시어 극단의 작품 목록에서 선명히 드러나는데, 이 극단에서 공연하거나 각색할 수 있었던 작품들은 오로지 전통적인 유대주의를 퇴행적이고 부르주아적이고 부패한 것이라고, 혹은 더 노골적으로는—유령과 묘지 장면이 나오는 많은 작품에서 그랬듯—죽은 것이라고 비난하는 이디시어 희곡들밖에 없었다. 오래지 않아 그 배우들도 죽은 목숨이 되어버렸지만 말이다.

소련의 유대 문화 파괴는 유대인들을 파괴의 주체로 둔

계획적인 움직임으로 시작되었다. 그 시초가 된 것은 예프섹치야Yevsektsiya, 즉 유대인 볼셰비키 위원회였는데, 1918년부터 1930년까지 정부에서 봉급을 받았던 이 위원회의 임무는 종교적인, 또는 시온주의 관련 시설에 관여한 유대인들을 박해하고, 감옥에 가두고, 때때로 살해하는 것이었다. 이런 시설의 범주에는 유대교 회당부터 스포츠클럽까지 모든 것이 포함되었는데, 그곳들은 모두 폐쇄되었고, 그곳의 지도자들은 추방되거나 '숙청'되었다. 이 일은 물론 정권이 예프섹치야 위원들 자체를 숙청할 때까지 계속되었다.

그 패턴은 1940년대에도 되풀이되었다. 예프섹치야와 관련된 이야기가 몹시 추악했던 만큼 나는 나도 모르게 유대인 반파시스트 위원회가 실패한 원인에 더 큰 호기심을 갖게 되었다. 이 위원회는 소련의 탁월한 유대인 예술가들과 지식인들이 속해 있던 부서로, 1942년 이오시프 스탈린이 해외의 유대인들에게 홍보해 소련 전쟁 물자에 대한 재정적 지원을 얻어내기 위해 설립한 기관이었다. 이 위원회에 소속된 특출한 사람들 중에는 국립 모스크바 이디시어 극단의 연출가였던 솔로몬 미호엘스와 그 극단의 주요한 배우이자 알라의 아버지였던 베냐민 주스킨이 있었다. 전쟁 중 이들의 지위를 향상시켜준 뒤, 스탈린은 소련에 사는 이 충성스러운 유대인들이 더이상 유용하지 않다고 판단했고, 그들 모두에게 반역죄 혐의를 뒤집어씌웠다. 그는 자신이 직접 만들어낸 이 위원회를 실은 소련이라는 국가를 붕괴시키기 위해 고안된 시온주의자들의 비밀 도당으로 결론 내렸다. 1948년, 교통사고로 보이게 연출한 충돌 사고로 미호엘스가 먼저 살해되었다. 나머지 거의 모든 사람들―주스킨, 그리고 모스크바를 이디시어 문화의 미래 중심지로 선언했던 도비드 베르겔손을 포함한 열두 명의 다른 유대인 저명인사들―은 1952년 8월 12일 총살형 집행 부대의 손에 처형되었다.

정권이 이 유대인 예술가들과 지식인들을 지나치게 '민족주의적'(이라고 쓰고 지나치게 유대인답다고 읽는다)이라고 비난했던 것과 마찬가지로, 오늘날 너무도 뒤늦게 찾아온 깨달음은 묘하게도 이 과거사를 읽고 그들을 충분히 '민족주의적'이지 못했다고 비난하도록 부추긴다. 다시 말해 그들이 너무도 어리석을 만큼 소련 정권에 헌신했던 나머지 목전까지 다가와 있던 재난의 징조를 보지 못했다는 것이다. 이 주제에 관한 많은 저작들이 그렇게 말해왔다. 유대인 반파시스트 위원회의 '재판' 기록을 영어로 옮긴 없어서는 안 될 자료인 『스탈린의 은밀한 집단 학살』에서 러시아 연구 학자 조슈아 루벤스타인은 장문의 서문을 다음과 같은 문장들로 끝맺는다.

재판의 피고인들로 말하자면, 그들 각자가 자신이 봉사했던 체제를 무엇이라고 믿었는지는 분명치 않다. 그들의 삶은 소련 유대인들의 비극을 음울하게 체현해냈다. 혁명적인 헌신과 순진하기 짝이 없는 이상주의가 그들을 끊어낼 수 없는 체제에 묶어두었던 것이다. 어떤 회의나 불안감을 품었든 그들은 그것을 혼자만의 것으로 간직했고, 요구받은 대로의 열광적인 태도로 크렘린을 섬겼다. 그들은 반체제 인사들이 아니었다. 유대인 순교자들이었다. 또한 그들은 소련의 애국자들이기도 했다. 스탈린은 그들을 파멸시키는 것으로 그들의 충성에 보답했다.

이것은 전적으로 사실이며, 또한 전적으로 부당한 서술이다. 비극은―피해자에 대한 비난이 암시되어 있다는 점에서 이 용어 자체도 불합리해 보이지만―소련의 이 유대인들이 악마에게 영혼을 팔았다는 것이 아니었다. 비록 많은 사람들이 분명 영혼을 팔기는 했지만 말이다. 비극은 그들이 원래의 모습을 유지하는 일이 애초부터 선택지에 전혀 없었다는 것이었다.

✳

아버지가 체포되었을 때 알라는 열세 살 무렵이었고, 그 순간까지 소련의 이디시어 예술계에 몰입해 있었다. 알라의 어머니 역시 국립 모스크바 이디시어 극단의 배우였고, 알라의 가족은 살해된 극단 연출가 솔로몬 미호엘스와 같은 건물에 살았으며, 다른 유대인 배우들 및 작가들과 같은 장소들에 드나들면서 지냈다. 부모님이 연기하는 모습을 수없이 본 끝에 알라는 그들의 세계가 파멸하는 모습 또한 맨 앞자리에서 보게 되었다. 알라는 국장으로 치러진 미호엘스의 장례식에 참석했고, 뛰어난 이디시어 작가 데르 니스터가 체포되었다는 소식을 복도 건너편에 살던, 자신의 아파트에서 그 광경을 목격한 배우 친구로부터 들었으며, 비밀경찰이 자기 집을 뒤졌을 때와 아버지를 체포했을 때도 그 자리에 있었다. 자신이 쓴 아버지의 전기 『베냐민 주스킨의 여행』에서 알라는 그날 아침 예루살렘에서 그가 내게 선사한 것과 같은 것을, 즉 소련에서 유대인으로 겪어야 했던 악몽이 정말로 어떤 것이었는지에 대한 뒤늦은 깨달음과 여러 감정을 담은 자세한 이야기를 독자들에게 들려준다.

어쨌든 우리가 가까이 갈 수 있는 건 거기까지다. 그 문제에 관한 알라의 아버지 베냐민 주스킨 자신의 생각은 오직 비밀리에 이루어진 여러 차례의 고문을 통해 얻어진 정부 심문 기록들에서만 찾아볼 수 있다. (주스킨이 악명 높은 루비안카 감옥에서 3년 반을 보내던 시기에 작성된 어느 대표적인 심문 기록에는 그날 하루의 심문이 네 시간 동안 이어졌다고 적혀 있지만, 그 내용은 겨우 반 페이지밖에 되지 않아서 심문하는 사람과 심문을 받는 사람이 어떻게 함께 시간을 보냈을지는 상상에 맡겨야 한다. 유대인 반파시스트 위원회 소속으로 구금되었던 또 다른 인사는 살아서 재판에 참석하지 못했다고만 말해두자.) 여러 해에 걸친 주스킨의 수감 생활은 1948년 12월 그가 모스크바의 어느 병원 진찰실에서 체포되었을 때 시작되었는데, 그곳에서 그는 자신의 고용주이자 커리어 내내 연기의 동반자였던 미호엘스가 살해된 뒤로 생긴 만성 불면증 치료를 받고 있었다. 비밀경찰은 주스킨을 바퀴 달린 들것에 끈으로 묶은 다음 투약받은 진정제 때문에 아직 차분한 상태였던 병원용 가운 차림의 그를 감옥으로 실어 갔다.

하지만 우리가 여기서 일어난 상실을 진정으로 이해하기

위해서는 상실된 것이 무엇이었는지를 알아야 한다. 베냐민 주스킨에게 이디시어 연극의 첫 무대를 제공해주었던, 그리고 적절하게도 '그건 거짓말이야!It's a Lie!'라고 제목을 붙인 희곡을 집필했던 위대한 이디시어 작가 숄렘 알레이헴의 세계로 돌아가야 한다는 뜻이다.

이디시어 극단으로, 그리고 그 뒤에는 소련의 총살형 집행부대로 이어졌던 베냐민 주스킨의 행로는 숄렘 알레이헴의 작품에 등장해 불멸성을 획득한 마을들과 비슷한 어느 작은 유대인 마을에서 시작되었다. 전통적인 가정에서 자라났고, 오직 유대인 유랑극단들과 어릿광대 노릇을 하던 친척들을 통해서만 연극을 접해왔던 주스킨은 자신이 속해 있던 세계의 붕괴를 경험하게 되었다. 그가 태어나고 자란 리투아니아의 작은 유대인 마을 포니에베시는 제1차 세계대전 기간에 강제로 소개疏開된 많은 유대인 마을 중 하나였고, 그와 수십만 명의 다른 유대인 난민들은 갑작스럽게 근대성 속으로 내던져졌다. 주스킨이 착륙한 곳은 펜자였는데, 그곳은 전문 러시아어 극단과 이디시어로 공연하는 아마추어 극단들이 있는 도시였다. 1920년 국립 모스크바 이디시어 극단이 문을 열었고, 1921년이 되자 주스킨은 극단의 핵심 인물로 미호엘스와 나란히 주역을 맡고 있었다.

나는 지금까지 꼭 한 번 연기 수업을 들어보았는데, 그 수업에서 배운 것은 딱 한 가지였다. '연기란 자신이 아닌 누군가인 척하는 것이라기보다는 차라리 감정적인 의사소통에 가까운 일이다.' 극단의 작품 대부분에서 주연을 맡았을 뿐 아니라 극단이 운영하는 연기 학교에서 강의를 하기도 했던 주스킨은 그 개념을 체현해 보여주었다. 그는 첫 번째 오디션에서 자신이 창작한 1인 토막극을 선보였는데, 바늘에 실을 꿰고 있는 나이 많은 실수투성이 재봉사를 보여주는 것이 전부였다. 대사도, 의상도, 소품도 없었다. 그 토막극이 너무도 유명해진 나머지 주스킨은 넋을 잃은 관객들 앞에서 수년간이나 그 연기를 했다. 그의 몸에 깃들어 있던 이런 예술적 재능은 그가 맡는 역할마다 생기를 불어넣었다. 어느 평론가가 말했듯 "아주 가느다란 한 줄기 미풍만 불어와도 그는 이미 공중에 떠 있었다."

주스킨의 전문 분야는 『리어 왕』의 어릿광대와 비슷한 인물들—그의 딸이 자신이 쓴 책에서 표현했듯 "사람들을 웃게 만들어야 하는, 하지만 거기에 더해 또 다른 면모를 지니고 있어서 세계의 잔인성에 대해 통렬한 성찰을 불러일으키는" 인물들—을 연기하는 것이었다. 언젠가 자신이 좋아하는 역할들에 대해 이야기하면서 주스킨은 이렇게 말하기도 했다. "제가 유독 마음을 빼앗기는 것은 조롱받고 굴욕을 당하지만, 자기 앞에 놓인, 결코 자신의 잘못이 아닌 장애물들에 맞닥뜨리더라도 삶을 사랑하는 사람의 이미지입니다."

알라의 책 전반부는 오직 승리의 경험들만 자세히 이야기하는 것처럼 보인다. 극단의 초기작들은 대체로 숄렘 알레이헴, I. L. 페레츠, 멘델레 모체르 스포림 같은 최고의 이디시어 작가들의 작품을 각색한 것이었다. 알라의 책 제목인 '베냐민 주스킨의 여행'은 주스킨을 가장 유명하게 만든 역할인 '센데를'에게서 나온 것인데, 센데를은 멘델레가 『돈키호테』에서 영감을 받아 쓴 『세 번째 베냐민의 여행』에 나오는 '산초 판사' 스타일의 인물이다. 그 작품은 작은 유대인 마을에 사는 한 쌍의 얼간이들이 이스라엘 땅을 향해 나서지만 결국 동네만 한 바퀴 돌고 끝난다는 이야기다. 이런 작품들은 예술성 면에서도 독창적이었고, 연기 또한 뛰어났으며, 고국에서나 순회 공연에서나 극장을 가득 메운 관객들 앞에서 무대에 올려졌다. 1928년 〈뉴욕 타임스〉에 실린 어느 리뷰는 〈세 번째 베냐민의 여행〉에 대한 당시의 반응을 잘 보여주는데, "현대 연극 역사상 가장 독창적인 착상과 아름다운 공연으로 채워진 저녁 시간"이라고 칭송했다.

극단의 대표작 중 하나였던 I. L. 페레츠의 초현실주의 걸작 〈구시장에서 밤에〉는 1925년에 초연되었다. 묘지가 배경인 이 극은 묘지에 모인 유령들을 위한 일종의 축제다. 죽음으로부터 돌아오는 이들은 술주정뱅이와 매춘부 같은 부적응자들인데, 예시바*에 다니는 게으름뱅이들, 유대교 회당의 교구 직원들처럼 유대인 마을의 삶에서 특정한 역할을 수행하는 사람들도 있다. 그들 모두를 이끄는 건 '바드첸', 즉 결혼식의 어릿광대인데—이 작품에서는 미호엘스와 주스킨이 쌍둥이 같은 두 인물로 나눠 연기했다—살아 있는 시체들 한가운데에서 그 광대가 반복해 외치는 후렴구는 다음과 같다. "죽은 자들이 일어날 것이다!" 알라는 "이 연극 속에는 가늠할 수 없는 깊이를 지닌 무언가가 숨겨져 있었다"라고 적고 나서 다음과 같은 이

• 정통파 유대인 전문학교.

야기를 들려준다. 빈에서 공연이 끝나고 무대 뒤로 찾아온 한 단골 관객이 연출자에게 "연극이 모든 상상을 뛰어넘는 무언가처럼 저의 마음을 뒤흔들어놓았다"라고 말했다. 그 단골 관객은 지그문트 프로이트였다.

이 공연이 프로이트에게 왜 그토록 깊은 인상을 남겼는지는 파멸을 향해 가는 극단의 궤도를 알라가 추적하는 과정에서 분명해진다. 그 작품은 죽은 줄 알았던 무언가(여기서는 유대 문명)가 살아 돌아온다는 끔찍한 가능성에 관한 좀비 이야기였다. 그 희곡은 한 세대 전에 낭만주의 작품으로 집필되었지만, 모스크바 극단에 와서는 전통적인 유대인들의 삶을 애도 없이 폄하하기 위한 수단으로 변해버렸다. 한 문화의 죽음을 흥미진진한 것으로, 심지어는 바람직한 것으로 여기는 그런 판타지는 프로이트의 죽음 충동을 연상시킬 뿐 아니라 소련이 자금을 대는 유대인 관련 사업 전체에 내재해 있던 자멸적인 거래 관계를 드러내준다. 알라는 자신의 책에서 바드첸의 역할에 대해 설명하며 이런 긴장을 아름답게 포착해낸다. "그는 이중적인 메시지를 보낸다. 즉, 사라지고 있는 그림자 세계의 존재 자체를 부인하고, 그러는 동시에 마치 그것이 정말로 존재하는 것처럼 그것을 조롱한다."

이 이중 메시지는 소련의 이디시어 배우로서, 즉 자신의 근원인 전통적인 유대인의 삶을 조롱하는 동시에 자신의 예술이 그런 삶 없이도 존재할 수 있는 척하라는 요구를 받는 위치에 있던 사람으로서 베냐민 주스킨의 작업의 핵심이었다. "이제는 과거의 존재가 된 작은 유대인 마을을 웃음거리로 만들

기회라고 생각하니 마음이 끌렸죠." 주스킨은 초기에 그렇게 의견을 표했지만, 그의 딸의 말에 따르면 나중에는 조용히 불안감을 표현하기 시작했다. 극단이 자기들의 위상을 높이기 위해 『리어 왕』을 무대에 올리기로 결정하자 주스킨은 혼란에 빠졌는데, 그 결정은 이디시어로 된 그간의 공연 작품들이 열등하다는 암시였기 때문이다. 주스킨만의 온전함은 그의 유대인다움, 다시 말해 유대인으로서의 본질적이고 지속적인 감각에 대한 그의 깊은 헌신에서 나오는 것이었다. 그 정체성이 얼마나 발가벗겨져 있었든 말이다. "유대인다운 모든 것에 속한다는 날카로운 감각을 지니고 있었던 아버지는 이런 귀속성에 대한 표현을 저버리는 극단 때문에 고통받았다." 그의 딸은 이렇게 쓰고 있다. 그렇기는 했지만, "아니, 그는 자신에게 자신만의 극단을 주었던 소련 정권에 상상 속에서조차 감히 반대할 수 없었지만, '마음 따로, 머리 따로'였다."

알라가 기억하기로, 그의 아버지는 정치에는 전혀 관심이 없었다. 그런 점에서 주스킨의 연출가이자 동반자였고 가끔씩은 라이벌이기도 했던 미호엘스와는 달랐다. 미호엘스는 연기자인 동시에 공인이기도 했다. 유대인 반파시스트 위원회에서 미호엘스가 보였던 리더십은 전체주의 국가에서의 공공연한 행동이 다 그렇듯 자발적인 것은 아니었어도 그가 열정을 가지고 맡아 했던 역할이었고, 1943년 미국으로 가 수천 명의 미국계 유대인들에게 나치에 맞서 싸우는 소련의 붉은 군대를 위해 자금을 모아달라고 호소한 일도 그 일환이었다. 반면 주스킨은 같은 위원회 명단에 올라 있기는 했지만 광대 노릇을 계속했던 것으로 보인다. 알라의 말을 들어봐도, 재판 증언을 참조해봐도 유대인 반파시스트 위원회에서의 주스킨의 역할은 모스크바 시의회에서 그가 했던 역할과 거의 같았는데, 회의가 진행되는 동안 방 안쪽에서 체스를 두는 것이 전부였다.

예루살렘에서 알라는 자신의 아버지가 '순수한 영혼'이었다고 내게 말했다. "아버지는 정치에는 전혀 관심이 없으셨어요. 오직 자신의 예술에만 관심이 있으셨죠." 알라는 그렇게 말하며 주스킨의 연기 스타일이 고전적이면서도 동시대적인 것이었고, 오늘날에도 영화로 남아 있는 작품에서 여전히 증명되듯 시대를 초월하는 우수성으로 비평가들의 칭송을 받아왔다고 설명했다. 하지만 주스킨의 재능은 그가 지닌 가장 복잡하고도 미묘한 면모였다. 무대에서 내려온 그는 알라의 히브리어 표현에 따르면 '탐tam'이었는데, 이것은 가끔씩은 바보나 얼간이로 번역되지만 사실은 '천진난만한 사람'을 의미하는 단어다. ('천진난만한'은 욥기에서 중심인물을 묘사하기 위해 처음으로 사용되는 형용사다.) 재판 기록을 보면 누구를 탓하기보다는 아무것도 모른다는 듯 행동했던 주스킨이 같이 피고가 된 다른 많은 사람들보다 나아 보이는 것이 사실이다. 하지만 이것은 무지였을까, 아니면 어리석어 보이는 행동을 현명하게 받아들여 일신을 보전하고자 한 것이었을까? 『리어 왕』의 어릿광대는 이렇게 말한다. "그 사람들은 진실을 말했다고 나를 채찍으로 때릴 겁니다. 당신은 내가 거짓말을 했다고 채찍으로 때릴 거고, 가끔 난 아무 말도 하지 않는다고 채찍으로 맞기도 해요." 아버지가 어느 인기 있었던 영화에 '피니아'라는 이름의 바보로 출연

했던 것을 돌아보며 알라는 자신의 책에 이렇게 적고 있다. "아버지가 사형선고를 들으셨을 순간을 상상하면 클로즈업된 피니아의 모습이 떠오른다… 축 처진 어깨에 절망한 모습이다. 그 영화에서—그리고 어쩌면 아버지의 인생에서도?—아버지가 했던 마지막 대사의 모방할 수 없는 어조가 들리는 것 같다. '난 아무것도 이해할 수가 없어.'"

하지만 주스킨이 자신의 상황이 얼마나 난감한지 깊이 이해하고 있었다는 사실만은 분명하다. 그 책의 좀더 충격적인 부분에서, 알라는 아버지가 자신의 대표적인 역할 중 하나였던, 이디시어 극단을 소재로 한 숄렘 알레이헴의 작품 〈방황하는 별들〉의 희극배우 호츠마크 역을 연습하던 모습을 묘사한다. 주스킨이 전에 그 역할을 연기한 적이 있기는 했지만 이번 공연은 미호엘스가 살해된 사건에 뒤이어 무대에 올라가는 것이었다. 주스킨은 이미 추적 대상 인물 중 한 명이 되어 있었고, 그도 그 사실을 알았다. 알라는 이렇게 적고 있다.

어느 날 아침—미호엘스는 이미 살해된 뒤였다—나는 방 안을 왔다갔다하며 호츠마크 역의 대사를 외우는 아버지를 보았다. 아버지는 갑자기 절망적인 고통을 드러내는 몸짓을 하며 내게 몸을 던지다시피 하더니, 나를 끌어안고, 가슴에 부둥켜안고는, 나와 함께 계속 방 안을 왔다갔다하며 그 역의 대사를 외웠다. 그날 저녁 나는 그 공연을 보았다… "의사 말이 나한테는 휴식과 공기와 바다가 필요하다는데… 대체 뭘 위해서란 말인가… 극단이 없다면?"

호츠마크는 [이렇게 묻더니] 스카프를 자기 목에 감는다. 마치 올가미처럼. 나는 호츠마크의 이 말들이 아버지에게는 그 역할의 테마이자 당신 인생의 테마와도 같은 말들이었다고 생각한다.

✳

주스킨과 그의 동료들에게 씌워진 혐의를 묘사하는 것은 모멸적인 일이 될 텐데, 그렇게 하면 그 혐의들이 마치 고려할 가치가 있는 것처럼 보이게 되기 때문이다. 그 혐의들에는 그럴 만한 가치가 없다. 오늘날 필연적으로 그러하듯 하누카식 반유대주의가 푸림절식 반유대주의로 변화한 것은 이 시점에서다. 여기서 알라는 수백 페이지에 달하는 국가 기록 보관소 문서들에도 나와 있지 않은 정보를 전하며, 목에 올가미가 걸려 있던 한 사람의 절박한 공포를 묘사한다.

알라의 아버지는 더이상 잠을 이루지 못했고, 익명의 협박들을 받기 시작했으며, 자신이 감시당하고 있음을 알게 되었다. 어떤 대화도 안전하지 않았다. 폴란드에서 찾아온 누군가가 그의 큰딸 타마라(당시 바르샤바에 살고 있었다)의 소식을 전해주려고 그의 아파트 근처에서 기다리고 있었을 때, 주스킨은 눈에 띄지 않기 위해 그 남자에게 자신의 뒤를 따라 걸어오면서 말을 하라고, 그런 다음 방향을 바꾸라고 지시했다. 딸에게 전하고픈 말이 있느냐고 남자가 묻자, 주스킨은 "조금도 틈이 없을 정도로 그 방문객에게 아주 바짝 다가갔고, 이디시어로 속

삭였다. '그애한테 내 발밑의 땅이 불타고 있다고 전해주시오.'"
주스킨이든 다른 피고들 중 누구든 자신들이 섬겼던 소련의 체제에 대해 정말로 무엇을 믿고 있었는지 아무도 알 수 없다는 것은 사실이다. 그들의 믿음이 완전히 착오였다는 것 또한, 훨씬 더 충격적이게도 사실이다.

아버지가 체포된 뒤 알라는 어머니와 함께 카자흐스탄으로 추방되었고, 1955년이 되어 모스크바로 돌아가도 된다는 허락을 받았을 때에야 아버지가 처형된 사실을 알게 되었다. 그때 주스킨은 이미 죽은 지 3년이 지나 있었다.

그날 아침 예루살렘에서 갑작스레 내밀한 분노에 휩싸이고 허심탄회해진 순간에, 알라는 소련이 유대인들을 대한 방식이 나치 독일의 그것보다 더 나빴다고 내게 말했다. 나는 이의를 제기하려 했지만, 알라가 내 말을 막았다. 분명 유대인들에 대한 나치의 잔학 행위는 어디에도 비할 수 없는 것이었고, 그건 조금 뒤 차분해진 알라도 인정하는 사실이었다. 하지만 소련 정권은 네 세대에 걸쳐 유대인들에게 자기 자신을 모욕하는 일에 참여하도록, 그리고 그 모욕을 내면화하도록 강요했다. 그들은 그런 방식으로 훨씬 더 많은 영혼들을 파괴했다고 알라는 말했다. 그리고 그들은 절대로, 절대로 그 빚을 갚지 않았다.

"그자들한테는 뉘른베르크 재판 같은 게 없었어요." 그날 알라는 조용한 분노를 담아 내게 말했다. "자기들이 한 일이 악했다는 걸 절대 인정하지 않았죠. 나치는 자기들이 하고 있던 일에 대해 공공연히 말하기라도 했지만 소련인들은 안 그런 척을 했어요. 유대인들을 현혹시켜 데려가서 지원과 인정이라는 미끼를 물게 하고는, 이용하고, 속이고, 그러고는 죽였죠. 그건 덫이었어요. 그리고 아무도 그 덫에 관해 몰라요, 심지어 지금도요. 사람들은 홀로코스트에 대해서는 알지만 이건 몰라요. 심지어 여기 이스라엘에도 아는 사람이 없어요. 작가님은 어떻게 알게 되셨나요?"

✳

하누카 둘째 날 밤이었던 그날 저녁, 나는 통곡의 벽에 불밝혀진 촛대들을 보러 다시 구시가지로 나갔다. 한 번 더 유대인 구역을 지나 걸어갔는데, 그곳에는 이제 하누카의 기적을 알리는 전통에 따라 집 밖마다 하나씩 불이 더 켜진 오일 램프가 내놓여 있었다. 그 램프들은 단지 오랫동안 닳지 않는 기름에 관한 전설뿐 아니라 제국의 압제에 군사적으로, 그리고 영적으로 승리를 거둔 기적을, 멋지지 않을 자유를, 척하지 않을 자유를 알리고 있었다. 근처 어딘가, 땅속 깊은 곳에는 김나지움의 잔해가, 언젠가 귀두 포피를 복원한 유대인 소년들이 온전함을 잃고 은밀한 고통만 남은 채 자신들을 승인해주는 군중 앞에서 알몸으로 경기를 했던 그 장소의 잔해가 묻혀 있을 것이었다. 나는 죽은 결혼식 어릿광대를 연기하며 "죽은 자들이 일어날 것이다!"라고 선언하는, 그런 다음에는 '더 급이 높은' 연극 〈리어 왕〉의 어릿광대를 연기하는 베냐민 주스킨을 떠올렸다. 그의 발밑에서 불타고 있던 땅을 떠올렸다. 이제는 나이 많은 여인이 되어 예루살렘을 걷고 있는 그의 딸 알라를 떠올렸다.

나는 감상적인 사람이 아니다. 그래서 그날 밤 오일 램프로 밝힌 거리를 따라 석조 가옥으로 돌아왔을 때, 나는 내가 나도 모르게 울고 있었다는 사실에 놀라고 말았다.

5장
픽션 속의
죽은 유대인들

나는 소설가로서는 운 좋게도 독자들로부터 많은 편지를
받는 편인데, 그중 어떤 편지들은 다른 편지들보다 더 기쁘다.
몇 년 전 존경하는 내 독자 중 한 명이 다음과 같은 이메일을
보내왔다.

　친애하는 혼 작가님, 저는 최근에 [집단 학살의 생존자에
　관한] 작가님의 책 『다가올 세계The World to Come』를 읽기 시
　작했습니다. 그러다가 말이 얻어맞는 장면을 읽고 나서
　방 저쪽으로 책을 집어던지고 말았습니다. 세상에 갖가지
　잔인함이 가득하다는 사실을 고려해볼 때, 저는 사람들이
　웃고 즐기고 희망을 가질 수 있게 해주는 책을 쓰는 것이
　인류에게 조금 더 봉사하는 일이라고 생각합니다.

행운을 빌며, 드니즈.

나는 드니즈에게 다음과 같은 답장을 썼지만 보내지는 않았다.

친애하는 드니즈 씨, 말에 대해서는 유감입니다. 그건 『죄와 벌』에 대한 언급이었는데, 그 책 또한 당신에게는 피하고 싶은 책일지도 모르겠군요. 성경 역시 가까이하지 않으시는 게 좋겠습니다. 웃고 즐기고 싶은 분들에게는 마찬가지로 훌륭한 책은 아니거든요. 하지만 인류에게 봉사하는 책으로 제가 몹시 추천하고 싶은 책도 있기는 한데, 만화책 『가필드』 가운데 몇 권이 그것이랍니다.

행운을 빌며, 데어라.

드니즈를 비웃기는 쉽다. 하지만 드니즈의 메시지는 문학의 목적에 대해 많은 독자들이 말없이 갖고 있는 기대를 드러내준다. 세련된 독자들은 『가필드』와 해피엔딩만 좋아하지 않지만, 나는 심지어 비극의 진가를 이해하는 교양 있는 독자들마저도 여전히 '구원이 되는'—혹은 드니즈의 표현에 따르면 '희망을 주는'—결말을 은밀히 바란다는 사실을 알게 되었다. 나는 드니즈가 보낸 멍청한 이메일에 대해 수년간 생각해보았는데, 그 편지가 매우 근본적인 질문을 떠오르게 하기 때문이었다. 이야기는 무엇을 위해 존재하는 것일까? 오늘날 영어로 된 '유대' 문학으로 여겨지는 것 가운데 놀랄 만큼 많은 수가 기본적으로 홀로코스트 소설이라는 사실을 생각해볼 때 그 질문에 대답하는 일은 더욱 어려워진다. 만약 문학의 목적이 우리에게 '희망을 주는' 것이라면, 유대인들의 과거와 관련해 가장 몸서리쳐지는 측면들에 관해 정직한 소설을 쓰는 일은 과연 가능하기는 할까?

이십 대 시절, 나는 단지 이 질문에 대답하기 위해 비교문학 박사학위를 땄다. 대답은 여러 안 좋은 이유로 우울했다.

＊

나는 히브리어와 이디시어 문학을 공부하기 위해 대학원에 갔는데, 비교문학 필수 과정에서 읽어야 하는 학자들과 비평가들은 하나같이 내가 곧 알아차리기로는 '정상적인' 문학에 속하는 영어, 독일어, 러시아어, 스페인어, 프랑스어 문학들에 생각의 기초를 두고 있었다. 유대 언어로 된 문학을 대부분의 다른 문학 정전들로부터 구별하고, 유대 문학을 기본적으로 일종의 반anti문학—모든 사람에게 문학예술 작품에서 원하는 게 무엇인지 질문하게 만드는 문학—이 되게 하는 문제를 내가 알아차리게 된 것은 그때였다.

1965년, 미국의 문학비평가 프랭크 커모드는 기념비적 작품 『결말의 감각The Sense of an Ending』을 출판했는데, 이 책은 기본적으로 스토리텔링이라는 것의 목적이 무엇인지 설명하려고 노력한다. 커모드는 독자들이 일관성 있고 만족스러운 결말을 얼마나 갈망하는지 지적한 다음, 그 갈망을 서양 종교사와 연결 짓는다. 그는 자신이 '일치에 대한 갈망'이라고 부르는 것, 즉 논리가 통하는 세계에서 살아가고 싶은 갈망을 통해 문학과 종교를 비교한다. 그가 말하듯 "모든 것은 의미가 있다, 그 의미가 발명될 수 있다면." 독자들은 모든 것을 하느님이 내려주는 신호로 바라보는 근본주의 신자들과 비슷한데, 그건 문학에서는 실제로 모든 세부사항이 중요하기 때문이라고 커모드는 말한다. 종교가 우리에게 이 세상을 본래 의미 있는 곳으로, 여기서 일어나는 사건들을 언제나 더 큰 목적에 부합하는 일들로 바라보기를 권하는 것처럼, 작가들은 모든 세부사항이 결국 의미 있는 무언가가 되게 만들고, 그 일을 통해 일관성 있는 세계를 발명함으로써 이야기 속에서 그런 목적을 창조해낸다. 대학원생이면서 동시에 소설을 쓰고 있던 나는 이 부분을 읽고 자신을 격려해주었다. 봐, 난 그냥 논문을 미루고 있었던 게 아니었어. 나는 일관성 있는 세계를 발명해내고 있었던 거라고!

하지만 무엇이 문제인지는 제법 빠르게 알 수 있었다. 종교가 세상에 일관성을 부과한다는 이 견해는 내가 가장 잘 아는 종교에는 전혀 해당되지 않는 이야기처럼 느껴졌다. 커모드의 주장은 서양의 종교에서 가장 중요한 것이 "결말"이라는 생각에 기초해 있다. 그가 말하듯 "성경은 역사의 친숙한 모델이다. 그것은 처음에 '태초에'라는 말로 시작하고, 마지막에는 종말을 보여주는 환영과 함께 '그럼에도 오소서, 주 예수여'라는 말로 끝난다."

말할 필요도 없지만, 히브리어 성경은 이런 방식으로 끝나지 않는다. 유대인들은 히브리어 성경을 '타나크'라고 부르는

데, 여기에는 종말을 암시하는 많은 환영들이 들어 있지만 그 끝에 해당하는 역대기의 다소 지루한 페이지들은 정확히 말하면 굉음과 함께 끝나지는 않는다. 심지어 히브리어 성경의 일부인, 유대인들이 매해 시작부터 끝까지 다 같이 소리 내 찬양하고 그런 다음 또다시 읽기를 시작하는 토라에도 모세의 예견된 죽음을 제외하면 결말이라는 느낌을 주는 요소는 별로 들어 있지 않다. 그 대신 토라는 이스라엘 백성들이 오랫동안 기다려온 약속된 땅에 도착하기 직전에 멈추고는 손에 땀을 쥐게 하는 상황과 함께 끝난다. 인물들은 심지어 집에 돌아가지도 않는다. 내 머릿속에는 종교가 우리에게 '결말'을 선사한다는 커모드의 견해가 전혀 보편적인 게 아니라는 생각이 서서히 떠올랐다. 그것은 기독교도들의 견해일 뿐이다.

대학원에서 우리는 물론 커모드와 그의 동시대 학자들을 재빨리 뒤로하고 구조주의, 해체 이론, 그리고 다른 많은 흥미진진한 학파들을 계속 배워나갔다. 하지만 학자라기보다 한 명의 작가로서 나는 커모드의 생각이 내 머릿속을 떠나지 않는다는 걸 깨달았는데, 그것이 나 자신의 독자들을 포함해 일반 독자들의 기대와 일치한다고 느껴졌기 때문이다. 문학에 대한 커모드의 견해를 곰곰이 생각할수록 나는 그것이 얼마나 영어권 독자들의 머릿속에 구석구석 스며들어 있고 그들을 정확히 겨냥하고 있는지를 점점 더 깨닫게 되었다. 우리가 이야기의 결말에서 기대하는 것에 대해 생각해보자. 드니즈뿐 아니라 우리 모두가 기대하는 것 말이다. 우리는 선한 인물들이 '구원받기를saved' 기대한다. 만약 그 일이 일어나지 않으면, 우리는 적어도 중심인물이 '깨달음epiphany'을 얻기를 기대한다. 그리고 만약 그 일도 일어나지 않으면, 적어도 작가는 우리에게 '은혜로운 순간 moment of grace'을 선사해야 한다. 이 세 표현은 모두 기독교 용어 이기도 하다. 문학에 대한 우리의 기대 중 너무도 많은 부분이 기독교에, 그리고 기독교와 유대교가 정확히 갈리는 지점들에 기초해 있다. 나는 또 한 가지를 알아차렸는데, 유대 언어를 사용하는 작가들이 쓴 고전으로 여겨지는 작품들은 독자들에게 그런 것들 중 무언가를 주는 일이 거의 없다는 사실이었다.

이디시어와 히브리어 현대문학을 공부하고 있던 나는 이런 유대 언어들로 된 주요 작품들에는 구원받는 인물이나 깨달음을 얻는 일, 혹은 은혜로운 순간의 경험이 거의 나오지 않는다는 점을 깨닫기 시작했다. 사실 이 분야 문학의 토대가 되는 작품들을 읽어나갈수록 나는 이디시어와 히브리어 현대문학 가운데 고전으로 여겨지는 단편소설과 장편소설 다수에 결말이라 할 만한 것이 전혀 없다는 것을 알게 되었다.

현대 유대 문학에 입문하기 위해 거치게 되는 한 가지 주요한 지점은 19세기 초반에 나온 브라츨라브의 랍비 나흐만의 소설인데, 나흐만은 종교 지도자였고, 그 설교적인 이야기들로 종교적 작가와 일반 대중을 상대로 하는 작가를 통틀어 유대인 작가들에게 영감의 기초가 되었던 사람이다. 나흐만의 이야기들은 일반 대중을 상대로 하는 후대의 작가들에게도 매우 중요해졌기에 심지어 그 이야기들에 관해 쓰인 희곡과 시들도 존재하는데, 20세기에 들어서고 한참이 지난 뒤에도 그러해서 프란츠 카프카조차도 그 이야기들로부터 영감을 받았고 그것들을 자신의 작품 속에 차용했을 정도다. 일종의 동화인 나흐만의 이야기들은 그림 형제가 수집한 이야기들과 매우 비슷하게 쓰여 있는데, 나흐만은 독일어로 된 그 이야기들을 엄청난 관심을 가지고 읽었다고 한다. 그 이야기들에는 많은 왕자와 기사와 모험 원정과 마법의 힘이 똑같이 등장한다. 하지만 나흐만의 이야기들에 없는 것이 있다면 해피엔딩이다. 아니, 그의 이야기들에는 결말이라는 것이 아예 없다.

예를 들면, 나흐만의 이야기 『잃어버린 공주』는 추방되어 접근할 수 없는 성에 유폐된 공주, 그런 공주를 구하기 위해 모험 여행을 떠나는 고결한 기사, 그리고 가는 길에 풀어야 하는 많은 수수께끼, 싸워야 하는 거인들 같은 동화의 모든 요소를 갖추고 있다. 하지만 나흐만이 자신의 필경사에게 소리 내 들려주었던 이야기는 이렇게 끝난다. "그리고 나흐만은 기사가 어떻게 공주를 풀어주었는지는 말해주지 않았다. 하지만 기사는 분명 공주를 풀어주었다." 나흐만의 또 다른 이야기 『일곱 거지 이야기』 역시 동화가 갖추어야 할 모든 요소를 충족하고 있다. 숲속에서 길을 잃은 원기 왕성한 고아들, 그리고 판에 박힌 듯 각각 다른 장애가 하나씩 있는 일곱 명의 방랑하는 거지들, 다시 말해 일곱 난쟁이의 변형으로 고아들에게 너그러움과 지혜를 베푸는 사람들이 그 요소들이다. 원기 왕성한 고아들이 자라나 (당연하게도) 결혼을 하게 되자, 시적으로 장애가 있는 각각의 거지는 그들의 결혼 축하연에서 『캔터베리 이야기』 스타일을 한 자신만의 액자식 이야기를 하나씩 풀어놓는다. 모든 것이 다소 판에 박힌 듯한 만족감을 준다. 여섯 번째 거지의 차례가 끝난 뒤에 이야기가 그저 멈춰버린다는 점만 빼면 말이다. 일곱 번째 거지는 절대 등장하지 않는다. 이런 결말의 부재는 스토리텔링의 실패로 보이지만 전적으로 의도된 것이다. 나흐만은 부서지고 회복되지 않는 세계에서 살아가는 일에 관해 종교적인 시사점을 만들고 있었던 것이다.

이디시어와 히브리어 현대문학 작품들을 읽어나갈수록 나는 계속 이런 패턴에 부딪히게 되었다. 숄렘 알레이헴이 쓴 '낙농장 주인 테비에'가 나오는 이야기들은 브로드웨이에서 〈지붕 위의 바이올린〉으로 각색되어 영어권 독자들에게는 친숙한 작품들이다. 하지만 〈지붕 위의 바이올린〉에는 테비에의 아내인 골데의 갑작스러운 죽음, 테비에의 사위 모틀의 갑작스러운 죽음, 그리고 테비에의 딸 슈프린체가 스스로 물에 빠져 죽은 일 같은 몇몇 세부사항이 빠져 있는데, 이들 중 어떤 것도 브로드웨이에서는 보기 좋았을 것 같지 않다. '테비에' 이야기들이 더더욱 '희망을 주는' 이야기가 못 되는 이유는 그 구조에 있다. 이 이야기들은 테비에의 딸들 각자의 결혼이 에피소드 한 편에 해당하는 TV 시리즈와 비슷한데, 각각의 결혼은 모두 지난번 결혼보다 참담하다. 하지만 시리즈가 진행되고 20년의 세월이 지나도 테비에 자신은 절대 변하지 않는다. 그는 아무것도 배우지 못하고, 아무것도 알아차리지 못하며, 어떤 깨달음이나 은혜로운 순간도 맞지 못한다. 그리고 그는 분명 구해지지도 구원받지도 못한다. 대신 그는 견디는 일을 계속하는데, 이는 고통스러울 만큼 현실적으로 느껴진다. 언제나 변함없는 사람으로 똑같이 남아 있다는 점이 그의 위대한 힘이다.

유대 언어를 쓰는 이런 주요한 작가들 중 누구의 작품을 읽어도 나는 이 문제에 계속 부딪혔다. 노벨상을 수상한 히브리어 작가 S. Y. 아그논은 수 세기 동안 쌓여 있던 오래된 유대 텍스트들을 새롭고도 아이러니한 방식으로 되살리고 그것을 통해 세계 전체를 창조해내는 놀라운 장편소설들을 썼지만, 그에게서 얻을 수 있는 최선의 결말이란 아마도 600페이지쯤 지난 다음에 누군가가 죽는다는 것뿐이다. 19세기의 핵심적인 작가 멘델레 모체르 스포림은 기본적으로 히브리어와 이디시어 양쪽에 세련된 문학적 문체를 들여오는 장편소설들을 썼지만, 초현실적이고 세계관을 바꾸는 모험들로 가득한 그의 가장 유명한 책은 결국 주인공이 "그리고 나는 잠에서 깨어났다"라고 말하는 것으로 끝난다. 노벨상을 수상한 이디시어 작가 아이작 바셰비스 싱어는 자신의 거의 모든 장편소설을 문제의 해결 없이 주인공이 도망치거나 남은 평생 스스로를 문자 그대로 벽장 속에 가둠으로써 사라지는 것으로 끝맺었다. 역대 히브리어 장편소설 가운데 내가 가장 좋아하는 A. B. 예호슈아의 1989년작이자 걸작인 『마니 씨』는 시간을 역행해 예루살렘의 한 가족의 여섯 세대를 거슬러 올라가면서 그 집안에 되풀이해 나타나 자살을 유발하는 유전자를 추적하는 환상적일 만큼 독창적인 이야기다. 이야기가 결말에 다다르면 그 결말은 사실 이야기의 시작이 되고, 거기서 이 가족의 자기 파괴라는 오랜 미스터리는 대답이 아니라 질문과 함께 '해명'되는데, 그 질문은 이전의 모든 것을 새롭게 조명하지만 여전히 대답되지 않은 채 남는다.

나는 이런 이야기들이 창의성의 목적에 대한 서양의 개

념에 도전장을 던지고 있다고 이해하게 되었다. 명확한 결말을 지닌 이야기들은 세상이 논리적으로 말이 된다는 믿음을 반드시 반영하는 것은 아니지만, 세상을 논리적으로 말이 되게 만드는 예술의 힘에 대한 믿음을 반영하기는 한다. 하지만 유대인의 스토리텔링에서 발견되는 것은 정말로 다른 어떤 것이다. 그것은 겸허함으로부터, 우리가 세상을 논리적으로 말이 되게 만드는 척하는 동안에는 인간의 경험에 진실할 수 없다는 앎으로부터 오는 일종의 리얼리즘이다. 이것들은 결론은 없지만 인내심과 회복력으로 가득한 이야기들이다. 또한 인간의 한계에 관한 이야기들이기도 한데, 이는 그 이야기들이 끝이 아니라 시작임을 뜻한다. 결말보다는 의미를, 그리고 그 의미가 있는 곳까지 우리를 내내 이끌고 가는 회복력과 인내심의 힘을 찾는 과정의 시작임을 뜻한다. 자신의 아내와 딸과 사위의 죽음을, 그리고 집에서 쫓겨난 일을 슬퍼하고 난 테비에는 마침내 독자에게 브로드웨이에서는 절대 통하지 않을 대사 한 줄을 남긴다. "어디에나 있는 우리 유대인 모두에게 걱정하지 말라고 전해주시오! 우리의 옛 하느님이 여전히 살아 계시다고요!"

나는 마침내 은혜로운 순간들로 가득하며 희망을 주는 유대 문학을 기대하는 독자들로부터 내가 직간접적으로 받는 메시지들에 내포된 극심한 모욕을 이해하게 되었다. 그것은 소설가로서의 나를 향한 모욕이 아니라 내가 내 인물들에게 선사한 것 같은 경험들을 견뎌냈던 내 선조들에 대한, 그리고 어떤 의미에서는 유대인의 역사에서 가장 극악무도한 순간들을 견뎌왔던 모든 이들에 대한 모욕이었다. 현대 유대인의 경험에 관한 문학에 그런 '논리정연함'을 요구하는 독자들은 근본적으로 유대인의 고통은 오직 그것이, 기억할 만한 내 독자의 메시지를 빌려 말한다면, "인류에 봉사하는" 경우에만 검토할 가치가 있다고 주장하고 있었다. 돌이켜 생각해보면 내가 이것이 얼마나 증오에 찬 모욕인지 깨닫는 데 이렇게 오래 걸렸다는 점이 놀라울 뿐이다. 내가 아주 천천히 생각해보았듯, 여러분도 이 요구에 정말로 뒤따르는 것이 무엇인지 곰곰이 생각해보라. 죽은 유대인들은 우리에게 세계의 아름다움과 구원의 놀라움에 대해 가르쳐주어야 한다—그렇지 않다면, 애초에 그들을 죽이는 일의 의미가 뭐란 말인가? 그것이 죽은 유대인들의 쓸모다! 사람들이 죽은 유대인들에 관한 이야기를 읽을 거였다면 나 같은 작가가 인류에게 제공해야 했던 봉사는 대체 뭐란 말인가?

지금 우리 시대의 베스트셀러인 거의 모든 홀로코스트 소설이 엄청날 정도로 분명하게 보여주듯, 이런 태도는 동시대 독자들의 태도 가운데서도 주류에 속한다. 최근 몇 년간 미국과 해외에서 모두 수백만 부씩 팔린 홀로코스트 소설들은 한결같이, 심지어 이따금씩 죽은 아이가 등장할 때조차 '희망을 주는' 소설들이다. '실화'임을 내세워 최근 세계적으로 초대형 베스트셀러가 된 『아우슈비츠의 문신가』는 용케도 마음이 훈훈해지는 로맨스가 벌어지는 아우슈비츠를 보여주는 데 성공한다. 『사라의 열쇠』 『책 도둑』 『줄무늬 파자마를 입은 소년』, 그리고 개중 일부는 학교에서 필독 도서가 된 다른 많은 베스트셀러에는 모두 불운한 유대인들을 구하기 위해 자신의 삶을 위험에 처하게 하거나 희생하는 비유대인 구조자들이 등장하고, 그래서 우리 모두에게 감동을 준다. (공식적으로, 홀로코스트에서 유대인들을 구하려 애썼던 "정의로운 비유대인들righteous Gentiles"의 실제 숫자는 이스라엘 국립 홀로코스트 박물관 및 연구센터인 야드 바솀의 공식 인정에 따르면 당시 3억 명에 가까웠던 유럽 인구 중 3만 명, 즉 0.01퍼센트 이하였다. 설령 공인된 수치가 1만 명쯤 적게 헤아린 것이라고 가정하더라도 그런 사람들은 여전히 기본적으로는 반올림 오차 정도에 지나지 않는다.) 이런 책들에는 멋진 비유대인 인물들에 더해 독자들이 정말로 지지할 수 있고 공감대를 형성할 수 있는 죽은 유대인들이 거의 예외 없이 등장한다. 고귀한 사람들이 구하려 애썼던, 대체로 비종교적이고 이디시어를 하지 않는 사람들, 그러므로 그 죽음이 우리가 공유하는 보편적인 인간성에 대해 무언가 아름다운 것을 가르쳐줄 수 있는, 깨달음과 은혜로운 순간들로 충만한 유대인들 말이다. 통계적으로 말하자면, 홀로코스트를 견뎌낸 유대인 가운데 이런 것을 경험한 사람은 거의 없었다. 하지만 비유대인의 언어로 된 문학에서 그런 우울한 현실은 불편할 뿐 아니라 부적절하기도 한 것이다.

※

유대인의 역사적 참상들에 관해 유대인의 언어로 쓰인 장편소설은 어떤 모습을 하고 있을까?

희망을 주는 홀로코스트 소설들에 빠져 있는 영어권 독자들을 위해 많은 작품 가운데 여기 한 편의 장편소설을, 잔학 행위에 관해 좀더 정직하게 소설을 쓰는 방법을 보여주는 소설을 추천한다. 하바 로센파르브의 『생명의 나무The Tree of Life』가 그것인데, 이디시어로 쓰인, 우치 게토Łódź Ghetto•의 전경을 보여주는 3부작이다. 이 작품은 걸작이라고 부르는 것조차 절제된 표현이 될 것이다. 길고, 독자를 몰입시키고, 마음을 사로잡으며, 정교함까지 갖춘 이 작품은 한 권의 책을 읽는다기보다는 하나의 삶을 살아가는 듯한 느낌을 주는 작품이다.

아니, 열 개의 삶이라고 하자. 방대한 영역에 걸쳐 펼쳐지는 로센파르브의 이 대작에서 우리가 친밀하게 알게 되는 주요한 인물이 대략 열 명이니 말이다. 우리는 전쟁이 시작되기 전에 그들 모두를 속속들이 생생하게 만나고, 그래서 사디스트들이 목숨을 빼앗기 전의 그들이 누구인지 알게 된다. 이들 중 일부는 그 자신이 사디스트인데, 나치가 선출한 악명 높은 "유대인의 왕"으로서 우치 게토를 매우 잔인하게 통제했던 모르데차이 차임 룸코스키가 그런 사람이다. 우리가 그를 처음으로 만나는 것은 전쟁 전, 고아원 원장이었던 그가 부유한 기부자들에게 아첨을 하며 자신의 어린 여성 피보호자들을 성추행하고 있을 때다. 다른 사람들 대부분은 '정상적인' 사람들이다. 우치의 어마어마하게 다양한 유대인들이 분명히 보여주듯 '정상적인' 것 따위는 없다는 사실만 논외로 한다면 말이다. 전쟁 전의

• 독일이 폴란드 침공 이후 폴란드 유대인들을 수용하기 위해 만든 게토로, 독일이 점령한 유럽에서 바르샤바 게토 다음으로 큰 게토였다.

우치는 인구의 3분의 1이 유대인이었는데, 로센파르브는 복잡한 인물들의 삶을 이리저리 얽어놓음으로써 온갖 다양함을 지닌 그 도시의 전경을 뛰어난 솜씨로 펼쳐 보인다. 부유한 기업가 사무엘 주츠케르만은 우치에 사는 유대인들의 역사에 흠뻑 빠져 있는데, 이것은 그가 자신이 고용한 가난한 유대인 목수 이트헤 메이에르와 공유하는 관심사다. 메이에르가 사는 빈민가 지역이 게토로 변하자 주츠케르만은 그곳으로 이사한다. 가정적인 남자답게 정중한 주츠케르만의 태도는 같은 업계에 있는 또 다른 부유한 기업가이자 잔학 행위에 능하고 여자를 유혹해 성관계 맺기를 즐기는 아담 로센베르크에 의해 무시당한다. 우리는 의사 미할 레빈 같은 합리주의자와, 교사인 독신 여성 도라 디아만트 같은 자부심에 찬 폴란드인 애국주의자들, 고아가 된 에스더 같은 열정적인 공산당원들, 이트헤 메이에르의 아들들인 사회주의자와 시온주의자들, 그리고 아홉 아이를 둔 독실한 아버지이며 뜻밖의 순간에 정기적으로 나타나 다른 인물들에게 예기치 않은 희망의 순간들을 선사하는 다소 초현실적인 인물 '토피 맨Toffee Man'을 만나게 된다. 이 인물들 중 누구도 하나의 유형이나 계급을 대변한다고 축소해 말할 수 없다. 현실의 사람들이 그렇듯 이들 각자는 가족, 연인, 친구, 적이라는 관계망 속에 단단히 박혀 있으며, 스스로의 참여에 고무되는 동시에 혼자만의 의심에 시달린다. 이 인물들의 진실함은 우리 모두가 그렇듯 그들 각자가 본래 지니고 있던 성숙함에, 자신만의 선택을 하는 그들의 동인에 달려 있다. 게토에서는 그것들 중 어떤 것도 사라지지 않는다. 각각의 인물들은 그저 잔혹한 환경에 놓일 뿐 그전과 정확히 똑같은 사람으로 남는다. 홀로코스트는, 아마도 그 가해자들을 제외한 사람들에게는 도덕극이 아니었을 것이다. 그리고 바로 그 점이 게토의 참상을 현실적으로 만든다.

나라면 그런 참상들은 전달하기 불가능하다고 생각했을 텐데, 로센파르브는 우리를 그곳으로 데려간다. 우리 자신의 문화에 폭력적인 이미지들이 넘쳐남에도 불구하고 『생명의 나무』는 몹시 읽기 힘든 작품이다. 이 이야기에는 신에 대해 곰곰이 생각하는 장면도, 나치의 인간다운 면모를 보여주는 억지로 꾸민 듯한 대화들도, 어떤 용감한 저항도 없다. 적어도 이야기가 정말로 끝날 때까지는 말이다. 그 대신 혼란, 굶주림, 자기 부정, 그리고 순수하게 가학적인 끔찍함들이 있다. 책을 읽는 동안 우리는 우리가 아는 것을 책 속의 어떤 인물도 모른다는 사실에 충격을 받게 된다. 대신 그들은 2권 첫머리에서 감옥에 갇히고 강제 노역이 시작되었을 때, 그 노예 상태와 굶주림이 그들이 견디는 가장 심한 잔학 행위일 거라고 믿는다. 강제 추방이 시작되자 어떤 사람들은 심지어 스스로 추방되기를 택하는데, 어떻게 해도 상황이 더 나빠질 리는 없다고 판단해서다. 낯익은, 그리고 가끔씩 피로 얼룩진 옷가지들이 (어떤 경우에는 가족사진이 여전히 주머니에 든 채로) 노예 노동 처리 본부들로 돌아오기 시작한 뒤에야 인물들 중 일부는 무슨 일이 일어나고 있는지 깨닫는다. 그럼에도, 그런 그들조차, 어쩔 수 없는 자기 부정에 의해 재빨리 (그리고 기꺼이) 입을 다문다. 그러는 동안 독일군 병사들은 길거리에서 아이들을 재미 삼아 총으로 쏟다. '영향력 있는' 유대인들 사이의 힘의 정치는 유혈이 낭자한 스포츠로 신속하게 변하고, 사람들은 자기 자신과 사랑하는 사람들을 보호하기 위해 성적 노예 행위를 비롯해 어떤 일도 서슴지 않게 되지만, 물론 그 모든 것은 아무런 소용이 없다. 곧 우리가 마음을 쓰는 인물들은 추방을 당하거나, 굶주리거나, 병에 걸리거나, 총에 맞거나, 고문을 당해 도미노처럼 쓰러지기 시작하고, 중심인물 중 한 명은 결국 거세를 당한다. 3권에서는 독일군들이 유대인들에게 열 살 이하의 모든 아이들을 넘기라고 요구한다.

유명한 이디시어 시인으로 삶의 대부분을 캐나다에서 보낸 로젠파르브(1923-2011)는 그 자신이 우치 게토의, 그리고 그다음에는 아우슈비츠와 베르겐벨젠 수용소의 생존자였다. 1971년에 이디시어로 출간되고 1985년에 영어로 번역된 『생명의 나무』는 생존자의 증언이라는 오해를 받을 수도 있다. 유대인들의 게토 우치, 그곳의 사람들과 격정을 되살린 로젠파르브의 극단적인 구체성은 그 자체로 어마어마한 성취이며, 유대인의 문학적 애도라는 위대한 (그리고 아아, 아주 긴) 전통 속에서 쓰인 파괴된 공동체에 바치는 기념비이자 추도문이다. 그럼에도 『생명의 나무』는 증언의 기록이 아니라 하나의 예술 작품이다. 십 대이며 시인이 되고 싶어하는 라헬 에이부시츠는 로젠파르브 자신을 가장 가깝게 닮은 인물이지만, 그저 많은 인물 중 한 명일 뿐이고 가장 중요한 인물도 아니다. 로젠파르브는 회고를 하는 대신 진실한 상상력을 제공해 우리를 수많은 다양한 사람들의 머릿속으로 데려가며, 심지어 가장 비열한 인물들에게도 상상을 통해 최대한의 공감을 선사한다.

그럼에도 독자에게 가장 커다란 기적은 이 도시의 예술가들을 만날 기회가 있다는 것인데, 이들은 로센파르브의 언어를 통해 되살아난다. 이 장편소설에 나오는 가장 생생한 인물 중 한 명은 시인 심하 부님 베르코비치인데, 시인으로서 로센파르브 자신의 멘토였고 아내와 두 어린아이들이 살해된 뒤 다하우 수용소에서 살해되었던 심하 부님 샤예비치를 모델로 한 인물이다. 베르코비치는 대가족인 하시딕 유대인 출신이지만 자신의 시적 재능을 발견하면서 신앙을 잃는다. 공장에서 일하는 가난한 베르코비치는 오직 창작만을 위해 살아가는 진정한 예술가로, 시를 쓰는 능력이 없다면 삶은 그에게 아무런 의미도 없고, 게토에서 그의 행운이라고는 그가 (도움을 받아) 구하는, 시를 쓸 시간과 공간을 허락해주는 하찮은 일자리뿐이다. 작가라면 누구든 이해할 만한 쫓기는 상태다. 소설 도입부의 가장 사무치는 장면들에서 베르코비치는 끝내 그의 예술의 진가를 알지 못하는 여성과 결혼한다. 시시한 작가였다면 이 갈등을 크게 다뤘겠지만, 로센파르브는 예술가들은 모순을 품고 살아가는 인간 존재들임을 알고 있다. 베르코비치의 가족생활에서 드러나는 흔들림 없는 아름다움은 이 소설에서 가장 놀라운 기적 중 하나이며, 그 아름다움의 갑작스러운 파괴는 소설에서 가장 충격적인 부분 중 하나다.

로센파르브의 인물들은 가차 없는 공포 한가운데서 기적을 선사한다. 이 소설에서 가장 눈부신 장면 중 하나는 시인이 허밍하는 클래식 교향곡에 이끌린 한 무리의 청년들과 또 다른 시인 한 명이 거리에 모여드는 장면이다. 시인은 그들을 "게 토의 렘브란트"라고 소개되는 중년의 척추 장애인인 블라디미 르 빈터의 조그만 방으로 이끈다. 청년들로 가득 메워진 방의 벽에는 갈색 벽지가 발려 있고, 빈터는 시인에게 그의 시를 낭 독해달라고 주문한다. 시인이 낭독하는 동안 빈터는 크레용 한 상자를 꺼내 단어들을 그림으로 바꾸기 시작하고, 방 안의 남 자들과 여자들을 담은 초현실적인 그림들을 그려 벽을 뒤덮는 다. 그는 사람들의 얼굴을 동물들의 몸에 붙이고, 그들의 몸을 널따란 초원에 던져놓고, 그들의 손을 물웅덩이에 담그고, 머리 칼을 바람에 날려 구름 속으로 향하게 한다. 시인이 낭독을 끝 마치자 빈터는 바깥에서 빛이 사라져가는 동안 그림 그리기를 계속하고, 한 젊은 여성은 창조적인 무아지경을 이어가며 노래 를 부르기 시작한다. 네 벽이 모두 그림으로 뒤덮이자 시인은 전등을 켜고, 방문객들은 바닥에서 일어나 "꿈속으로 빠져드는 것처럼" 주위를 둘러본다. "하나의 땅이 그들을 둘러싸고 있었 다. 고통스러운 아름다움이, 빛과 그림자들이 가득한 땅이었는 데, 그 땅은 미지의 삶에서 오는 향기로 그들을 감쌌다." 그런 다음 빈터는 결핵성 열병으로 의식을 잃는다. 이 소설의 마지 막 권은 아우슈비츠 문 앞에서 끝난다. 아니, 그보다는 멈추는 것에 가깝다. 소설은 감동을 주는 인용할 만한 구절을 제공해 주지 않는다.

그 "미지의 삶"이란 물론 이런 예술가들이 살해됨으로써 사라진 창조적인 세계들인데, 로센파르브의 작품 자체는 그것 이 지닌 모든 힘에도 불구하고 오직 그 세계들의 파괴된 가능성을 암시할 수 있을 뿐이다. 그 예술가들에게는 이 장편소설의 페이지들 속에서 오직 우리 독자들을 통해서만 가능한 구원을 제외하고는 어떠한 구원도 주어지지 않는다. 하지만 우리는 독자로서 잔학 행위를 소재로 한 다른 모든 책들에 터무니없는 기대를 하듯 희망을 달라고 이 책에 요구할 수는 없다. 이 기념비적 작품을 읽는 일에는 적극적인 개입이 필요하다. 누군가는 이 작품이 인류에게 봉사한다고 말할 수도 있을 것이다. 이 작품은 우리 자신의 상상을 넘어 삶을 확장시켜주며, 우리의 삶 속에 수많은 다른 삶이 담기게 해주니 말이다. 이 작품은 우리를 존재의 가장 심오한 수준으로 데려가 로센파르브 자신이 「칭송」이라는 시에서 묘사한 것을 선사한다.

빛이 사라지고
끝이 다가올 때면
불쑥 깨닫게 되지, 깊고 어두운 문 안에
서 있는 자신을
한 번 더 돌아보라
현실이라는 저 거품을,
그리고 칭송하라, 그날을
망각의 밤에
눈에 띄지 않게
사라져
존재로부터 뚝뚝 떨어져 나오는 날을.

6장

죽은 유대인들의 전설

미국계 유대인들은 대단히 교양 있는 사람들의 집단이다. 그리고 교양이 있을 뿐 아니라 짜증나는 질문들도 잘한다. 가장 최근의 퓨 서베이*에서 미국계 유대인의 49퍼센트는 유대인으로서 자기 정체성의 핵심 부분에 '지적 호기심'이 포함된다고 주장했다. 다시 말해 미국계 유대인들은 자신을 '자신의 대학 학위뿐 아니라 회의적인 태도, 비판적인 사고력, 그리고 어떤 것도 액면 그대로 받아들이기를 거부하는 태도 또한 가치 있게 여기는 사람'으로 보고 있는 것이다.

그래서 나는 몇 년 전 어느 유대인 시설에서 공개 강연을 하다가 너무도 많은 미국계 유대인들이 가족들에게 들어온, 자

● 미국의 여론조사 기관 퓨 리서치 센터에서 실시하는 여론조사.

기 집안의 성이 엘리스섬에서 변경되었다는 이야기는 근거 없는 낭설이라는 말을 별생각 없이 했을 때, 그 일이 큰일이라고는 생각하지 않았다. 시설이 들어서고 30년이 넘도록 국립 공원 관리청 산하 박물관으로 운영되어온 엘리스섬에서 공개 투어 시에 정례적으로 방송되는 사실이다. 최근 우리는 수만 명의 미국인을 가계 조사라는 토끼굴 속으로 빠져들게 이끈 저렴한 DNA 검사의 도움을 받아, 그리고 온라인 포럼과 TV 다큐멘터리, 가계도 생성 소프트웨어와 온라인으로 접속 가능한 기록 보관소 데이터베이스를 풍부하게 지침 삼아, 계보학이 최신 유행이 된 시대에 들어서게 되었다. 이렇게나 정보가 공공연하게 넘쳐나는 시대이니 내 발언이 화젯거리가 될 거라고는 별로 생각하지 못했다.

와, 그런데 그게 아니었던 모양이다.

강연이 끝나고 나는 사람들에게 둘러싸였다. 서로 밀쳐대는 화난 사람들이었다. 책도 많이 읽고 대단히 교양 있는 미국계 유대인들이었는데, 한 명 한 명이 몹시 화가 나서 어쩌면 사람들 **대부분**의 이름은 엘리스섬에서 변경되지 않았을지도 모르지만, **자기네 증조할아버지**는 예외였다고 내게 설명했다. 그들 중 누구도 "저희 증조부님은 거짓말을 하실 분이 아니거든요!" 하고 확언하는 것 말고는 내게 다른 증거를 대지 않았다.

그 한 무리의 사람들 때문에 잠을 설치지는 않았다. 그런데 똑같은 일이 또 일어났다. 나는 어느 유대인 매체에 "내 이름은 엘리스섬에서 바뀌었다"를 그와 비슷한 과거의 이야기들, 그러니까 조지 워싱턴이 벚나무를 벤 일화라든가, 케네디를 죽인 것이 CIA라든가, 달 착륙이 소련에 깊은 인상을 주기 위해 날조된 일이라든가 하는 이야기들과 비교하는 기사를 한 편 썼다. 그러자 댓글난에 몰려온 수백 명의 사람들이 내 말이 왜 전적으로 틀렸는지를 설명했는데, 그 이유는… 음, 그들은 그다음에 증거 대신 자기 증조할머니에 관한 500자쯤 되는 개인적인 진술을 적어넣었다. 그러니까 그만해.

화가 나서 나를 괴롭힌 그 사람들은 내게 탄생 설화라는 것의 위력에 대해, 신화를 만드는 일과 그 목적에 대해 많은 것을 가르쳐주었다. 하지만 이제 나는 사실을 먼저 구분하고 넘어가야 한다는 걸 안다. 그러니 분명히 말하겠다. 아니다, 당신 가족의 성은 엘리스섬에서 변경된 게 아니고, 당신 선조들 또한 예외가 아니었다. 그에 대한 근거는 다음과 같다.

우선, 엘리스섬에서는 언어에 관련된 어떤 문제도 일어나지 않았다. 그곳의 입국 심사관들은 그저 경비원들이 아니었다. 그 사람들은 적어도 3개 국어에 능통해야 하는 고도로 훈련받은 사람들이었고, 능숙한 대화를 보장하기 위해 통역사들도 추가로 배치되어 있었다. 그러니 이런 상황에서 유대인 이민자들이 하는 말이 알아듣기 어려울 리는 없었다. 둘째로, 엘리스섬에서의 입국 수속 과정은 오늘날 공항에서의 신분증 확인과는 달랐다. 그 과정은 이십 분이나 그 이상 걸리는 긴 인터뷰였는데, 이 과정의 목적이 당시 쓰이던 용어로 잠재적 '공적 부조 대상자'를 걸러내는 것이었기 때문이다. 그러니 이건 어떤 멍청이가 책상 앞에 앉아서 줄 선 사람들을 그냥 들여보내고 있던 상황이 아니었다.

설령 그런 상황이었다고 해도, 엘리스섬의 어떤 사람도 이민자들의 이름을 받아 적은 적이 없었다. 이민자들의 이름은 선박의 승객 목록에 포함되어 제공되었는데, 출발항에서 작성된 것이었다. 유럽에서 선박의 승객 목록은 여권과 국가에서 발행한 다른 기록들을 토대로 작성되었다. 작성자들은 정확을 기하기 위해 대단히 주의를 기울였는데, 실수가 생기면 비용이 발생했고 일자리가 날아갈 가능성도 있었기 때문이다. 이름이 제대로 기입되지 않은 채 이런 선박들에 승선한 이민자가 있다면 선박 회사 측에서 비용을 부담해 유럽으로 돌려보내야 했다.

그렇지만 이름이 변경되었다는 증거는 충분히 있다. 1920년대, 1930년대, 1940년대, 그리고 1950년대의 유대인 이민자들과 그 자녀들이 **자기 스스로** 성을 변경하기 위해 뉴욕시 민사법원에 청원한 수천 건의 재판 기록이 그것이다.

역사학자 커스틴 페르마글리히는 저서 『로젠버그의 또 다른 이름A Rosenberg by Any Other Name』에서 이런 법정 기록들을 추적한다. 청원자들은 법적으로 개명하기 위해 법정에 개명 사유를 제출해야 했다. 그리고 엘리스섬에 관한 웃기는 이야기들 뒤에 숨은 가슴 아픈 현실은 바로 여기서부터 시작된다. 페르마글리히가 차분히 알려주듯 이 법률 청원들 속에서 우리는 대부분 미국에서 태어난 수천 명의 미국계 유대인들을 만나게 되는데, 그들은 법정에서 선서를 한 뒤 자신들이 일자리를 찾을 수 없어서, 자녀들이 학교에서 모욕을 당하거나 차별을 받고 있어서, 혹은 진짜 이름을 쓰면 아무도 자신들을 어떤 화이트칼라 직종에도 채용해주지 않을 것이라서, 다시 말해 근본적으로 미국의 반유대주의가 자기 가족의 성공에 훼방을 놓아왔기 때문에 개명을 원한다고 설명한다.

페르마글리히는 수천 건의 개명 청원을 분석하면서 여러 분명한 패턴에 주목한다. 그중 하나는 그런 법정 기록에서 유대인 같은 이름들이 압도적인 우위를 차지하고 있었다는 것이다. 이를테면 (입국 관리소가 폐쇄되고 거의 10년이 지난) 1932년 뉴욕시에서 제출된 개명 청원의 65퍼센트 이상은 유대인처럼 들리는 이름을 지닌 사람들이 제출한 것이었다. 두 번째로 수가 많았던 이탈리아인처럼 들리는 이름을 지닌 사람들은 기록에서 겨우 11퍼센트밖에 되지 않았다. 맞다, 그해 뉴욕의 유대인 인구는 그 도시의 이탈리아인 인구의 두 배 규모였다. 하지만 여섯 배까지는 아니었다. 페르마글리히가 밝혀낸 또 하나의 패턴은 유대인처럼 들리는 이름을 지닌 청원자들이 종종 **가족 단위로** 개명 청원을 냈다는 것이었다. 개명 동기로 언급되는 것 중에는 청원자 자녀들의 교육적·직업적 전망이 포함된 경우가 많았다. 페르마글리히가 비교적 냉정한 태도로 설명하는 이런 청원들 속에서 우리는 차별과 싸우는 대신 차별에 굴복하는, 스스로의 품위를 떨어뜨리는 행위를 하고 있는 보통의 미국계 유대인들을 목격하게 된다.

대규모 이민 이후 수십 년간 이어져온 미국의 반유대주의는 페르마글리히가 표현하듯 "개인적"이고 그러므로 "은밀히 퍼지는" 것이었다. 20세기 초반에는 그런 차별이 교묘하게 이루어지는 것이 아니어서, 구인 광고에 "기독교인만 지원 가능"이라는 경고와 함께, 혹은 호텔과 레스토랑에 내걸린 "개와 유대인 출입금지"라고 선언하는 표지판 속에 등장하곤 했다. (내가 어렸을 때 피아노 선생님이었던 분은 줄리아드 졸업생이자 은퇴한 칵테일 피아니스트*였는데, 한번은 내게 이런 이야기를 해주셨다. 1940년대 후반, 청년이었던 선생님은 플로리다의 일류 호텔이었던 케닐워스 호텔에 고용되어 로비에서 연주를 하게 되었는데, 그곳의 로비 안내판에는 연주자들의 이름이 적혀 있었다. 호텔로 다가가던 선생님은 "개와 유대인 출입금지"라고 적힌 무시무시한 표지판을 보았고 앨런 울프슨Alan Wolfson이라는 이름을 지닌 자신이 어떻게 들어갈 수 있을까 생각했다. 곧이어 그는 호텔 측이 준비한 "오늘의 연주자: 알랭 드 울프Alain de Wolfe"라는 안내판을 옆에 두고 그랜드피아노를 연주하는 자신의 모습을 발견했다.) 20세기 중반이 되자 이런 노골적인 차별의 표지들은 공공연한 비밀인 정교한 유리천장으로 변했다. 처음에는 신중하게 단어를 선택한 채용 광고나 공공시설 안내를 통해 표현되었고("사바스를 지키는 분들은 지원하지 않으셔도 됩니다" "근처에 교회 있음"), 나중에는 매우 복잡한 입사 및 입학 신청서 양식을 통해 표현되었는데, 페르마글리히의 설명에 따르면 이 양식들은 지원자의 출생지와 시민권뿐 아니라 지원자의 부모와 조부모의 출생지, 부모의 직업, 어머니의 결혼 전 이름, 그리고 조부모의 성처럼 전혀 아무런 상관도 없는 정보들까지 똑같이 의무적으로 기입하라고 요구했다. 페르마글리히는 이렇게 강렬하면서도 잘 인식되지 않는 유형의 차별이 그 대상이 되는 사람들에게 가져오는 "정신을 좀먹어 들

- 식당이나 바 등에 고용되어 손님들을 위해 연주하는 피아니스트.

어가는" 심각한 결과를 다음과 같이 지적한다. "미국의 반유대주의가 지닌 사적인 특징은 많은 유대인들이 불공평한 사회를 바꾸기 위해 시민권 운동을 하기보다는 관료적인 개명 청원을 이용해 자기 개인의 정체성을 새로 만드는 방식으로 차별을 견디도록 부추겼다."

✳

페르마글리히는 개명한 유대인 중 절대 다수가 실제로는 새로운 비유대인 정체성을 받아들이지 않았다는 사실을 주의 깊게 언급한다. 그들 대부분은 계속 유대인 단체에 힘을 보태고 유대인으로서 공동생활에 참여했다. 페르마글리히는 이 점을 낙관적으로 제시하면서 그런 사람들이 유대인이라는 자신의 뿌리를 거부했다는 흔한 억측을 반박할 중요한 근거로 삼는다. 하지만 내게 이 사실은 그저 조직화된 유대인 공동체에 참여하기로 한 사람들조차 개명이 필요하다고 느낄 만큼 그동안의 상황이 얼마나 심하게 답답했는지를 보여줄 뿐이다. 이 사람들은 "자기혐오에 빠진 유대인들"이 아니었다. 그들은 그저 부정할 수 없는 하나의 현실과 눈싸움을 벌이고 있었을 뿐이다. 그리고 청원에 쓰인 단어들이 드러내주듯, 그들 스스로도 그 현실이 정확히 무엇이라고는 차마 인정할 수가 없었다.

이 한 무더기의 기록 자료 가운데 페르마글리히가 고른 것들을 자세하게 살피는 동안 가장 가슴 아팠던 것은 개명을 한 이 유대인들이 자기들 스스로 벗어나려 하던 바로 그 모욕에 동참했다는 사실이었다. 그들은 그저 이름을 바꿈으로써가 아니라 이름을 바꾸는 바로 그 행위를 하는 동안 자신의 표현을 스스로 검열함으로써 모욕에 동참했다. 왜냐하면 페르마글리히가 지적하듯 법정 기록에서는 사실상 어떤 청원자도 반유대주의가 개명 동기라고 밝히지는 않았기 때문이다.

그 대신 유대인 청원자들은 거의 한결같이 자신의 이름이 얼마나 "외국인 이름처럼 들리는지" 혹은 "얼마나 철자를 쓰고 발음하기 어려운지" 언급했다. 페르마글리히가 지적하듯 "이름의 철자가 발음되는 것과 다르지 않을 때조차" 그랬다. "'그린버그'는 외국어 같은 이름이라 좋은 일자리를 확보하는 데 도움이 되지 않습니다." 아주 전형적인 어느 청원에는 이렇게 적혀 있다. 로즈 레프코위츠라는 사람은 자신의 이름이 "발음하기 어렵다"고 밝혔다. ('레프코위츠'를 발음하는 방법이 한 가지 말고 더 있다는 걸까?) 루이스 골드스틴이라는 사람은 자신의 이름이 "미국적이지 않고, 듣기에도 좋지 않으며, 경제적으로 불리한 조건"이라고 밝혔는데, 이 청원은 이름이 똑같이 루이스 골드스틴이었던 판사에 의해 기각되었다. (부당한 체제하에서 역경을 극복하고 성공하는 사람들은 물론 그 시스템이 타당하다고 주장하는 데 가장 열중해 있는 사람들이다. 대안이 필요하지 않은 사람이라면 피해 가며 일해야 할 것도 없을 것이다.) 맥스 히모위츠라는 사람은 아들 이매뉴얼이 자기 가족의 성을 "길고 복잡한 골칫거리"라고 느낀다고 설명했다. 그는 개명을 하면 "사회적으로, 교육적으로, 경제적으로, 그리고 국가를 사랑하는 한 국민으로서도 아들의 편의와 이익이 강화되고 촉진될 것"이라고 느겼다. 가족을 대표해 호소한 어느 부부는 "'톰신스키'라는 성은 기억하기도 철자를 올바르게 쓰기도 어렵고, 이로 인해 본 청원자들과 그 자녀들은 난처한 상황에 처해왔으며, 청원자들은 자녀들의 성장을 고려해볼 때 '토머스'라는 적절한 성으로 변경하는 것이 최선의 이익이 되리라고 믿는다"고 진술했다. 사실, 페르마글리히가 기록상 실제로 반유대주의를 언급한 사례로 드는 유일한 청원자들은 유대인 이름처럼 들리는 자신의 이름을 변경해 유대인이라는 오해를 피하고 싶어했던 비유대인들이었다.

물론, 이 시기에 미국에 퍼진 많은 이름들은 "외국인 이름처럼" 들렸고, "발음하고 철자를 쓰기 어려웠다". 예를 들면 라과디아, 루스벨트, 줄리아드, 린드버그, 디마지오, 밴더빌트, 이어하트, 록펠러, 아이젠하워 같은 이름들이 그랬다. 하지만 뉴욕시에서 비유대인 개명 청원자의 수가 현저히 적다는 사실이 보여주듯, 이런 가족들과 그들의 선조들은 "난처한 상황에 처해"왔거나 "사회적으로, 교육적으로, 경제적으로, 그리고 국가를 사랑하는 한 명의 국민으로서도" "발음하고 철자를 쓰기 어려운" 이름 때문에 영향을 받아오지는 않은 것으로 보인다. 페르마글리히는 유대인 청원자들이 다음과 같은 이유 때문에 진짜 문제를 숨긴 거라고 부드러운 표현을 써가며 해석한다. "유대인들은 반유대주의에 대해 이야기하기 불편해했고, 반유대주의와 관련된 자신들의 경험조차 부끄러워하고 있었을 수도 있다." 이 미국계 유대인 가족들이 직면하고 있던 어려움은 철자나 발음과는 아무런 관련도 없었다. 하지만 그들 중 누구도 그 사실을 인정할 수 없었다. 그리고 그랬기 때문에, 이름을 숨기는 과정은 그래야만 하는 이유를 숨기는 더 정교한 과정 속에 끼워 넣어지게 되었다.

이는 사람들이 가족들로부터 듣는 '엘리스섬에서 변경된' 이름에 관한 웃기는 이야기들 뒤에 숨은 진실로 우리를 이끈다. 엘리스섬의 전설은 그저 미국계 유대인들이 가장 두려워했던 현실—즉, 그들이 미국에서 환영받지 못할 가능성—을 여러 세대에 걸쳐 부정하고, 은폐하고, 묻어버리는 과정의 마지막 단계일 뿐이다.

이렇게 해서 우리는 어떤 것이 근거 없는 믿음이고 어떤 것이 사실인지 알게 되었다. 그렇다면 이제는 좀더 흥미로운 질문들을 해볼 수도 있을 것이다. 왜 그렇게 많은 미국계 유대인 선조들이 이런 식으로 자신들의 이름이 "엘리스섬에서 변경되었다"고 했던 것일까? 당시에 그런 행위는 어떤 목적에 기여했고, 왜 교양 있고 회의적인 태도를 지닌 사람들은 지금도 여전히 그런 이야기를 믿고 싶어할까?

내 강연에서, 그리고 온라인으로 내게 다가와 말을 걸었던 사람들은 단지 정보가 부족했던 것이 아니었다. 그들은 엄청나게 강력하고 중요한 무언가에 반응하고 있었다. 미국에 도착한 유대인들에 대한 이 근거 없는 이야기는 영화 〈대부 2〉에서 비토 코를레오네가 엘리스섬에 도착하는 유명한 장면으로 필름 속에 영원히 남아 다양한 인종 집단 출신인 수많은 미국인에 의해 공유되고 있다. 하지만 이것은 유대인의 역사에 깊이 새겨져 있으며 한 세대의 이민자들과 그 자녀들보다 훨씬 거대한, 수 세기를 거슬러 올라가는 패턴의 일부이기도 하다.

✳

　　세계 역사상 거의 모든 디아스포라 유대인 공동체에 탄생 설화가 적어도 하나씩은 있다. 공동체의 근원에 관한, 아무리 터무니없어도 공동체의 성원들이 사실로 받아들이는 이야기다. 중세 스페인의 유대인들을 예로 들자면, 그들은 몇 가지 면에서 오늘날의 미국계 유대인들과 닮아 있었는데, 자신이 속한 사회에서 직업적으로나 정치적으로나 뛰어난 사람들이 대다수 포함되어 있던 집단이라는 점에서 그랬다. 중세 스페인의 그런 재주 많은 유대인 가운데 12세기의 아브라함 이븐 다우드라는 남자가 있었다. 자기 세대의 가장 중요한 철학자였던 그는 천문학에 관해 신기원을 이룰 만한 책들을 부업 삼아 쓰기도 했고, 남는 시간에는 스페인계 유대인 공동체에 관한 역사서 가운데 가장 폭넓은 인정을 받는 『전통의 책Sefer Ha-Qabbalah』을 써서 출간하기도 했다. 그 책에는 스페인계 유대인 공동체가 정확히 어떻게 해서 유대 세계의 중심이 되었는지에 대한 설명이 담겨 있는데, 너무도 우스꽝스러운 그 이야기를 정신이 제대로 박힌 사람들이 사실이라고 여겼다는 게 놀라울 지경이다.

　　"사실"이 퍼지고 두 세기가 지난 다음, 이븐 다우드는 이 탄생 설화를 들려준다. 990년, 수 세기 동안 유대 학문의 중심지였던 바빌로니아에서 온 네 명의 영향력 있는 랍비가 배를 타고 지중해를 여행하고 있었다. 그들의 배는 공해에서 스페인 왕실의 함대에 포획되었다. 포로로 잡힌 네 명의 랍비는 지중해의 각각 다른 지역에 노예로 팔렸는데, 각 지역에서 돈을 내고 포로들을 해방시켜준 것은 그 지역의 유대인 공동체였다. 포로 중 한 명이었던 랍비 모셰는 결국 스페인의 도시 코르도바로 가게 되었다. 어느 날, 막 풀려나 이제 땡전 한 푼 없는 난민 신세가 된 랍비 모셰는 토라를 공부하는 한 수업의 뒷자리에 앉아 있었다. 그가 수업에서 나오는 토라에 관한 질문들에 뛰어난 답변들을 내놓기 시작하자 그 재능을 알아본 공동체 사람들은 그를 자신들의 새로운 지도자로 삼았다. 그렇게 해서 율법의 왕관은 바빌로니아에서 스페인으로 옮겨지게 되었고, 스페인은 유대 전통의 고리에서 다음 연결고리가 되었다고 이븐 다우드는 말한다.

이 이야기에는 약간 사실처럼 느껴지는 면도 있기는 하지만, 20세기의 역사학자 거슨 코헨이 철두철미하게 설명했듯 이런 일은 불가능하다. 이 이야기는 랍비들의 배를 납치했던 왕실 함대의 지도자가 아베드 알 라흐만 3세라고 주장한다. 이것은 이븐 다우드의 독자들에게는 그럴듯하게 들렸을 텐데, 아베드 알 라흐만 3세가 정말로 스페인의 왕이었기 때문이다. 사실관계상 다른 오류도 여러 가지 있지만, 불운하게도 아베드 알 라흐만은 이 이야기 속 사건이 일어났다는 시점보다 30년 앞서 세상을 떠났다. 이 이야기 속에서 "일어나는" 거의 모든 사건은 또 다른 자료에서 그대로 가져온 것으로, 말하자면 중세판 인터넷 밈이나 다름없었다. 예를 들어 무명에다 극빈자였던 랍비 모셰가 수업 시간에 나이 많은 학자들을 열광시킨다는 이야기는 『탈무드』에 나오는 로마 시대의 랍비이자 장로 힐렐의 입신 과정 이야기와 의심스러울 만큼 비슷하다. 그렇다면 누가 봐도 지적이었던 사람이 왜 이런 이야기를 공식적인 역사로 기록하려 했던 것일까? 그리고 왜 수 세기 동안 스페인의 똑똑한 유대인들은 그 이야기를 믿었던 것일까?

폴란드에 있는 유대인 공동체의 탄생에 대해서도 같은 질문을 해볼 수 있다. 그 이야기는 이렇다. 지금으로부터 1000년 전 유대인들이 폴란드에 도착했을 때, 유대인 공동체의 우두머리는 히브리어로 "폴-린Poh-lin"—'이곳에 우리가 머무르리라'—이라고 선언했고, 그 이름은 그 지역 사람들에게 퍼져 굳어졌다. 그것만으로는 폴란드계 유대인이라는 존재를 성립시키는 데 충분치 않았는지, 폴란드에 오는 유대인들은 이 새로운 땅에서 받게 될 박해에 대한 두려움으로 낮 동안에는 숲속 동굴들에 숨어 『탈무드』를 공부했다. 그런 다음 밤에는 몰래 밖으로 나와 공부하고 있던 소책자의 제목들을 나무줄기에 새겨넣었다. 이를 알아본 그 지역의 폴란드인들은 이 장소들을 신성한 곳으로 숭배하기 시작했다. 그 뒤에 폴란드에 도착한 유대인들은 이 풍요롭고 새로운 땅에 사는 사람들과 그들의 전통이 자신들을 몹시 환대한다는 걸 알게 되었는데, 『탈무드』의 모든 소책자 제목이 이미 폴란드 숲의 나무들에 새겨진 채 그들을 기다리고 있었기 때문이다.

말도 안 되는 이런 이야기들은 수 세기 전 유대인들이 폴란드에 이주해 온 뒤로 여러 세대에 걸쳐 유행했을 뿐 아니라 존경받는 현대 유대인 작가들에 의해 사실로 취급되며 거듭 쓰이기도 했는데, 이 작가들 중에는 19세기 폴란드에서 몹시 인기 있는 이디시어 작가였고 50년간 이디시어 출판사의 대표로 있었던 I. L. 페레츠와, 20세기에 폴란드에서 태어난 히브리어 작가로 1966년 노벨문학상을 수상한 S. Y. 아그논도 있었다.

이런 탄생 설화의 사례는 끝이 없다. 프랑스의 유대인 공동체들은 거의 3000년 전 예루살렘에 제1성전이 있었던 시기부터 유대인들이 프랑스에 살았었다고 주장했다. 이것은 사실이 아니었지만, 자신들이 왜 예수를 죽인 일과 관련이 없는지를 기독교인 이웃들에게 설명하기에는 훌륭한 알리바이였다. 알제리 일부 지역의 유대인 공동체들도 비슷하게 2000년 전 제2성전이 있었던 시기부터 자신들이 알제리에서 살아왔다고 주장했다. (비록 북아프리카의 다른 일부 지역들에서는 사실이었지만) 이것 역시 사실이 아니었고, 그럼에도 이슬람 정복 이전부터 자신들이 이미 거기서 살아왔다고 무슬림들에게 말하기에는 훌륭한 알리바이였다. 내가 가장 좋아하는 탄생 설화 중 하나는 최초의 유대인 '디아스포라' 공동체, 즉 성서에 나오듯 이집트에 체류했던 고대 이스라엘 사람들에 관한 이야기다. 랍비들의 전통은 당시 이스라엘 사람들이 이집트에서 살아남은 한 가지 이유가 유대식 이름을 절대 바꾸지 않아서였다고 주장한다. 하지만 토라를 한 번이라도 읽어본 사람이라면 누구라도 이집트에 온 첫 번째 이스라엘 사람이 요셉이었음을 알고 있고, 창세기는 그가 어떻게 이집트식 이름으로 개명했는지 명시적으로 서술하고 있다. 물론 요셉의 개명은 나중에 기록된 성서의 에스더서에 나오는 것과는 비교할 바가 못 되는데, 거기서 히브리식 이름이 '하닷사'였던 중심 인물 에스더는 페르시아 제국의 왕비가 되고, 페르시아의 여신 이슈타르에게서 빌려온 새 이름의 도움을 받아 유대인인 자신의 정체성을 비밀로 유지한다. 유대인들이 자신들의 이름을 비유대식 이름으로 바꾸고 거짓말을 해온 것은 오래되고 또 오래된 일이다.

✳

이 설화들에는 분명한 패턴이 있는데, 전적으로 취약한 상태에 있지만 그 사실을 인정할 수 없는 곳에서 살아가는 일에 관한 이야기라는 점이다. 이 이야기들은 유대인 공동체의 가장 큰 희망과 가장 깊은 두려움을 각각 두 가지씩 전해준다. 첫 번째 희망은 이 새로운 장소에 도착한 유대인들이 유대 전통의 고리의 일부로 계속 남아 있으리라는 희망이고, 두 번째 희망은 그 지역 사람들이 자신들을 포용해줄 거라는 희망이다. 두려움들은 당연히 그것들의 정반대인데, 시나이산까지 거슬러 올라가는 그 고리로부터 단절되리라는 두려움, 그리고 다수자인 비유대인들의 변덕스러운 마음에 의해 통제를 받게 되리라는 두려움이다. 이 두려움들은 더할 나위 없이 현실적인 것이었는데, 디아스포라 공동체가 된다는 것은 취약해진다는 것을 의미하기 때문이다. 그것은 최고로 아슬아슬한 줄타기 같은 행위다. 그런 취약함을 다루기 위한 정치적인 전략들도 있지만, 이런 탄생 설화들은 감정적인 전략이며, 이것들이 지닌 위력은 타의 추종을 불허한다.

이 이야기들 하나하나는 각각의 공동체에서 납득되는 방식을 통해 '비유대교적인 배경에서 전적으로 받아들여지는 동시에 유대 전통과 전적으로 연속성을 갖는다'는 각각의 판타지를 창조해냈다. 스페인이 배경이었던 앞의 이야기에서, 노예가 되어 부당하게 괴로움을 당했던 랍비는 트라우마도 상처도 없이 살아남아 공동체의 지도자가 된다. 그리고 율법과 관련된 학문의 고리는 바빌로니아와 스페인 사이에서 끊어지지 않고 보존된다. 폴란드가 배경이었던 이야기가 주는 메시지는 다음과 같다. 폴란드인들은 유대인들을 너무도 좋아한 나머지 자기 나라 이름을 히브리어 단어들을 따서 붙이고, 유대인의 종교적 텍스트들을 기념하기까지 했다. 이것은 폴란드계 유대인들이 자신들이 살아가고 있던 훨씬 차가운 현실을 통과하기 위해 절실하게 필요로 했던 판타지다.

자신들의 운명을 다수자가 결정해버리는 일을 막는 능력에 있어 그저 숫자에서부터 한계가 있는 소수자로서, 모든 디아스포라 유대인 공동체는 본질적으로 취약하다. 이런 가차 없는 사실은 200만 명의 유대인이 엘리스섬을 통해 미국계 유대인 공동체에 도착했던 시기에도 적용되었고, 아마 그 200만 명의 자녀들이 성인이 되었던 시기의 미국계 유대인 공동체에는 더욱더 그랬을 것이다. 이런 현실 속에서 살아남고 번창하는 데는 용기와 회복력보다 훨씬 더 많은 것이 필요했다. 창의력, 상상력, 그리고 무엇보다도 자신들이 받아들여진다는 판타지를 전적으로, 비이성적으로 믿는 일이 필요했다. 판타지를 믿는 일에는 의식적인 노력이 필요하다. 믿음이 절대적으로 필요하다고 확신하는 일이 필요하고, 그런 다음에는 절대로, 절대로 물러서지 않는 일이 필요하다.

수 세기 만에 처음으로 자신의 가족이 온전하고 자유로운 삶을 누릴 수 있는 장소였으면 했던 곳에서 살게 된 이 새로운 미국인들과 그 자녀들은, 그러나 곧 자신들이 '로젠버그'라는 이름으로 입사 지원을 하면 아무도 채용해주지 않겠지만 '로즈'라는 이름으로 지원하면 모두가 채용해줄 거라는 사실을 알아냈다. 이름을 바꾸고, 당신의 정체성이라는 여러 세대에 걸친 표지가 공공연히 역겨운 것으로 여겨진다는, 말할 수 없지만 부인할 수도 없는 사실을 인정하는 일의 은밀한 모욕감을 상상해보라. 그리고 다음과 같은 배신감을 상상해보라. 당신이나 당신의 부모님은 엄청난 위험을 무릅쓰고 비용을 들여가며, 자신과 자녀들을 바로 그런 모욕감으로부터 보호하기 위해 다른 장소들에서 도망쳐 왔다. 그런데 이제 이 새로운 장소 또한 중요한 방식들에 있어, 그리고 삶을 제한하는 방식들에 있어 전혀 다를 바가 없다는 사실을 천천히, 몸에 스며들어 영혼이 뒤흔들리는 방식으로 고통스럽게 발견해가는 것이다. 당신은 이런 새롭고 충격적인 현실을 받아들이게 될 뿐 아니라, 그 현실에 굴복하고자 하는 동기에 대해 법정에서 거짓말까지 하게 된다. 혹은 더 나쁘게도, 당신은 당신 자신의 거짓말을 믿기까지 하는데, 현실을 인정하는 일이 너무도 고통스럽기 때문이다.

이제 세월이 흘러 당신의 아이들에게 당신이 했던 일에 대해 이야기한다고 상상해보라.

그들에게 진실을 말하는 일은 당신 자신을 연루시키는 일에 그치지 않을 것이다. 그 일은 이 나라 역시 연루시킬 것이다. 당신은 자녀들에게, 당신이 여기서 받아들여질 거라고 생각했지만 속았다고, 이 장소도 다른 모든 곳과 똑같다고 말하게 될 것이다. 이 장소는 다른 곳들보다 더 음험하기만 한데, 차별이 법률에 적혀 있지 않아서 공공연히 그것에 항의할 수조차 없기 때문이다. 당신이 할 수 있는 일이라고는 그 차별에 복종하고, 공공연히 그것에 동의하고, 법정에서 당신 자신의 자유로운 의지로 자신의 이름이 "미국적이지 않다"고, 자신의 정체성에서 가장 핵심이 되는 부분을 받아들일 수 없다고 선언하는 것뿐이다. 그런 이야기를 자녀들에게 한다면 당신은 두 가지 엄청난 두려움이 사실임을 보여주게 되는 것이다. 첫 번째는 이 나라가 사실은 당신을 받아들여주지 않을 거라는 두려움이고, 두번째는 살아남고 번창하기 위해서는 무엇보다 유대인의 정체성을 밖으로 드러내는 어떤 표지든 던져버리고, 시나이산까지 거슬러 올라가는—레비 혹은 코헨처럼 고대 유대 성직자들의 자손임을 나타내는 히브리어 이름들의 경우에는 정말로 그렇다—그 탯줄을 상징적으로 끊어내야 하리라는 두려움이다.

이제 당신의 아이들에게 정신적으로 해로운 이런 이야기들을 하는 대신 또 하나의 선택지가 있다고 상상해보라. 당신은 유대인들이 수천 년 동안 해온 일을 하면서 그런 두려움을 희망으로 바꿔놓는 탄생 설화를 만들어낼 수 있다. 당신의 아이들에게 엘리스섬에서 무언가 웃기는 일이, 전적으로 무해한 일이 일어나 당신을 상처 입히지는 않고 그저 도움이 되기만 했다고 말하면 된다. 그런 이야기를 하면 당신은 두 가지를 달성하는 셈이 된다. 첫째로 시나이산에서 이어져온 탯줄에 어떤 흠집도 내지 않고 미국을 유대인의 정체성을 유지할 수 있는 장소로 만들어놓게 되고, 둘째로 미국을 너무도 환대의 분위기로 가득 찬 나라로, 그래서 행복한 비유대인들이 문간에서 당신을 반겨주고, 그런 다음 무해한 실수를 저지르는데, 그 실수는 공교롭게도 당신이 잘 적응하는 데 도움이 될뿐더러 당신에게든 당신이 유지하고 싶어하는 3000년의 전통에든 아무런 부담도 주지 않는 그런 실수인 나라로 만들어놓게 된다. 이것이 오늘날의 미국계 유대인들에게 선조였던 사람들이 자손들을 위해 만들어냈던 설화다. 수천 건의 법정 기록들이 보여주는 바에도 불구하고, 우리는 우리의 선조들이 절대 미국의 반유대주의라는 현실에 직면해 모욕을 당했던 사람들이 아니라는 이야기를 들었다. 아니, 우리의 선조들은 기쁘게 환영하는 미국의 그 황금빛 문을 통해 들어온 용감하고 희망에 찬 사람들이었다. 최근 몇 년간 미국계 유대인들에게 가해져 죽음을 초래했던 공격들이 그토록 충격적이고 혼란스러웠던 것은 단지 그 순수하게 폭력적인 참상 때문만이 아니라, 그 공격들이 수 세대에 걸쳐 미국계 유대인들이 스스로에게 들려주었던 이야기, 즉 미국은 한 번도 반유대주의를 통해 누군가의 삶을 침해한 적 없는 곳이라는 이야기와 모순되기 때문이기도 했다. 우리는 이 탄생 설화를 그저 선호하기만 하는 게 아니다. 우리는 그것을 필요로 한다. 이야기는 역사보다 중요하다. 왜냐하면 이야기는 의미를 만들어내는 장치이기 때문이다.

＊

분노에 찬 나의 독자들 같은 어떤 사람들에게, 엘리스섬 이야기가 '단지' 근거 없는 전설에 불과하다는 사실을 알게 되는 것은 속상한 일일 것이다. 하지만 나는 이 사실이 우리에게 힘이 된다고 생각하는데, 우리 선조들과 우리가 이용 가능한 막대한 감정적 자원이 거기 드러나 있기 때문이다. 우리 선조들은 추악한 사실들을 자세히 설명해 우리에게 정신적 피해를 물려줄 수도 있었다. 그러지 않고 그들은 우리에게 품격을 선사하는 이야기를 만들어냈고, 이 위대한 나라에서 우리가 맡은 역할에 자신감을 불어넣어주었다. 이는 우리에게 또한 그런 창조적인 힘이 있다는 뜻이 된다.

우리는 과거를 바꿀 수 없지만 과거의 의미를 바꿀 수는 있다. 그렇게 하는 것은 창조적인 행동이기도 하지만, 무엇보다 용기와 사랑에서 나오는 행동이기도 하다. 엘리스섬에서 변경된 이름들에 관한 그 불멸의 전설을 우리에게 선사한 사람들에게 내가 할 말은 딱 하나뿐이다. 감사합니다.

7장
죽은 미국계 유대인들 2

2019년 유월절 명절이 끝나갈 무렵, 나는 분노로 가득 차 있었다.

이것은 내가 보통 유월절이 지나고 느끼는 감정이 아니다. 유월절은 우리 가족이 1년 내내 기다리는 명절이다. 각 세대 사람들이 이집트의 노예제도로부터 몸소 풀려난 것처럼 느끼게 해주는 전통에 영감을 받아, 우리는 정교한 의상과 소품과 특수 효과로 그 이야기를 재현해낸다. 그해에는 심지어 우리 집 지하실에 형광 염료로 자외선 그림을 그려 이집트 궁전을 세우고 푸른색 실을 365미터쯤 늘어뜨려 홍해의 갈라짐을 표현하기까지 했다. 유치하긴 해도 효과는 있어서, 내 아이들은 모두 본능적으로 자신들이 이집트를 떠나온 것처럼, 자신들의 삶이 약속된 땅에서 펼쳐지고 있는 것처럼 느낀다.

하지만 그해 유월절은 정신이 불안정한 총기 소지자가 샌디에이고 외곽의 유대교 회당에서 총을 쏴 모여 있던 사람들 가운데 예순 살 노인 한 명을 살해하고 여덟 살짜리 소녀를 비롯한 다른 여러 명에게 부상을 입히는 사건과 함께 끝났다. 또 다른 정신이 불안정한 총기 소지자가 피츠버그 회당에서 똑같은 일을 벌여 열한 명을 살해한 지 6개월 만에 일어난 일이었다.

미국인 대부분에게 이것은 그저 또 하나의 음울한 뉴스 머리기사에 불과했다. 하지만 미국계 유대인들에게는 훨씬, 훨씬 더 나쁜 일이었다. 피츠버그 총격 사건이 그저 일회성 사건이 아니었고, 미국이 유대인의 역사에 있어 하나의 예외적 장소라는 우리의 소중한 믿음이 망상일지도 모른다는 증거였기 때문이다.

총격 사건이 일어난 뒤, 내가 속해 있던 단체 대부분은 회원들에게 공식 추도 성명을 이메일로 보냈다. 하지만 다른 단체들에서 보낸 성명과는 달리, 유대인 단체들의 성명에는 자신들이 갖추고 있는 보안 프로토콜의 길고 자세한 목록, 총격 사건의 재발을 방지하기 위한 구체적인 방법, 공부나 기도를 하기 위해 아이들을 회당에 데려가는 일을 겁내지 않아야 할 이유(1번에서 6번까지) 같은 것들이 예외 없이 포함되어 있었다. 피츠버그 사건이 일어난 뒤에, 나는 내 아이들을 어떤 말로 위로해야 할지 알고 있었다. 이 일은 고대의 그 끔찍한 이야기들과는 다르고, 우리 이웃들은 우리를 좋아하며, 미국은 다르다는 말이었다. 하지만 그해 유월절이 지나고 나자 나는 아이들에게 무슨 말을 해야 할지 더이상 알 수 없었다.

유월절은 언제나 두려운 명절이었다. 최초의 유월절은 고대 이스라엘 사람들이 이집트에서 도망치기 전날 밤이었던 '경계의 밤', 죽음의 천사가 갓 태어난 이집트 아기들의 목숨을 앗아가고 이스라엘 사람들의 집은 그냥 지나쳤다고 우리가 배우는 그 밤이었다. 그때부터 유월절은 언제나 경계 기간이 되어왔다. 중세의 피의 비방*에서부터 현대의 집단 학살과 2002년 이스라엘의 유월절 밤 축제에서 30명이 집단 학살된 일에 이르기까지, 수 세기 동안 유월절은 반유대주의 공격이 자행되는 시기이기도 했다.

그러나 유월절에는 기도하기 위해 모인 사람들이 완전히 취약한 상태라는 점보다 한층 더 무서운 점이 있다. 성경에는 "내 백성을 보내라"라는 자유에 대한 유명한 요구가 나온다. 하지만 성경에서 이 말들에는 거의 언제나 또 다른 구절 "그들이 나를 섬길 것이니라"가 따라붙는다. 이 자유의 유일한 목적은 사람들이 신성한 법률—낯선 이들을 환대하고, 이웃을 사랑하고, 상호 간의 의무를 지는 시민사회를 창조할 책임을 받아들이는 일에 관련된 법률—을 자발적으로 수용할 수 있게 하는 것이다. 유대인의 전통이 가르치는 바에 따르면 전에는 노예였던 한 나라 사람들에게 갑자기 생긴 이런 힘은 극적이고 심지어 무섭기까지 한 것이었다. 이 사람들은 자유에는 힘겨운 노력, 즉 공동체를 만들고, 취약한 사람들을 지원하고, 타인을 존

---

* 중세 시대 당시 유대인들이 종교의식에 쓸 피를 얻기 위해 아이들을 유괴, 살해한다는 미신이 기독교인들 사이에 퍼지면서 유대인들이 박해받고 처형된 일을 가리킨다.

중하고, 아이들을 교육시키는 것 같은 일이 필요하다는 사실을 알아냈다.

나는 이 사건에 관한 글을 쓴다는 이유로 사과해야 할 필요를 느낀다는 사실에 몹시 화가 나 있지만, 정말 그래야 할 것 같다. '겨우' 한 명밖에 죽지 않았고 '겨우' 한 아이 다리에 파편이 가득 박힌 별것 아닌 반유대주의 공격에 대해—또다시—글을 씀으로써 당신의 시간을 빼앗아 너무도 죄송하다. 세상에 존재하는 유대인은 너무도 적고, 심지어 미국에서도 우리는 인구의 겨우 2퍼센트밖에 되지 않는 소수자 중의 소수자다. 내 아이들이 감금된 상태에서 기도하며 자라나야 한다 한들 누가 신경이나 쓰겠는가? 통계적으로 말하자면, 유대인에게 일어나는 일 중 어떤 것도 다른 누구에게든 전혀 중요한 일이 아닐 것이다.

사실은 중요한 일이라는 점만 무시한다면 말이다.

고대부터 유대인들은 그들이 한 번이라도 살았던 어떤 장소에서든 자유가 지니는 무서운 가능성을 대변해왔다. 어떤 사회에서든 유대인들이 존재하는 한, 다른 모든 사람들이 믿는 것을 반드시 믿어야 할 필요란 사실상 없고, 이웃들과 다른 생각을 지닌 사람들도 그 모든 어려움에도 불구하고 살아남을 수 있고 심지어는 번창할 수도 있다는 증거가 있었다. 다른 모든 사람들과 똑같아지라는 엄청난 압박에도 불구하고 유지되어온 유대인의 특수성은 그 자유를 일구기 위한 그들의 막대한 노력을 보여주었다. 법률과 이야기에 대한 몰두, 높은 수준의 문해력, 그리고 그런 가치들을 세대 간에 의식적으로 전달하는 일에 대한 절대적 집요함이 그것이었다. 어떤 사회에서든 유대인의 존재는 자유라는 것이 가능하지만 오직 책임이 따를 때만 가능하다는 사실을, 그리고 책임이 따르지 않는 자유는 전혀 자유가 아니라는 사실을 상기해준다.

유대인을 싫어하는 사람들은 이 사실을 알고 있다. 정신이 불안정한 살인자들이 타인들에게 어떤 의무도 질 필요 없이 자유를 행사할 권리가 있는 것처럼 느낀다는 사실을 알기 위해 어떤 혐오자가 최근에 쓴 장광설을 읽을 필요는 없다. 반유대주의는 기본적으로 음모론이고, 음모론의 한 가지 매력은 관계를 구축하기 위한 어려운 의무를 쉬운 파괴 충동으로 대체하면서 그것을 믿는 자들에게서 책임을 면제해준다는 점이다. 반유대주의적 폭력을 저지르는 사람들에게 동기를 부여하는 광기 어린 음모론들은 진짜 자유에 대한 공포를 반영한다. 그것은 독재자에 대한 애호이자 자신과는 다른 생각에 대한 혐오이고, 무엇보다도 복잡한 문제들에 대한 책임을 벗어버리는 것이다. 이 가운데 어떤 것도 우연이 아니다. 유대인들을 받아들이는 사회들은 번영을 누려왔다. 유대인들을 거부하는 사회들은 쇠약해져 역사의 밤 속으로 사라져 갔다.

내 아이들에게 이 참상에 대해 뭐라고 해야 할지는 모르겠지만, 나는 당신에게 해야 할 말은 알고 있다. 우리가 소중하게 여기는 자유는 서로에 대한 책무 없이는 의미가 없다. 시민으로서 대화를 나누고, 다음 세대를 적극적으로 교육하고, 낯선 사람들을 환대하고, 우리의 이웃을 사랑하는 일에 대한 헌신 없이는. 자유의 시작이란 곧 책임의 시작이다. 우리의 경계의 밤은 이미 시작되었다.

8장

사람들을 구하는

일에 대하여

어느 온화한 겨울날 아침, 나는 로스앤젤레스의 퍼시픽 팰리세이즈에 있는 집들을 보러 투어를 나섰고, 나폴리 드라이브, 아말피 드라이브, 모나코 드라이브, 그리고 지구 반대쪽을 떠올리게 하는 여러 이름들이 붙은, 야자나무가 늘어선 거리들을 따라 돌아다녔다. 관광객은 오직 나 한 명뿐이었다. 만화 같은 야자나무들은 유럽식 이름들 한가운데에서 로스앤젤레스에 대한 내 비이성적인 공포를 더해주었다. 로스앤젤레스는 내가 정상이라고 여기며 자라난 너무도 많은 것들, 이를테면 계절, 나이듦, '역사적인'이라는 단어는 1982년 이전에 일어난 사건에만 쓰는 사람들 같은 것이 결여된 도시다. 그곳은 인간이 언젠가는 죽을 운명이라는 걸 드러내주는 표지라고는 없는 장소인데, 그 점이 내 투어를 유독 복잡하게 만들었다. 카다시안 부부의 집들 옆을 운전해 지나치는 대신, 나는 배리언 프라이라는 이름의 미국인에 의해 홀로코스트에서 구조된 한 무리의 사람들에 관한 수수께끼를 풀게 되기를 기대하고 있었다.

배리언 프라이는 1940년과 1941년 사이에 어느 호텔 방에서, 그리고 나중에는 프랑스의 항구도시 마르세유에 있는 작은 사무실에서 일하면서 수백 명의 예술가, 작가, 음악가, 작곡가, 과학자, 철학자, 지식인, 그리고 그들의 가족들을 나치로부터 구했고, 개인적으로 엄청난 위험을 무릅쓰며 그들을 미국으로 데려왔다. 프라이는 '정의로운 비유대인들' 가운데 몇 안 되는 미국인 중 한 명이었고, 자신이 구하는 사람들과 어떤 개인적인 연관도 없었음에도 타인들을 구하기 위해 모든 위험을 자발적으로 무릅쓴 사람이었다. 프라이는 서른두 살 때 긴급구조위원회를 대표해 프랑스에 가는 일에 자원했는데, 이 위원회는 위험에 처한 유럽의 예술가들과 사상가들에게 긴급 미국 비자를 나눠줄 목적으로 1940년에 조직된 미국 지식인들의 모임이었다. 미국 국무부는 처음에는 위원회의 임무를 지지했지만, 프랑스 '비점령 지역'의 친나치 정부 내부에 존재하는 '소위' 협력 세력을 위해 서서히 위원회에 등을 돌렸고, 1941년에는 결국 프라이의 체포와 프랑스에서의 추방을 도모하기에 이르렀다. 프라이는 마르세유에서 13개월을 보내는 동안 대략 2000명의 사람들을 구하는 데 성공했는데, 그중에는 유럽 문화에서 가장 빛나는 주역들을 신중하게 골라 작성한 명단—그중 몇 명의 이름을 대자면 한나 아렌트, 마르셀 뒤샹, 마르크 샤갈, 막스 에른스트, 클로드 레비스트로스, 앙드레 브르통 등이 있었다—도 포함되어 있었다. 이 예술가들과 지식인들이 살아남았을 뿐 아니라 미국 문화의 새 국면을 개척하게 된 것은 거의 틀림없이 프라이의—그리고 여러 다른 미국계 비유대인들을 포함해 그만큼이나 용감했던 동료들의—덕분일 텐데도, 나는 최근까지 프라이에 대해 한 번도 들어본 적이 없었다. 하지만 이제 나는 이렇게 구조된 저명인사 중 일부가 예전에 살았던 집들을 구경하기 위해, 그리고 배리언 프라이에 대해 들어본 적이 있는 몇 안 되는 생존 미국인 중 한 명인 어느 영화제작자를 만나기 위해 로스앤젤레스 거리를 차로 달리고 있었다.

"우리가 정의로운 사람들에게 경의를 표하는 건 그 사람들을 무시하기 위해서예요. 지금껏 정의로운 사람들에 대해서는 뛰어난 책이 쓰인 적도 없었고, 무엇이 이 사람들에게 그런 행동을 하게 만들었는지에 대해 엄밀하고 비판적인 연구가 이루어진 적도 없었죠." 지난 20년의 대부분을 배리언 프라이에 대한 다큐멘터리 작업을 하며 보낸 영화제작자 피에르 소바주는 내게 이렇게 말했다. 수염을 기르고 안경을 쓰고 빨간색 폴로셔츠를 입은 소바주는 프라이 같은 홀로코스트 구조자들의 이야기가 사람들에게 영감을 줄 뿐 아니라 교육적이기도 할 거라고 확신하고 있다. 이런 예외적인 사람들에 대해 배움으로써 우리는 조금 더 그들에 가까워질 수 있다는 것이다. 이런 관점을 취하는 사람은 놀랄 만큼 드물다. 1984년, 소바주는 엘리 위젤이 의장을 맡은 정의로운 사람들 관련 국제회의를 조직하는 일을 도왔다. "우리는 '정의로운 비유대인들' 모두를 워싱턴으로 데려왔어요." 소바주가 기억을 떠올렸다. "세션 사이의 쉬는 시간에 그 정의로운 비유대인들은 학자들한테서 무시당한 채 우두커니 서 있었어요. 아무도 말을 걸지 않았고, 그 사람들을 뭔가에 참여하게 해주지도 않더군요. 학자라는 사람들이 어떻게 그런 사람들한테 매력을 느끼지 않을 수가 있죠?"

소바주는 그가 '프라이 자료'라고 부르는 것들을 모아놓은 비영리 기록 보관소인 배리언 프라이 협회의 책임자(이자 소유주)다. 어느 따뜻한 겨울날 아침 로스앤젤레스에서 만난 그는 나를 반기며 '협회'로 데려갔는데, 알고 보니 그곳은 바닥부터 천장까지 바인더가 가득 꽂힌, 거의 마니아라 할 만한 집착이 드러나는 책장들로 채워진 작은 사무실이었다. 소바주가 모아놓은 프라이 자료들에는 프라이의 편지 사본부터 프라이가 사회문제를 다루는 어느 싱크탱크를 위해 집필한 교재들, 죽기 얼마 전에 프랑스어로 쓴 시에 이르기까지 모든 것이 망라되어 있었다. 하지만 프라이 자료의 대부분은 컴퓨터에 저장되어 있었는데, 여기에는 소바주가 배리언 프라이와 한 번이라도 함께 일했거나, 이야기를 나눴거나, 알고 지냈거나, 혹은 그 가까이에서 숨을 쉬었던 거의 모든 사람을 촬영한, 적어도 몇 달 분량은 되는 동영상 인터뷰 파일이 들어 있었다.

남을 구조하는 사람들에 대해 소바주가 느끼는 매혹은 부분적으로는 그가 그들에게 생명을 빚지고 있어서 생겨난 것이다. 소바주는 1944년 프랑스의 르 샹봉에서 태어났는데, 그곳은 프랑스 중남부에 위치한 위그노 교도들의 마을로, 마을 전체가 프로테스탄트 성직자의 지도에 따라 유대인들을 나치로부터 보호하기 위해 조용한 모임을 형성한 곳이었다. 소바주는 이 모임을 '선한 음모단'이라고 불렀다. 르 샹봉의 정의로운 사람들이 숨겨준 수천 명의 유대인 가운데는 소바주의 부모님도 있었다. 소바주의 1989년작 영화 〈영혼의 무기Weapons of the Spirit〉는 르 샹봉에 관한 다큐멘터리인데, 교육적으로 중요한 자료가 되어 나 역시 고등학교 프랑스어 시간에 본 적이 있었다. 소바주는 자신의 부모님이 배리언 프라이에게 구조를 거부당한 뒤에 르 샹봉으로 갔다는 사실을 나중에 알게 되었다.

프라이는 세상을 떠나고 30년 뒤인 1997년에 이스라엘의 야드 바솀 홀로코스트 박물관으로부터 '열방의 의인들' 중 한 명으로 선정되는 영예를 얻었다. 내가 사는 곳에서 멀지 않은 그의 고향인 뉴저지의 리지우드에도, 그리고 베를린에도 그의 이름을 딴 거리가 있다. 하지만 소바주는 프라이에게 동기를 불어넣은 것이 무엇이었는지 우리가 전혀 알려고 하지 않는다면 이런 인정은 의미 없는 것이라고 여긴다. "오래전에 뉴욕에서 지하철 선로로 떨어졌던 한 남자에 관한 기사를 읽었습니다. 또 한 명의 남자가 그를 구하기 위해 뛰어내렸죠." 소바주는 말했다. "왜 그런 행동을 했느냐고 묻자 그 남자는 말했어요. '제가 달리 어떻게 할 수 있었겠어요? 기차가 들어오고 있었는데요.' 사람들 대부분에게 그건 그 행동을 하지 **않을** 이유가 될 겁니다. 하지만 그 남자의 대답은 자동적으로 나왔어요. 소설과 드라마는 우리에게 구조자들이 어떤 식으로 사고하는지에 대한 왜곡된 인식을 안겨주었습니다. 작가들은 이야기의 기승전결이 필요하니 이 사람들이 자기 자신과 씨름하면서 무엇을 해야 할지 고뇌하는 모습을 보여주죠. 하지만 구조자들은 실제로는 망설이거나 고뇌하지 않아요. 상황이 요구하는 바를 곧바로 인지하죠. 그 사람들이 자기가 한 일은 아무것도 아니었다고 말하면 우리는 그들이 겸손하다고 생각합니다. 하지만 그렇지 않아요. 그들은 그 일을 정말로 아무것도 아닌 일로 경험하는 겁니다."

소바주는 르 샹봉에서 했던 연구로부터 정의로운 사람들에 대한 자신만의 이론을 발전시켰는데, 그것은 그들이 '자신이 누구인지 깊이 인식하고 있는 행복하고 안정된 사람들'이라는 것이었다. "저는 불행한 구조자는 한 번도 만나본 적이 없어요." 소바주는 주장했다. "이 사람들은 명확한 정체성, 그러니까 자신이 누구이고, 무엇을 사랑하고 무엇을 싫어하는지, 무엇을 가치 있게 생각하는지에 뿌리를 두고 있는 사람들인데, 그 정체성이 그 사람들에게 상황을 평가하는 토대를 제공하는 겁니다." 소바주는 르 샹봉 사람들이 자신들의 프로테스탄트 역사와 신념으로부터 이끌어낸 영감에 대해 설명했다. 그런 다음 프라이의 동료들과 했던 동영상 인터뷰 장면들을 내게 보여주기 시작했는데, 그들 가운데 여러 사람이 대단히 지적이고, 생기가 넘치고, 진실한 미국인이었다. 그들 모두는 정말로 자신이 누구인지 깊이 인식하고 있는 행복한 사람들처럼 보였다.

소바주의 영상에 나오지 않는 유일한 사람은 배리언 프라이다.

나는 홀로코스트 구조자들의 이야기에 오랫동안 불편함을 느껴왔는데, 특히 그런 이야기들이—홀로코스트 생존자들의 이야기와 마찬가지로—통계적으로 볼 때 얼마 되지 않는다는 고통스러운 사실 때문에 그랬다. 하지만 내게 그런 이야기들이 불편한 데는 더 깊은 이유가 있다. 이디시어 문학 박사 과정을 막 시작했던 스물세 살 때, 나는 내가 진입하고 있던 세계를 거의 이해하지 못했다. 그것은 심지어 홀로코스트 이야기들마저도 어째선지 해피엔딩으로 끝날 거라는 기대를 받는 미국 문화로부터 너무도 멀리 떨어진 세계였다. 성공적으로 파괴된 문화의 언어인 이디시어로 쓰인 홀로코스트 문학에서는 낯선 사람들의 친절에 관한 사색을 별로 찾아볼 수 없는데, 그것은 실제로 그런 친절이 드물었기 때문이다. 그 대신 거기에는 보복할 가능성조차 없이 살해되는 무고한 사람들이라는 압도적인 현실과 함께 고통의 비명, 격노, 그리고 물론 복수가 있다. 미국인 독자들의 구미에 한층 더 맞는 것은 기독교인 구조자들의 이야기인데, 그런 이야기들은 실화라는 공식 승인을 받은 작품이기는 하지만 소설의 친숙한 기승전결을 편리하게 따라가면서 악당들과 희생자들이 거의 전부인 현실 속에 영웅들을 끼워 넣기도 하기 때문이다.

하지만 르 샹봉의 겸손한 농부들과는 달리 배리언 프라이는 내게 기이할 정도로 친숙하게 느껴졌다. 그는 젊은 미국인이었을 뿐 아니라 내가 가장 잘 아는 부류의 젊은 미국인에 매우 가까웠기 때문이다. 그는 나와 마찬가지로 뉴저지 북부 교외의 베드타운에서 성장했고, 나보다 68년 앞선 1931년에 하버드를 졸업했다. 사진 속의 그는 내가 함께 대학을 다녔던 남학생들과 몹시 비슷해 보인다. 말랐고, 어색하고, 그럼에도 맹해 보이는 방식으로 잘생겼고, 멋져 보이려고 연출했을, 당시에는 감각적이었을 안경과 공들여 맨 넥타이는 멋져 보이지는 않지만 사랑스러워 보인다. 컬럼비아대학교 희귀본 열람실에서 읽은 그의 사적인 편지들은 문장은 훌륭했지만 어조는 엉뚱해서 내 대학 친구들을 떠오르게 했는데, 베르길리우스의 서사시 『아이네이스』("훨씬 더 많은 사람들이 망명할 준비가 된 채/우리에게 합류했다는 사실에 놀랐다…")에서부터 길버트와 설리반●("난 절대 그 사람들[구조된 예술가들]한테 실망 안 해— 뭘 절대 안 한다고? 글쎄, 거의 안 한다는 뜻이겠지!")에 이르기까지 괴짜들만 알 만한 사실에 대한 재치 있는 언급들로 가득하다. 프라이가 50년도 더 전에 죽지만 않았더라면 나는 그와 데이트를 했을지도 모르겠다.

프라이에게서 오싹할 만큼 친숙하게 느껴지는 또 한 가지는 그의 선행 동기였다. 예수가 살았을 법한 삶을 증명해 보였던 르 샹봉의 경건한 프랑스인 농부들과는 달리, 배리언 프라이는 훨씬 더 세속적인 목표를 지니고 프랑스로 갔다. 그 목표란 서양 문명을 구하는 것이었다. 프랑스에서 프라이가 속해 일했던 긴급구조위원회의 전신은 '독일의 자유를 지지하는 미국의 친구들'이라는, 다양한 분야의 저명한 미국 지식인들이 속해 있던 사회운동 단체였다. 긴급구조위원회는 프랑스가 나치에게 점령당한 뒤 유럽 문화 자체가 영원히 소멸할 위기에 처했다는 두려움에서 조직되었다. 미국인 작가들, 큐레이터들, 그

● 빅토리아 시대에 활동했던 극작가 W. S. 길버트와 작곡가 아서 설리반 콤비로, 1871년과 1896년 사이에 14편의 희극 오페라를 공동으로 제작했다.

리고 학자들은 구조할 필요가 있는 최고로 뛰어난 지식인들의 명단을 작성하기 위해 각고의 노력을 다했다.

미국의 최고 지식인들이 유럽의 최고 지식인 가운데 누구를 명단에 포함해야 할지를 두고 논쟁하던 당시에는 나치에 반대하는 이 활동에도 일종의 우생학이 작용하고 있다는 생각이 누구의 머리에도 떠오르지 않았던 것 같다. 비록 나중에는 배리언 프라이의 머리에 아주 많이 떠오르게 되었지만 말이다. 하지만 프라이가 활동에 자원했을 때 그를 들뜨게 했던 것이 바로 그 임무의 엘리트주의적인 면모였다. 자신의 회고록『요구 즉시 넘겨라Surrender on Demand』의 서문에서 프라이는 그런 면모가 자신이 프랑스로 간 주된 이유 중 하나였다고 인정했다. "프랑스에 발이 묶여 있던 난민들 가운데는 내가 작품을 몹시 좋아했던 많은 작가들과 예술가들이 있었는데, 프란츠 베르펠과 리온 포이히트방거 같은 소설가들, 마르크 샤갈과 막스 에른스트 같은 화가들, 자크 립시츠 같은 조각가들이 그들이었다." 그는 그렇게 썼다. "오직 작품을 통해서만 알고 있었지만, 이들 중 어떤 사람들에게 나는 깊은 애정을 품고 있었고, 내게 기쁨을 주었던 그들 모두에게 감사해야 할 무거운 빚을 지고 있었다. 그들이 위험에 처하자 나는 할 수만 있다면 그들을 도와야 한다는 의무감을 느꼈다. 그들이 알지 못하는 사이에 종종 나를 도와주었던 것처럼 말이다."

그럼에도 프라이의 이야기 가운데 나를 가장 심란하게 만든 부분은 이 '감사해야 할 빚'이 알고 보니 전혀 상호적인 감정이 아니었다는 점이었다. 배리언 프라이가 미국인이라는 사실과 그의 젊음, 잘생긴 외모, 하버드 학위, 그리고 그가 구한 사람들이 서양 문명에서 매우 영향력 있는 존재들이었다는 사실에도 불구하고 오늘날 그에 관해 들어본 사람이 이토록 적다는 수수께끼는 그가 목숨을 구해준 많은 저명인사 사이에 흘렀던 감사할 줄 모르는 기이한 분위기와 관련이 있는 것으로 보인다. 구조된 이 유명인들 대부분이 나중에는 프라이를 피하거나 무시했다는 수없이 많고 구체적인 이야기가 있다. 비교적 두드러지는 사례 중 하나는 한나 아렌트다. 아렌트와 그의 어머니, 그리고 당시 아렌트의 남편이었던 사람이 프라이의 명단에 있었다. 공교롭게도, 프라이가 프랑스에서 추방되고 나서 아렌트와 그의 가족들도 프랑스를 떠났다. 긴급구조위원회 자체가 비시* 경찰에 의해 활동이 중단되기 전, 위원회에 남아 있던 프랑스인 직원들이 그들을 구조한 것이었다. 그러나 아렌트는 평생 파시즘이 철학적으로 의미하는 바에 대해 글을 쓰면서도, 단 한 번도 자신이 프라이의 위원회에 생명을 빚졌다는 공적인 언급 한 마디를 한 적이 없었다. 사적인 언급도 마찬가지여서, 그럴 기회가 주어졌을 때조차 하지 않았던 것으로 보인다. 아렌트와 그의 동료이자 사회 참여 지식인이었던 메리 매카시 사이에 오간 편지들을 보면, 매카시는 아렌트에게 1952년 한 친구의 집에서 배리언 프라이를 만났던 경험을 이야기하면서 프라이를 '완전한 광인'이라고 묘사했고, 정확하지도 않고 잔인한

● 제2차 세계대전 중 나치 독일에 항복한 프랑스의 비점령 지역으로 임시정부 소재지였다.

190

이유를 길게 덧붙였다. 아렌트는 매카시의 편지에 답장을 썼지만, 자신의 목숨을 구해준 단체의 장이었던 사람에 대한 인신공격에 대해서는 단 한 마디도 하지 않았다. 설령 아렌트가 프라이가 누군지 몰랐다손 치더라도(아렌트가 미국으로의 이민을 기다리며 지냈던 마르세유에서 난민들 사이에 프라이의 명성이 엄청났다는 사실을 고려해볼 때 이것은 상상하기 어려운 일이다), 대다수가 '정의로운 비유대인들'을 직접 다루고 있는 아렌트의 홀로코스트 관련 저작들에 아렌트 자신이 구조된 사람들 중 한 명이었다는 언급이 전혀 없다는 것은 주목할 만한 사실이다.

아렌트를 깊이 존경하는 소바주는 내게 이런 자세한 사항을 알려주면서 정말로 괴로운 것처럼 보였다. "아렌트는 자기가 쓴 편지 중 한 통에서 이렇게 말하거든요. '작가란 그의 삶이다.'" 소바주는 신앙 고백을 하는 듯한 어조로 말했다. "자기 삶의 이 부분을 인정하지 않고 어떻게 평생을 살죠? 프라이에 대해서도, 자신이 속해 있던 문화를 구해주려 했던 시도에 대해서도 단 한 마디도 하지 않다니요?"

그건 정말로 아주 이상한 일이었다. 프라이가 구해준 사람들로 인해 뉴욕은 전후 예술계의 국제적인 중심지가 되었다. 프라이가 구해준 사람들로 인해 미국의 대학들은 지구상에 존재하는 최고의 연구 기관들이 되었다. 프라이가 구해준 사람들로 인해 할리우드는 세계의 주도권을 쥔 곳으로 변모했다. 배리언 프라이는 근본적으로 수천 명의 사람들뿐 아니라 유럽 문화 또한 구해냈다. 우리, 이런 줄거리의 영화는 이미 본 적이 있지 않나?

나는 소바주에게 프라이의 임무에 누가 관련되어 있었는지 물었고, 소바주는 프랑스에서 프라이와 함께 일했던 다양한 미국인 참가자들의 이름에 하나씩 체크 표시를 했다. 그들은 모두 이미 세상을 떠난 뒤였고, 소바주는 그들과의 인터뷰를 촬영해둔 유일한 사람이었다. 그래서 나는 프라이의 영웅적인 행위에 담긴 수수께끼를—그리고 그가 구해주었던 문화가 왜 대부분 그를 잊었는지에 관한 더 음울한 수수께끼 또한—풀 수 있을 거라는 기대를 품고 남아 있는 유일한 증거를 살펴보기로 했다. 그렇게 해서 나온 해답들은 내가 상상할 수 있었던 것보다 훨씬 더 충격적이었다.

✳

1935년, 미국 잡지 〈더 리빙 에이지〉의 편집자로 베를린에서 한 달간 머무르던 스물일곱 살의 배리언 프라이는 현대 문명국가에서 집단 학살이 어떻게 행해지는지 목격하게 되었다. 여행의 끝이 가까워졌을 무렵 우연히도 그가 묵던 호텔 바로 바깥에서 나치 돌격대원들이 폭동을 꾀하는 일이 벌어졌다. 거리에 있던 사람들의 외침이 호텔 로비까지 들려오자 프라이는 당시 베를린에서 최고로 고급스럽고 유행의 첨단을 걷는 거리 중 한 곳이었던 쿠르퓌르스텐담 거리로 걸어 나갔다.

"길 양쪽에 수많은 군중이 서 있었는데, 지나가던 차 한 대한 대를 모두 억지로 자기들 사이로 들어오게 해서 공격하고 있었다. 유대인처럼 보이는 남자나 여자가 탄 차면 모조리 세워서 유대인이면 끌어내 두들겨 패고 있었다." 프라이는 AP 통신사에 전화로 이 내용을 보고했다. "사람들이 인도에 누워 있는 어떤 남자를 난폭하게 발로 차고 침을 뱉는 걸 봤다. 어떤 여자는 피를 흘리고 있었고, 어떤 남자는 머리가 온통 피범벅이었다… 쿠르퓌르스텐담 거리를 가득 메운 군중은 유대인을 보았거나 보았다는 생각이 들 때마다 '유대인Jude'이라고 소리 높여 외쳐댔다. 외침이 들리면 군중은 불쌍한 희생자에게 모여들어 신분증을 요구했다. 희생자가 자신이 훌륭한 '아리아인'임을 증명하지 못하면 사람들은 그를 모욕하고, 침을 뱉고, 거칠게 다루고, 가끔씩은 때려눕히고, 발로 차고, 두들겨 패기도 했다." 지금은 피범벅된 풍경이 뉴스에서 아무렇지 않게 묘사되는 시대라, 〈뉴욕 타임스〉 기록 보관소에서 1935년 7월 17일자 신문에 실린 이 기사를 처음으로 읽었을 때 나는 프라이가 묘사하고 있던 잔인함의 수준을 제대로 파악하기가 어려웠다. 그런데 알고 보니 프라이는, 혹은 그의 담당 편집자들은 뉴욕의 연약한 독자들을 위해 폭력을 축소해 말했던 것으로 드러났다. 그 독자들은 모닝커피에 곁들일 기사로는 아마도 피가 극히 조금만 등장하는 쪽을 선호했을 테니 말이다. 얻어맞는 광경을 프라이가 보았던 사람들 중 몇몇은 그다음 날 부상으로 사망했다.

하지만 프라이를 놀라게 한 것은 그 사건의 적나라한 잔인함보다는 그것이 하나의 구경거리로 잘 조직되어 있었다는 점이었다. 그는 기사에서 이렇게 말했다. "때때로 구호가 외쳐지곤 했다… '최고의 유대인은 죽은 유대인이다.' 정확히 기독교 예배 의식과 똑같이 지도자가 몇 줄을 선창했고, 선창이 끝나면 군중이 그 구호를 한 줄 한 줄 몇 번이고 반복해 외쳤다. 어디서나 사람들은 명절 분위기였고, 사실 한 독일 청년은 내게 '이건 우리한텐 명절'이라고 말하기도 했다. 노인들과 청년들, 소년들, 나치 돌격대원들, 경찰, 집안일을 하는 하인으로 보이는 어린 소녀들, 곱게 자란 듯 보이는 여자들, 심지어는 마흔 살이나 그 이상으로 보이는 몇몇 사람들까지—모두가 즐기고 있는 것처럼 보였다."

프라이가 AP와 〈뉴욕 타임스〉를 통해 발표한 것들—예배에서와 같은 구호 외치기, '명절'이라는 감각—이 그가 베를린에 머무르는 동안 유일하게 보았던 기독교와의 유사성은 아니었다. 프라이와 함께한 공동 구조자 중 한 명이었던 메리 제인 골드는 자신의 회고록에 프라이가 1935년 베를린에서 목격했고 나중에는 그를 유럽으로 돌아가게 만들었던 또 다른 사건에 대해 해준 이야기를 썼다. "배리언은 어느 카페에서 나치 돌격대원 두 명이 유대인처럼 보이는 사람의 테이블로 다가가는 것을 지켜보았다." 골드는 회상했다. "그 불쌍한 남자가 초조해하며 맥주로 손을 뻗는데, 돌격대원 한 명이 칼을 잽싸게 내리쳐 남자의 손을 칼날로 나무 테이블에 꽂아버렸다. 희생자는 고통으로 비명을 지르며 몸을 굽혔을 뿐 움직이지 못했다… 나는 맥주잔 옆에 칼로 꽂혀 있던 그 손의 이미지가 떠나기로 한 [프라이의] 결정과 관련돼 있었을 거라고 생각한다." 이 이야기를 읽은 나는 몹시 박식했던 프라이 또한 알아차렸을 것이 틀림없는 한 가지를 알아차리지 않을 수 없었다. 프라이가 목격한 행위는 십자가에 못박는 행위였던 것이다. 물론 그것은 〈뉴욕 타임스〉에 실리기에는 너무 피비린내 나는 이야기였다.

집단 폭력 사태가 일어난 다음 날, 나치의 외신 담당 홍보국에 찾아간 프라이는 홍보국장이었던 에른스트 한프슈탱글과 인터뷰를 하게 되었다. 한프슈탱글은 프라이와 대화를 나누게 되어 기뻐했는데, 그와 프라이는 공통점이 많았기 때문이었다. 한프슈탱글은 프라이와 마찬가지로 미국인이었고, 프라이와 마찬가지로 하버드 졸업생이었다. 또한 프라이와 마찬가지로 창조적인 예술을 열렬히 좋아하기도 했다. 한프슈탱글은 재능 있는 피아니스트이자 작곡가였고, 젊은 시절에는 하버드대 축구팀을 위해 여러 곡의 응원가를 작곡해서 인기를 끌기도 했다. 그는 당시 하던 일에서도 자신의 재능을 다시금 이용해 하버드 시절에 작곡했던 응원가들을 히틀러 청년단을 위한 송가들로 편곡한 바 있었다. 한프슈탱글은 프라이에게 나치당 내부에는 두 집단이 존재한다고 명랑한 어조로 알려주었다. 유대인들을 추방하고 싶어하는 '온건파'와 아돌프 히틀러가 이끌며 유대인들을 죽이고 싶어하는 '급진파'가 그것이었다. 이 대화에 대한 프라이의 기록은 〈뉴욕 타임스〉에도 실려 있다. 1942년, 〈뉴 퍼블릭〉에 실린 '유대인 대학살'이라는 제목의 기사에서 프라이는 다음과 같이 인정했다. "한프슈탱글이 교양 있는 하버드식 말투로 나치당 지도자들 중 '급진파'가 유대인들을 육체적으로 절멸시킴으로써 '유대인이라는 문제'를 '해결'할 작정이라고 말했을 때, 나는 그의 말을 오직 반쯤만 믿었다. 나는 1938년 11월이 되어서야 더 많은 것을 알게 되었다." 이 나치 지도자의 '교양 있는 하버드식 말투'는 배리언 프라이의 머릿속을 떠나지 않았지만, 내 머릿속을 떠나지 않았던 것은 하버드 응원가들이었다. 내가 그 노래들의 함의를 온전히 이해하려면 훨씬 더 많은 시간이 필요할 것 같았다.

1940년, 마침내 미국의 지식인들이 '긴급 사태'로 여기는 사건이 일어났다. 그해 6월, 독일군이 프랑스의 북쪽 절반을 점령했다. 6월 14일, 지식인 난민들에게 수도가 되어왔던 파리가 함락됨과 동시에, 독일에서 도망쳐 온 수천 명의 사람들은 프라이가 후에 '역사상 최대의 함정'이라 명명할 상황에 갑작스레 처하게 되었다. 이 난민들은 (파리의 인구 대다수가 그랬듯) 파리를 떠나 '비점령 지역'이었던 프랑스의 남쪽 절반으로 도망쳤다. 하지만 그 뒤에 그곳에서는 프랑스 정부가 독일 국적의 사람들—대부분이 유대인이거나 정치적 난민이었다—을 찾아내는 족족 프랑스가 운영하는 강제수용소에 몰아넣었는데, 이는 명목상으로는 독일의 스파이 행위를 예방하기 위해서였다. 6월 25일, 프랑스가 독일에 항복하자 나치는 자신들과의 전면적 협력을 조건으로 남부 도시인 비시를 근거지로 한 괴뢰 정부를 세웠다. 휴전 조항 제19조에서 비시 정부는 "독일 정부가 지명하는 프랑스 내의 모든 독일인을 요구 즉시 넘기는" 데 동의했다. 다시 말해 게슈타포의 명단, 즉 독일계 유대인들과 반나치 운동가들을 넘어 수많은 유명하고 '타락한' 예술가들을 비롯해 나치가 좋아하지 않는 거의 모든 사람들로 급속히 확대되어갈 그 명단에 오른 사람이라면 누구든 넘겨주겠다는 뜻이었다. 유럽에서 도망칠 창구는 닫히고 있었지만 난민들은 갈 곳이 없었다. 그들은 세계에서 최고로 예술적이고 과학적이고 지적인 지식인들이었지만 그들을 원하는 나라는 거의 없었다. 당시 포르투갈에 미국 특사로 가 있던 허버트 펠은 이렇게 말했다. "화재로 처치 곤란해진 지식인들의 특가 처분이 여기서 진행 중인데, 우리는 이걸 충분히 이용하고 있지 않다."

긴급구조위원회는 프랑스가 항복한 다음 날 뉴욕에서―미리 일정이 잡혀 있던 '독일의 자유를 지지하는 미국의 친구들'을 위한 자선 행사에서―중요한 난민들에게 긴급 비자를 제공하고 그들을 프랑스 밖으로 호송하기 위해 조직되었다. 독일계 유대인 금융업자 펠릭스 바르부르크의 조카이자 유명한 예술 후원자였던 잉그리드 바르부르크가 위험에 처한 유럽 예술가들의 명단을 작성하고 대의를 위한 자금을―수십 년 뒤 그가 소바주에게 말하기로는 주로 유대인 기부자들로부터― 모으는 일의 지휘를 맡았다. 뉴욕 현대미술관의 큐레이터들은 가장 위험에 처해 있다고 여겨지는 예술가들의 명단을 모아 정리했다. 프린스턴대학교에서 강의를 하고 있던 노벨상 수상자이자 독일 소설가 토마스 만은 비슷하게 위험에 처해 있던 독일어권 작가들의 명단을 제공했고, 여러 대학 책임자들도 구조를 희망하는 학자와 사상가와 과학자 들의 명단을 작성했다.

위원회는 '비점령 지역'으로 가서 천재들의 명단에 있는 이들에게 비자를 나눠주는 임무를 많은 사람들에게 제안했지만, 그 일을 할 만한 사람들―구조 대상인 지식인들과 개인적으로 연고가 있거나 그 자신이 난민이었던 사람들―모두 당연히 마찬가지로 위험해질 처지였다. 아무도 나서지 않자, 위원회는 그 일에 자원한, 관련 경험이 전혀 없고 그 일을 할 조건도 못 되는 서른두 살의 무명 인사에게 마지못해 허락을 내주었다. 배리언 프라이였다.

그런데 그는 누구였을까?

이것은 나를 혼란스럽게 하는, 그리고 프라이 자신 또한 혼란스럽게 했던 것으로 보이는 질문이다. 누군가는 그를 저널리스트라고 부를 수도 있겠지만, 그 수식어는 오직 어느 정도만 사실일 것이다. 프라이는 미국 잡지사 여러 곳을 위해 일했지만 그런 일을 1, 2년 이상 한 적은 없었고, 기자로 일한 적은 거의 없었으며, 마흔이 되기 전에 저널리즘 일을 완전히 그만두었다. 누군가는 그를 지식인이라 부를 수도 있겠지만 그것 역시 잘 들어맞지 않는 표현인데, 그 단어는 보통 학자들, 권위자들, 혹은 활발하게 활동하는 비평가들의 몫이었고 프라이는 이것들 중 어느 것에도 해당되지 않았기 때문이다. 그는 강의를 했지만 고등학교에서만 했고, 그가 평생 발표했던 글 대부분은 학교 교재나 코카콜라 회사의 보고서 같은 것들이었다. 누군가는 그를 예술 애호가라고 부를 수도 있을 텐데, 그것은 분명 사실이지만 하나의 직업이나 정체성이 되기는 어렵다. 그리고 그는 예술가들의 목숨을 구했다는 의미에서가 아니면 예술을 후원한 사람도 아니었다. 누군가는 그를 명문가 출신의 앵글로색슨계 백인 프로테스탄트라고 부를 수도 있겠지만, 그것 역시 정확한 묘사가 아니다. 그는 분명 앵글로색슨계 백인 프로테스탄트이기는 했지만, 어려움이 없기는 해도 엄청나게 부유하지는 않은 가정에서 자랐으며, 내세울 가문도, 기분에 맞춰 펑펑 쓸 재산도 없는 사람이었다.

피에르 소바주는 구조자들이 "거의 한결같이 자신에게 영향을 끼치는 롤모델이 있었는데, 비슷한 상황에서 어떻게 행동해야 하는지에 대한 상像이 없으면 우리는 무슨 일을 할 수 있는지 알지 못하기 때문"이라고 주장한다. 프라이의 삶에 그런 사람이 있었다면 그의 조부였는데, 도시의 거리에서 버림받은 아이들을 모아 미국 서부에 있는 위탁 가정으로 보내는 일을 하는 아동지원협회 프로그램 '고아 기차'에서 활동했던 인물이었다. 1967년 프라이가 뜻밖의 죽음을 맞기 2주 전에 그와 이혼했던 두 번째 아내 아네트는 프라이가 조부의 활동 덕에 매우 많은 영감을 받았다고 주장했다. (아네트 자신도 분명 그 활동에서 영감을 받았는데, 그는 프라이가 죽고 30년 뒤에 고아 기차에 관한 어린이책을 출간했다.) 하지만 나는 프라이가 죽고 난 뒤 아네트가 컬럼비아대학교에 기증한 어마어마하게 많은 프라이의 개인 문서들을 헤치고 나아가는 동안 아마도 프라이가 일생을 통틀어 했던 가장 위대한 행동에 영감을 주었을 이 놀라운 조부에 대한 언급을 전혀 찾을 수 없었다. 지난 25년간 출간된 프라이의 전기 두 권 가운데 한 권을 집필한 앤디 머리노는 프라이가 명망 높은 호치키스 기숙학교에서 괴롭힘을 당했던 경험이 그에게 결정적인 순간이었다고 지적한다. 천장에 달린 델 정도로 뜨거운 스팀 파이프에 억지로 매달려 그것을 두 손으로 번갈아 붙잡아가며 방을 가로질러야 했던 일을 비롯해 그곳에서 받은 기합 때문에 아마도 프라이는 학교를 중퇴했을 것이다. 하지만 내가 찾아본 바로, 프라이는 이렇게 인생을 바꿔버린 십 대 시절 고통의 사례 또한 한 번도 언급하지 않았다. 그

리고 학창 시절에 괴롭힘을 당한 일이 사람들을 영웅적인 행동
으로 이끈다면, 세상에는 지금보다 훨씬 더 많은 영웅들이 존
재해야 할 것이다. 게다가 아마도 프라이를 소외시켰을 그 모
든 경험들도 그가 하버드 졸업생이 되는 일을 막지는 못했는
데, 그는 하버드에서 서양 고전학 학위를 땄을 뿐 아니라 전국
적으로 중요한 문학잡지였던 〈하운드 앤드 혼〉을 링컨 커스타
인과 함께 창간하기도 했다. 링컨 커스타인은 후에 뉴욕시 발레
단의 공동 창립자이자 링컨센터 준비위원회의 중요한 회원이
되었다. 나는 프라이에 관해 더 많이 알아갈수록 그가 자신의
원칙 때문에 고립되었던 고결한 외톨이였다고는 생각할 수 없
게 되었다. 그가 개인적으로 주고받은 편지들은 마이크로필름
으로도 수많은 릴에 담겨 있고, 아주 많은 사람들이 등장한다.
그는 따돌림을 받는 사람치고는 확실히 친구가 많았던 것으로
보인다.

　프라이는 대학을 졸업한 뒤 뉴욕으로 옮겨갔고, 그곳에
서 외신기자협회라는 출판사 겸 싱크탱크에 고용되어 시사 문
제에 관해 〈리더스 다이제스트〉 스타일의 책들을 쓰는 일을 하
다가 〈더 리빙 에이지〉에 취직했다. 스물세 살이던 1931년, 그
는 서른한 살이던 〈애틀랜틱〉의 편집자 아일린 휴스와 결혼했
다. 그들은 아이가 없었고, 그들의 결혼생활은 누구에게 들어봐
도 쉽지 않은 시간이었다. 1940년 8월, 프라이가 긴급구조위원
회 명단에 오른 사람들에게 비자를 나눠주는 동안 자전거로 프
로방스를 돌아다니며 야생 조류의 생태를 관찰할 계획을 세우
고 프랑스로 떠나자 그의 결혼생활은 훨씬 더 어려워졌다. 프

라이는 그 일이 4주면 끝날 것으로 예상했다. 하지만 어쩌다 보니 그는 1년 넘게 머무르게 되었다.

＊

배리언 프라이의 명단에 있었던 많은 사람들의 어마어마한 명성을 지금 이 세기에 제대로 인식하기는 어려운 일이다. 그 명단에 있었던 사람들 가운데 지금도 누구나 알 만한 이름은 소수다. 이를테면 현재 독일인이 아닌 독자 가운데 독일계 유대인 소설가였던 리온 포이히트방거의 이름을 들어본 사람은 거의 없다. 하지만 그는 1940년 무렵에는 전 세계에서 가장 널리 읽히는 독일어 작가였고, 번역본으로는 전 세계에서 가장 널리 읽히는 작가 중 한 명이기도 했다. 그가 1940년 이전에 썼던 거의 모든 장편소설이 명시적으로 유대인에 관한 주제들을 다루고 있기 때문에 이것은 특별히 주목할 만한 사실이다. 그를 단번에 유명 작가로 만들어준 책은 미국에서는 '파워Power'라는 제목으로 출간된 『유대인 쥐스Jew Süss』로, 18세기 프로이센 왕실의 재정 고문이었던 유대인 요세프 쥐스 오펜하이머의 전기를 소설화한 작품이었다. 조작되어 씌워진 반유대주의적 혐의들로 오펜하이머가 선고받은 형에는 교수형, 그리고 인간 크기로 늘인 새장에 교수형당한 시신을 넣어 6년간 공개적으로 전시해두는 '지비팅gibbeting'이 포함되어 있었다. 마지막 순간에 개종을 제안받았고, 그것을 받아들였다면 사형선고를 피할 수 있었겠지만 거부했던 오펜하이머는 **알 키두시 하솀**al kiddush hashem,

다시 말해 하느님의 이름을 거룩히 하며, 하나이신 하느님에 대한 믿음을 담은 유대교의 가장 중요한 문장인 셰마Sh'ma를 암송하면서 죽었다. 오펜하이머의 이야기는 그전에도 소설화된 적이 있었고 나중에는 나치 영화의 소재가 되었지만, 오펜하이머가 권력과 존엄 가운데 하나를 선택하도록 강요받는 복잡한 인물로 등장하는 포이히트방거의 1925년작 소설은 세계적인 베스트셀러가 되었다. 포이히트방거의 절친한 친구였던 싱클레어 루이스는 1930년 노벨문학상을 받았을 때 수상 수락 연설에서 포이히트방거가 자기 대신 그 상을 받았어야 했다고 밝히기도 했다.

전에는 포이히트방거의 이름을 들어본 적이 없었던 나는 그가 동시대를 배경으로 쓴 몇 안 되는 장편소설 중 한 편인 『오페르만 가족The Oppermanns』을 읽었다. 1932년과 1933년이 배경인 『오페르만 가족』은 19세기에 가구 회사를 세워 성공시켰던 조부의 후손들로 베를린에 사는 네 유대인 형제의 이야기다. 나치의 영향력이 커지면서 가족 구성원 각자의 자존감은 극적인 방식으로 저하되거나 파괴되는데, 큰형은 가족의 회사를 어쩔 수 없이 경쟁자에게 넘겨야 하고, 그의 십 대 아들은 고등학교 선생님에게서 당하는 모욕을 끝내기 위해 자살을 하고, 남동생은 청원서에 서명을 했다가 결국 강제수용소로 가게 되는데 그곳에서 고문을 받다 미쳐버린다. 단단하게 연결되어 있던 가족들은 언제나 자신들의 집으로 여겨왔던 나라에서 도망치면서 결국 전 세계로 흩어진다. 소설 속 사건들은 제1차 세계대전에서 독일이 압도적으로 패배한 시점까지 거슬러 올

라가는, 독일에서 '14년 동안 이어져온 반유대주의 선동'이 **끝**
날 무렵 일어난다. 소설은 『탈무드』에서 인용된 문장들을 비롯
해 유대교에 관한 언급들로 가득하지만, 포이히트방거의 문장
은 지극히 평범하고, 호감이 가기는 하지만 예술적이지는 않다.
오늘날 그 이야기는 친숙하게, 심지어는 진부하게 느껴진다. 그
책이 독일에서 1933년 11월에 처음으로 출간되었다는 사실을
기억하기 전까지는 말이다.

　나는 내 소설을 쓰면서 종종 내가 실시간으로 겪는 사건
들을 소설로 쓰고 싶다는 욕망과 싸운다. 보통은 겁을 먹고 그
만두는데, 정치적으로 낙인이 찍히거나 나중에 후회할지도 모
르는 말을 하게 될까봐 너무도 불안하기 때문이다. 가장 자유
로운 사회에서 평화로운 시기에 한 명의 작가가 느끼는 것이
이 정도라면, 포이히트방거가 그 시기에 『오페르만 가족』 같은
소설을 쓰는 데는 얼마나 큰 용기가 필요했을지 거의 상상이
되지 않는다. 나는 이 책의 첫 페이지에 실린 작가 노트에서 그
용기의 규모를 아주 조금은 엿볼 수 있었다. "이 책이 이미 조
판에 들어간 뒤에 오페르만이라는 성을 가진 가족이 출판사에
다음과 같은 뜻을 전해 왔다. '오페르만'은 절대적으로 기독교
식 이름이며, 그렇기 때문에 이런 이름의 사람들이 유대인 집
안에 속한다는 인상을 일반 대중에게 남기는 일은 피했으면 한
다는 것이었다. 현 상황을 고려해볼 때 출판사는 오페르만 가
족 측의 이런 판단을 기꺼이 이해하며, 오페르만 가족이 이 소
설의 독자들에게 기꺼이 이해해주었으면 하고 바라는 사실들
을 여기에 전한다."

이 '작가 노트'의 섬세한 언어 선택을 보고 있으니 누군가가 불길 위로 놓인 외줄을 타면서 균형을 잡는 모습을 지켜보는 것 같다. 포이히트방거는 1932년 한 해를 순회 강연차 미국에서 보냈는데, 히틀러가 정권을 장악하자 베를린에 있던 그의 집은 몰수되었고, 그는 처음으로 독일 시민권을 박탈당한 공인 중 한 명이 되었다. 그는 아내 마르타와 함께 프랑스로 갔지만, 1940년 무렵에는 프랑스의 강제수용소에 갇힌 처지가 되어 있었다. 가시철조망 뒤에 있는 그를 찍은 한 장의 사진이 그의 독자 중 한 명이었던 엘리너 루스벨트의 마음을 움직여 긴급구조위원회에 지지를 보내게 했다. 비록 미국 국무부가 위원회의 활동에 등을 돌리기 시작하자마자 철회할 지지였지만 말이다. 프라이가 프랑스에 도착할 무렵 포이히트방거는 마르세유에 있던 미국 부영사의 도움을 받아 이미 수용소를 빠져나온 뒤였는데, 이 부영사는 하이럼 빙엄 4세로, 대대로 여행을 다니며 진리를 탐구해온 집안 출신의 '정의로운 비유대인'이었다. (하이럼 빙엄 1세와 2세는 하와이에 기독교를 전파했으며, 하이럼 빙엄 3세는 마추픽추 유적들을 발견한 사람이었다.) 빙엄은 수감자들이 강에서 목욕을 하고 있을 때 포이히트방거를 붙들어 세운 다음, 그를 마르세유로 데려가기 위해 여자 옷을 입혀 변장시켰다. 프라이는 포이히트방거와 마르타가 빙엄의 집에 숨어 있다는 사실을 알게 되었다. 포이히트방거는 너무도 유명한 사람이라 길거리에서 사람들이 자신을 알아볼까봐 두려워하고 있었다.

세계적으로 칭송받으며 비슷하게 베스트셀러 작가였던

오스트리아계 유대인 작가 프란츠 베르펠은 독자들에게 전체주의의 위협에 대해 경고하는 데 있어 더욱 열심이었다. 베르펠의 가장 유명한 책 『무사 다그의 40일』은 당연하게도 오래 남는 고전이 되었다. 오스만튀르크의 아르메니아인들에 대한 박해와 학살이라는 역사적 이야기의 외피를 두른 이 소설은 나치에 반대하는 소설로는 『오페르만 가족』보다 덜 직접적이다. 직접 쓴 작가 노트에서 베르펠은 위장을 유지하기 위해 비상한 노력을 하면서 "이 책의 착상은 1929년 3월, 내가 다마스쿠스에 머무르던 중에 이루어졌다"고, 그 시간이 그에게 "아르메니아라는 국가의 이런 이해할 수 없는 운명"에 관한 이야기를 쓰도록 영감을 주었다고 밝혔다. 이 책은 1933년에 출간되어 하나의 전 세계적 현상이 되었다. 베르펠은 1938년 독일이 오스트리아를 합병했을 때 시민권을 상실했고, 포이히트방거와 마찬가지로 프랑스로 도피했다.

베르펠의 그 모든 세계적 명성에도 불구하고 그는 아내였던 알마를 통해 훨씬 더 잘 알려지게 되었는데, 알마는 유럽의 창의적인 엘리트들 사이에서 악명이 높은 여성이었다. 비유대인으로 나치 이전의 오스트리아 정부 고관들과 연이 있는 집안 출신이었던 알마 쉰들러는 유명인들에게 낭만적으로 이끌리는 경향이 있었고, 채 열여덟 살이 되기도 전에 이미 오스트리아의 화가 구스타프 클림트를 상심하게 했던 적이 있었다. 그렇게 소박하게 시작한 알마는 유대인 예술가들에게로 옮겨가면서 뛰어난 유대인 남성들을 엿 먹이는 평생의 여정에 나섰다. 알마는 유명한 오스트리아계 유대인 작곡가 알렉산더 쳄린스키 때문에 클림트를 차버렸고, 그다음에는 더 유명한 오스트리아계 유대인 작곡가 구스타프 말러와 결혼하기 위해 젬린스키를 차버렸다. 알마에게 푹 빠져 정신이 혼미해진 말러는 여러 교향곡 악장들을 알마에게 바쳤다. 훗날 말러가 남긴 유산에 대한 알마의 통제가 얼마나 심하고 사실을 왜곡했던지, 이제는 '알마 문제'라는 용어가 음악학에서 하나의 개념이 되기까지 했다. 1910년, 알마는 그의 연인 중 드물게도 비유대인이었고 후에 바우하우스 학교의 설립자가 되는 건축가 발터 그로피우스와 결혼하기 위해 말러를 차버렸는데, 이 경험 때문에 말러는 프로이트의 상담용 소파로 쫓겨났고 5개월 뒤에는 때 이른 죽음을 맞고 말았다. 너무나 당연하게도 그로피우스는 알마의 기준을 충족시키지 못했고, 알마는 화가였던 오스카어 코코슈카(마찬가지로 나중에 프라이의 임무를 통해 구조되었다) 때문에 그로피우스를 차버렸으며, 그 뒤에는 한 친구에게 말한 바에 따르면 "난 오직 천재하고만 결혼하는데, 오스카어는 천재가 아니기 때문에" 코코슈카 역시 차버렸다. 천재가 아니었던 코코슈카는 이 일을 말러보다 훨씬 더 힘겹게 받아들였다. 그는 알마의 실물 크기 누드 마네킹을 유방과 성기까지 정확하게 똑같이 특별 주문 제작하는 것으로 견뎠는데, 이 마네킹에 고급 옷을 입히고 1년 넘게 같이 지내면서 식당에서 함께 식사를 하고 나란히 앉아 오페라를 보았다. 그런 다음 파티를 열어서는 친구들과 함께 마네킹의 머리가 부서질 때까지 와인 병으로 두들겨 팼다. 그동안 알마는 이미 세 번째 천재 남편이었던 프란츠 베르펠에게로 옮겨가 있었고, 이 남자에게도 충실하지 않았지만, 이 남자는 적어도 긴급구조위원회 명단에 알마의 자리를 하나 만들어주기는 했다.

배리언 프라이가 훗날 아내에게 보내는 편지에 썼듯 "자신의 무능함이 주는 충격"—다시 말해 그가 마르세유에서 사실 얼마나 힘에 벅차고 있었는지—을 깨닫게 된 것은 그가 베르펠 부부를 처음으로 만났을 때였다.

그들은 베르펠 부부가, 프라이가 자신의 회고록에서 언급하듯 "구스타프 말러 부부라는 이름으로" 묵고 있던 호텔에서 만났다. 이 문장을 읽었을 때 나는 소리 내 웃었다. 유명한 사람들과 스타를 동경하는 사람들 사이에 늘 벌어지는 블랙코미디가 이제 막 시작된 것이었다.

"베르펠은 사진과 정확히 똑같은 외모를 하고 있었다." 프라이는 이렇게 썼다. "살집이 있고, 땅딸막하고 창백했는데 마치 반쯤 채워진 밀가루 부대 같았다." 그 반쯤 채워진 밀가루 부대는 장편소설 『베르나데트의 노래』 집필을 끝마쳐가고 있었는데, 훗날 그 소설의 영화화 판권이 팔리면서 베벌리힐스에 집을 사게 될 것이었다. 하지만 그때는 아내와 함께 죽음으로부터 몸을 숨기고 있었다. 베르펠은 목욕용 가운과 슬리퍼 차림으로—왜냐하면, 사실 당신의 목숨을 구해주겠다는 사람 앞에서 구태여 옷을 차려입을 필요가 뭐가 있겠는가?—프라이에게 문제가 정확히 무엇인지를 설명했다. 베르펠 부부는 긴급구조위원회 덕분에 마르세유의 미국 영사관에서 미국 비자를 손에 넣은 뒤였다. 하지만 비시 프랑스를 정말로 떠나기 위해서는 실은 **두 종류의** 비자가 필요했다. 하나는 목적지인 국가의 비자였고, 다른 하나는 프랑스 정부가 발급하는 출국 비자였다. 프랑스 정부는 자기들이 "요구 즉시 넘기겠다"고 게슈타포에게 약속했던 사람들에게 출국 비자를 내주지 않을 것이었다. 사실 그 비자를 신청한다는 건 자신이 마르세유에 있다고 게슈타포에게 알리는 효과적인 방법 중 하나였다. 알마는 피레네산맥을 넘어 스페인으로 건너가는 방법으로 출국 비자 없이 프랑스를 떠난 사람들을 알고 있었지만, 파시즘 체제하의 스페인에 도착하자마자 그들에게 무슨 일이 생겼는지 아는 사람은 아무도 없었다. 베르펠 부부는 출국 비자를 신청하고 그래도 희망을 걸어보아야 할까? 아니면 위험을 무릅쓰고 불법으로 그 나라를 떠나야 할까? 만약 후자를 택한다면, 이 반쯤 채워진 밀가루 부대가 어떻게 산맥을 올라갈 것인가?

"당신이 우리를 구해주셔야 합니다, 프라이 씨." 프라이의 회고록에 따르면 프란츠 베르펠은 영어로 이렇게 애원했다. "오, 그래요, 당신이 우릴 도와주셔야죠." 알마는 아무렇지 않게 말하며 그들의 잔에 와인을 더 따랐다. 이 부분을 읽는 내 귓가에 알마의 나른한 목소리가 들리는 듯했다. 다른 사람들을 목적을 위한 수단으로 이용하는 데 익숙해진 지칠 대로 지친 유명인의 목소리였다. 프라이는 바로 느끼지 못했을지 몰라도, 내게는 파자마를 입은 베르펠 부부가 경외심을 품은 이 젊은 미국인을 곧바로 자신들이 가장 최근에 고용한 일꾼으로 인식했다는 사실이 분명해 보였다. 유감스럽게도 프라이는 그들을 어떻게 도와야 할지 전혀 알지 못했다.

베르펠 부부와 만난 뒤 프라이는 난민이 된 노동 운동가들을 구조할 목적으로 미국 노동총연맹에서 파견된 미국인이었던 프랭크 본을 만났다. 본은 이미 요령을 알고 있었다. 그는 프라이에게 명단에 있는 사람들을 찾으러 나갈 필요가 없다고 설명했다. 미국인이 달러와 비자를 가지고 도착했다는 소문이 금세 돌 테고, 그러면 그들 쪽에서 프라이를 찾아올 거라고 했다. 본은 이 난민들을 프랑스 밖으로 내보내는 방법은 불법적인 것밖에 없다는 설명도 했다. 프라이의 작전은 비밀 작전이 될 텐데, 겉으로는 이 난민들이 합법적인 비자를 기다리는 동안 그들에게 자금을 제공하는—난민들 대부분이 몇 달 동안이나 수입원이 없었으므로 그들에겐 절실히 필요한 자금이었다—인도주의적인 임무라고 내세울 것이었다. 프라이는 스플렌디드 호텔에 일터를 차렸고, 그의 '사무실'을 '긴구위'라고 줄여 부르거나 프랑스어로 '미국 구조 센터Centre Américain de Secours'라고 불렀다.

비자 발급이라는 게임의 룰은 복잡했다. 미국 국무부는 특별 긴급 비자를 허가한 뒤였지만, 비시 정부 내부의 협력자들을 기쁘게 하고 싶어하던 마르세유의 미국 영사관은 비자 발급에 시간을 끌었다. 종종 프랑스 출국 비자를 발급받는 데 성공한 난민들조차 그 시점에는 자신들의 미국 비자가 만료된 것을 깨닫곤 했다. 스페인과 포르투갈을 거쳐 뉴욕행 선박이 출발하는 리스본으로 가기 위해서는 가끔씩 '통과 비자'라는 세 번째 비자가 요구되기도 했다. 국적이 없는 난민들은 심지어는 프랑스 국내에서 여행하는 데 필요한 서류조차 발급받지 못하는 일이 많았다. 서류가 하나도 없거나 이름이 잘 알려진 난민들—

프라이의 명단에 있던 많은 사람이 그랬다―은 가짜 여권이 필요했는데, 프라이는 체제에 불만을 품은 어느 전직 체코 영사로부터 이런 가짜 여권들을 얻었다. 처음으로 프라이를 만난 난민 가운데 한 명은 프라이에게 프랑스와 스페인의 국경에 있는 소도시 세르베르의 지도를 기꺼이 제공했는데, 거기서는 난민들이 묘지 벽 뒤로 기어가 국경 순찰대원들을 우회할 수 있었다.

프라이는 스플렌디드 호텔의 자기 방 거울 뒤에 그 지도를 숨겨두었다. 그로부터 채 며칠이 지나지 않아 호텔 방 창문 밖을 내다보던 프라이는 길게 줄을 서서 두려운 얼굴로 그를 기다리고 있는 난민들을 보게 되었다. 호텔 안내원이 화를 내기 시작했다. 프라이는 직원을 고용하기로 마음먹었다. 그리고 이 직원들이 바로 피에르 소바주가 찍어놓은 장시간의 인터뷰 덕분에 내가 로스앤젤레스에서 만날 수 있었던, 지금은 세상을 떠난 그 사람들이었다.

프라이의 오른팔이었던 남자는 알베르트 오토 히르슈만이라는 독일계 유대인 청년으로, 전쟁 전 프랑스에 공부하러 왔다가 프랑스군에 입대했고, 거기서 자신을 위해 필라델피아에서 태어난 프랑스인 알베르 에르망이라는 새로운 정체성을 만들어낸 사람이었다. 프랑스군이 패하자 그는 갖가지 불법적인 일의 전문가가 되었는데, 마르세유의 폭력배들과 가깝게 지내고 프라이를 마르세유의 지하 세계와 이어주는 주된 연결책이 되는가 하면 위조 여권과 장물로 사들인 현금을 공급하기도 했다. "쉽게 겁먹지 않는다는 게 제 장점이었죠." 그는 소바주에게 말했다.

프라이는 문 앞에 모인 군중을 관리하기 위해 찰리 포셋이라는 미국 자원봉사 구급대 출신 레슬링 선수를 고용했다. 포셋은 난민들이 프라이의 사무실에 들어가지 못하게 막으려 했던 한 비시 경찰관의 기억을 떠올렸는데, 포셋이 전문 레슬링 실력을 발휘해 그 경찰관의 머리를 붙잡자 그는 더이상 그런 방해 행위를 할 수 없게 되었다. 포셋은 또 마르세유와 뉴욕 간에 오가는 메시지를 기발하게 숨기는 방법들을 찾아내기도 했다. 비시 경찰이 모든 전보와 우편물을 검열했기 때문에 임무에 관한 중요한 정보를 뉴욕으로 보내려면 난민 운반원을 통해, 이를테면 콘돔에 넣어 다시 치약 튜브에 넣는다거나 하는 식으로 보내야 했다. 포셋은 트럼펫에 메시지를 숨기는 방법을 찾아냈고, 심지어는 메시지를 숨겨놓은 세 번째 밸브를 사용하지 않는 몇 곡의 음악을 연주하는 법을 배우기까지 했는데, 이는 국경 경비대원들의 의심을 살 경우에 대비한 것이었다. 그 방법은 효과가 있었다. "트럼펫을 들고 있는 사람은 아무도 심각하게 받아들이지 않거든요." 포셋은 웃으며 말했다. 그는 심각하게 받아들여지지 않기 위해 열심히 노력하다가 한번은 어느 난민 여성에게 아직 결혼 전이냐는 질문을 받기도 했다. "제가 그렇다고 하니까, 그 여자분은 제가 결혼해서 프랑스 밖으로 데리고 나가줬으면 하는 두 명의 유대인 여자가 있다고 했어요." 그가 기억을 떠올렸다. "결국 저는 그들 중 여섯 명하고 결혼했죠."

없어서는 안 되었던 또 한 명의 직원은 미리엄 데이븐포트였는데, 그는 가난한 집안 출신으로 스미스여자대학교를 졸업한 뒤 파리에서 장학금을 받아 미술을 공부하다가 나치의 점령을 맞게 된 사람이었다. "프랑스에서 저는 제가 미래를 잃어버렸다는 사실을 갑작스레 깨달았어요." 세월이 지난 뒤 데이브포트는 소바주에게 말했다. 데이브포트가 프라이를 찾아온 것은 단지 그가 가까운 이웃이자 프라이의 명단에 있는 독일 시인이었던 발터 메링과 함께 마르세유에 도망쳐 와 있었기 때문이었다. 예술에 대한 데이브포트의 지식을 알아본 프라이는 그를 고용했고, 자신의 사무실 문으로 꾸준히 줄지어 들어오는 난민들에 대한 밑 작업을 맡게 했다. 누가 유명하고 누가 재능 있는 사람인지, 그리고 누가 정말로 위험에 처해 있는지 결정하게 한 것이었다. "저는 이름 외우는 일은 정말 못하거든요." 데이브포트가 말했다. "하지만 그때는 어떤 의뢰인의 이름이든 다 기억할 수 있었어요. 왜냐하면 그 사람들 모두 가진 거라곤 자기 이름밖에 없었으니까요." 왜 그 일을 맡았느냐는 질문을 받자 데이브포트는 자신이 기독교 교육을 받고 자랐던 일을 떠올렸다. "부모님이 동화처럼 읽어주신 책이 저한테는 롯기*였어요." 그는 소바주에게 말했다. "이 사람들은 내 사람들이고, 내가 무언가 해야 한다는 느낌이 아주 강렬하게 들었습니다."

데이브포트가 했던 일 중 한 가지는 그가 파리로 오는 비행기에서 만난 적 있는 젊은 앵글로색슨계 백인 프로테스탄트 상속인 메리 제인 골드에게 연락을 해서 자금을 후원받는 것이

• 구약 성경의 역사서 가운데 한 권.

었다. 프라이의 A급 명단을 B급 인물들까지 포함할 수 있도록 확대하기 위한 자금이었다. 이미 자신의 전용기를 프랑스 레지스탕스에 기증한 바 있었던 골드는 현금 이상의 것을 제공했다. 프라이의 명단에 있던 난민 네 명이 베르네 강제수용소에 갇히게 되자, 프라이는 수용소 지휘관이 그들을 풀어주도록 '미인계'를 써서 설득해달라고 골드에게 제안했다. 서른한 살의 나이에 이미 유럽 전역에서 10년 넘게 성적 모험들을 경험한 바 있었던 골드는 투지로 부풀었다. 수용소에 도착한 골드는 무덤을 메우고 있는 경비원들을 보았고, 그런 다음 지휘관을 만나 석방시켜주었으면 하는 수감자들의 이름을 알려주었다. "섹시한 여자와 품위 있는 여자 사이의 무언가가 되려고 애를 썼죠." 골드는 말했다. 그 전략은 효과가 있었다. 지휘관은 골드에게 그날 밤 저녁을 같이 먹자고 했고, 그들의 합의는 암묵적이면서도 명백했다. 하지만 그날 저녁 골드는 레스토랑에서 몇 시간이나 기다려야 했다. 지휘관이 그를 바람맞힌 것이었다. "제가 그 사람한테 물었죠. '우리 약속은 어떻게 된 건가요?' 그랬더니 그 사람이 이러더라고요. '마드무아젤, 분명히 말씀드리는데 저녁 식사를 함께하고 싶었습니다. 하지만 게슈타포하고 같이 저녁을 먹어야 했답니다. 친구분들은 제 명예를 걸고 정오에 기차에 타시게 될 겁니다.' 그 사람한테 명예라는 감각이 있다니, 죽을 것 같았죠."

소바주가 이 용감한 사람들과 했던 인터뷰를 보면서 가장 이상했던 점 중 하나는 소바주가 말했듯 그들이 너무도 행복해 보인다는 것이었다. 자기 생각을 명확하게 표현하고, 따뜻하고,

재치 있으며 명석한 그들은 싫어하기가 불가능한 사람들이다. 나이가 있어선지—소바주가 인터뷰했을 때 대부분은 팔십 대였다— 행복은 거의 그들의 일부처럼, 소바주가 생각하듯 그들이 누구인지 규정하는 특징처럼 보였다. 하지만 자신들의 경험을 회상하는 그들을 지켜보며 그들이 젊은 시절에 했던 터무니없는 행동들에 종종 웃는 동안, 나는 어쩔 수 없이 무언가가 빠져 있는 것 같다고 느꼈다. 어쩌면 그저 인터뷰 과정에서 걸러내진 것일 수도 있었고, 감정을 드러내지 말라고 교육받은 세대 특유의 정중한 겸양일 수도 있었다. 하지만 분명 너무도 곤란한 선택지들과 금방이라도 붙잡힐 것 같다는 공포, 그리고 수천 명의 사람들에게 등을 돌리고 그들이 죽게 내버려두라고 강요받는 지독한 현실로 가득 차 있었던 한 시절에 대해 말할 때, 이 진실한 영웅들은 전적으로 행복하게 끝나지는 않았던 어떤 일에 자신들이 관련되어 있었다는 흔적을 화면에서 전혀 드러내지 않았다. 그 대신 그들은 어떤 분노나 회한도 없이 그 모든 일을 하나의 재미있는 모험으로 여기는 것처럼 보였다.

하지만 그러고 나니 혹시 내가 속고 있는 게 아닌가 하는 생각이 들기 시작했다.

"우리는 부적응자들이었어요." 미리엄 데이븐포트는 프라이의 팀에 관해 말했다. "문제를 피하고 침묵하는 인간의 행동 유형에는 들어맞지 않는 사람들이었죠." 가장 심한 부적응자는 프라이 자신이었다. 권위자의 분위기를 풍기고 싶었던 프라이는 날마다 가는 세로줄무늬 정장을 말쑥하게 차려입고 주머니에는 다림질한 손수건을, 옷깃에는 꽃 한 송이를 꽂고는 자신만만하게 난민들과 악수를 했고 "뉴욕에서 봅시다"라는 말과 함께 그들을 배웅했다. 그것은 그 쾌활한 미국인이 선보였던 무대 연기였다. 그때 프라이의 단체에는 여전히 자원이 너무도 부족해서, 자신들만의 사무실을 마련할 여유가 없었던 그와 직원들은 호텔 방 욕실에서 비시 정부 스파이들의 도청을 피하기 위해 수도꼭지를 틀어놓고 회의를 하고 있었던 것이다. 난민 의뢰인들을 대하는 프라이의 자신감 넘치는 자아는 전쟁으로 피폐해진 마르세유에도, 가장 가까운 동료들은 알고 있던 그의 까다로운 성격과도 어울리지 않았다. "프라이의 성공의 비밀 중 하나는 이거였어요." 골드는 소바주에게 말했다. "그 인간 성질이 진짜 더러웠다는 거." 내가 깨닫기 시작했듯, 프라이는 다른 사람과 잘 지내는 데 문제가 있었다.

임무의 세세한 부분까지 챙길 필요를 느꼈던 프라이는 베르펠 부부를 피레네산맥 너머까지 직접 호송했다. 다른 난민 세 명도 데려갔는데, 굉장히 유명한 반나치주의 소설가이자 토마스 만의 형이었던 하인리히 만, 하인리히 만의 아내였던 넬리, 그리고 저명한 역사학자이자 토마스 만의 아들이었던 골로가 그들이었다. 포이히트방거 부부도 같은 경로로 곧 따라올 예정이었다.

난민들이 그 여정에 준비가 되어 있지 않았다고 말한다면 엄청나게 절제된 표현이 될 것이다. 알마 베르펠은 기차역에 열일곱 개의 짐가방을 가져왔는데 그 모두가 없어서는 안 되는 물건이라고 고집을 피웠다. (몇몇 가방에는 말러의 교향곡 악보 원고가 들어 있었지만 대부분은 알마의 옷가방이었다.) 알마는 피레네산맥을 은밀히 넘어가야 하는 길고 고된 여행길에 밝은 흰색 드레스를 입고 왔는데, 주의가 최고로 산만한 국경 경비원이 지평선을 훑어보다가도 못 알아보기 어려운 옷이었다. 가짜 서류에 적힌 이름에 익숙하지 않았던 하인리히 만이 옷가지에 이름표를 바꿔 다는 것을 깜빡하자, 프라이는 고용된 일꾼 역할을 기꺼이 해내며 만의 이니셜을 무작위로 골라주었다. 그들이 국경에 도착했을 때 프라이는 알마의 짐을 가지고 산맥을 통과하는 기차를 탔고, 난민들은 걸어서 산맥을 가로질렀는데, 운동 능력에 심각한 문제가 있던 베르펠은 국외에 거주하던 또 다른 미국인 추방자로 프라이를 위해 일하고 있던 레온 볼이 산 너머로 거의 실어 날라준 것이나 다름없었다. 난민들은 짐과 함께 옛날 신분증도 기차에 있는 프라이에게 버렸다. 그런 다음엔 그들의 고결한 하인이 열차 화장실에서 그것들 전부에 토치램프로 불을 붙여야 했다. "서류는 숨 막히는 매캐한 연기와 함께 타들어갔다." 프라이는 훗날 이렇게 썼다. "그리고 감히 문을 열 수 없었던 나는 숨을 쉬려고 바닥에 엎드려야 했다." 수 시간 뒤 난민들이 스페인 국경 초소에서 그를 만났을 때 "우리는 거의 서로의 품으로 쓰러지다시피 했다. 마치 몇 년이나 떨어져 지내다가 우리 중 누구도 오게 될 거라고는 생각지 못했던 어느 이상한 도시에서 우연히 만난 옛 친구들처럼." 그 따스한 포옹은 겉으로 보이는 것과는 상당히 달랐다는 사실을 나는 이해하기 시작한 참이었다.

모두가 그렇게 운이 좋았던 건 아니었다. 프라이가 구하는 데 실패한 것으로 가장 잘 알려진 인물로는 문학비평가 발터 베냐민이 있다. 프라이는 베냐민에게 미국 비자와 가짜 여권을 제공했고 피레네산맥 너머까지 개인적으로 호송도 해주었다. 그러나 운 나쁘게도 베냐민이 스페인에 도착했던 1940년 9월의 그날은 스페인이 국경을 폐쇄하기로 결정한 날이었다. (그전에는, 프랑스 출국 비자 없이 프랑스 국경 순찰대를 지나 빠져나온 난민들은 언덕을 몇 킬로미터 내려가면 나오는 스페인 국경 경비원들에게 스페인 통과 비자를 설명 없이 제시만 하면 됐다.) 돌아갈 것이 두려웠고 파시스트 정권이 들어선 스페인으로 잠입하는 것은 더욱 두려웠으며 여행 가방 안에 들어 있던 중대한 원고들을 후세 사람들이 알아봐줄 거라고 전적으로 확신했던 베냐민은 스페인 국경에서 스스로 목숨을 끊었다. 시신이 발견된 뒤 그의 여행 가방과 원고들은 세관원에 의해 폐기되었다.

마르세유로 돌아온 프라이는 진짜 사무실을 얻었지만, 비시 경찰이 곧 그곳을 습격했다. 프라이는 시외로 피신해야 한다고 결론을 내렸다. 그는 메리 제인 골드의 재산에서 조달한 자금으로, 도금을 한 거울들과 동물 박제들로 가득한 커다란 교외 저택 한 채를 빌렸다. 그 저택은 '빌라 에어벨'이라고 불렸다.

에어벨은 난민이었던 초현실주의자들의 피난처가 되었고, 그들은 1940년에서 1941년으로 넘어가는 혹독한 겨울을 그곳에서 배리언 프라이와 함께 보냈다. 입주자 중에는 시인이자 프랑스 초현실주의의 창시자였으며 저택 구내를 살아 있는 사마귀가 든 병들로 장식했던 앙드레 브르통, 그의 아내로 무용수이자 예술가였던 자클린 람바 브르통, 그들의 다섯 살 난 딸로 이미 초현실주의자들로부터 뛰어난 화가라는 칭찬을 받고 있던 오브, 피카소의 유일한 제자였던 쿠바계 프랑스인 화가 윌프레도 람, 프라이가 "가끔씩 공중화장실 벽에서 베낀 것 같은 시를 쓰는 프랑스 시인"이라고 묘사했던 뱅자맹 페레, "함께 지내던 여자들도 고양이들도 모두 외눈박이였던 루마니아인 외눈박이 화가" 빅토르 브라우네르, 그리고 다른 많은 작가들과 예술가들이 있었는데, 그들 중 거의 모두가 훗날 미국 예술이 확립되는 과정에서 굳건히 자리를 지키는 이름들이 되었다. 일요일이면 생텍쥐페리 부부와 앙리 마티스, 앙드레 마송, 그리고 앙드레 말로가 찾아와 즉흥 전시와 공연이 열리곤 했다.

그들은 배급제도 아래서 거의 굶어 죽을 지경으로 살아갔다. 프라이는 아버지에게 보내는 편지에 이렇게 썼다. "지금 프랑스에서 지내는 게 어떤지 알고 싶으시다면 우유 없이 사카린을 넣은 포스텀*을 마셔보시고, 딱딱해진 빵을 잼이나 버터 없이 드셔보시고, 어쩌다 한 번씩 오래된 말고기 한 조각을 마음껏 드셔보시면 될 거예요." 하지만 이 편지를 읽으며 나는 프라이에게 이 이국적인 긴축 생활이 분명 즐거움의 한 부분이었음을 알 수 있었다. 그리고 그것은 정말로 화려한 긴축 생활이었다. 저택에는 요리사와 여자 종업원, 세탁부, 하녀, 정원사가 각각 한 명씩 딸려 있었고 심지어 남자 입주자들에게 매일 면도를 해주는 이발사까지 있었다. 그리고 식량은 많지 않았지만 어째선지 와인은 넉넉하게 갖춰져 있기도 했다. 그곳에 거주하는 예술가들은 초현실주의 게임을 했는데, 자신들의 그림을 나

• 볶은 곡물 음료로 커피의 대용품이다.

무에 매달아 전시하고, 보들레르와 프로이트를 그려 넣은 트럼프 여러 벌을 제작하고, 밤늦게까지 오래도록 노래를 불렀다. 그 시절은 프라이의 인생에서 가장 즐거웠던 시기였다.

유럽의 지성을 확립하는 데 주역이었던 사람들과 함께 숨어 있는 일에서 프라이가 느꼈던 기쁨은 고국에서는 좋은 반응을 얻지 못했다. 미국 국무부는 프라이의 불법 행위를 추적하는 데 있어 프랑스 비시 정부의 '협력자'들과 함께하겠다는 뜻을 분명히 했다. 소바주를 비롯해 이 시기에 학생이었던 많은 사람들은 절박한 이민자들을 실망시킨 미국 정부의 사악함을 여전히 잊지 못한다. 사실 프라이가 이렇게까지 알려지지 않은 이유는 정확히 말하면 그가 미국이 홀로코스트에 공모했다는 사실을 드러내주는 사람이기 때문이라고 소바주는 믿는다. "우리는 두 가지의 근거 없는 믿음 속에 살아갑니다. 하나는 우리가 몰랐다는 것이고, 다른 하나는 설령 우리가 알았다 한들 할 수 있는 일이 아무것도 없었다는 거죠." 소바주는 내가 그의 사무실에 들어가 앉자마자 그렇게 말했다. "하지만 그렇게 믿을 뿐, 사실이 아닙니다. 우리는 많은 것을 알고 있었고, 할 수 있는 일도 많았습니다. 배리언 프라이는 영웅이었지만 미국의 방침을 정면으로 거스르는 이단아이기도 했어요. 그와 함께하지 않았던 모두를 무죄로 만들려면 그는 허용되어서는 안 되는 사람이었습니다." 여기에는 고통스럽지만 부인할 수 없는 진실이 담겨 있다. 프라이의 미국 여권이 만료되자 미국 대사관은 여권 갱신을 거부하며 그를 치명적인 위험에 빠트렸다. 프라이의 상황이 미국 국무부 방침에 저촉되게 되었음을 알게 된 뉴욕의 긴급구조위원회 역시 그에게 즉시 귀환을 요구하기 시작했다. 하지만 프라이는 프랑스를 떠나기를 거부했다.

뉴욕에 머무르며 프라이와 긴급구조위원회 사이 연락책을 담당하고 있던 아내 아일린은 몇 달째 프라이에게 집에 돌아오라고 애원하고 있던 터였다. 아일린에게도 프라이의 임무에 관련된 나름의 생각이 있었다. 프라이가 마르세유에 정착해 프랑스는 길에서 죽어가는 고아들로 가득하다는 흔한 인식은 잘못된 것이었다고 바로잡아주기 전, 초기에 프라이에게 쓴 어느 편지에서 아일린은 이렇게 말했다. "프랑스 아이를 데리고 돌아오는 일에 대해 당신과 이야기를 나누지 않았네요. 지금의 당신에게는 아마도 어처구니없는 제안으로 들릴 테고, 당연히 난 당신이 그런 아이를 **찾으러** 돌아다니기를 바라지는 않아요. 그저 당신이 어떤 특별한 아이에게 해주고 싶은 일이 **정말로** 그거라면 그애를 꼭 데리고 돌아오라는 뜻이에요." 프라이가 아이가 없는 아내를 위해 일종의 기념품으로 프랑스 아이를 데리고 돌아오는 일은 유럽의 가장 위대한 지성들을 구하는 일에 비하면 확실히 어처구니없는 일처럼 보이기는 한다. 하지만 사실 아일린의 제안은 프랑스에 파견된 프라이가 실제 하기로 되어 있던 일과 그렇게 다르지 않았다. 그것은 구할 가치가 있다고 여겨지는 난민들 가운데서 '특별한 사람들'을 엄선하고, 어쩔 수 없이 나머지 사람들을 거의 피할 수 없는 살해 행위 속에 남겨두는 일이었다.

살해 행위가 피할 수 없는 일이었다는 것은 물론 홀로코스트 구조와 관련된 모든 서사의 전제다. 그리고 내게 그런 서

사들이 그토록 불편하게 다가오는 이유의 일부이기도 하다. 그런 이야기들에는 유럽의 유대인들과 반체제 인사들을 향해 입을 벌리고 있던 죽음이 자연재해 같은 거였다는 가정이 담겨 있다. 이런 이야기들은 어떤 의미에서는 우리가—여러 세대를 지나오며 그 시대로부터 멀어진 사람들이—잘못된 질문들을, 난파 사고나 전염병에 관해 할 법한 질문들을 하게끔 강요한다. 이런 사고방식은 **누군가는** 죽어야 하며, 누가 구명보트의 마지막 자리나 마지막 백신을 차지할지가 유일하게 남은 딜레마라는 생각이다. 하지만 이런 질문들은 제대로 된 것이 아니다. 가해자들이 그 죽음과는 관계가 없었다고 가정하기 때문이다. 이루어진 선택들을 문제 삼는다면, 우리는 홀로코스트가 아예 일어나지 않았을 가능성도 고려해야 하지 않나? 누군가가 A라는 사람을 구할지 B라는 사람을 구할지 선택하는 위치에 있었다면, 전 세계 사회는 집단 학살이라는 개념을 완전히 거부하는 위치에 있어야 했던 것 아닌가? 왜 모두가 덴마크처럼 행동하지 않았는가?•

소바주가 지적하듯 우리가 가장 만족스럽게 여기는 구조자들의 이야기는 구조자들이 자신들이 하는 일을 두고 고뇌하면서 누구를 구해야 할지 알 수 없어하는 이야기들이다. 그런 고뇌를 멀리서 관찰하는 행위에는 일종의 외설적인 매력이 있고, 그것이 『소피의 선택』 같은 소설들과 영화 〈쉰들러 리스트〉

• 덴마크는 홀로코스트 당시 자국의 유대인 시민들을 국외 추방하려는 나치의 시도에 대해 적극적으로 저항했던 유일한 점령지였다.

같은 허구적 이야기들이 인기 있는 이유를 설명해준다. 소바주는 고뇌에 찬 구조자라는 이런 개념을 심란해하는데, 그런 개념이 사람들을 그들이 실제 그런 것만큼 선할 수 없는 존재라고 가정하기 때문이다. 하지만 여기서 분명히 말해지지 않는, 그리고 우리를 더욱 심란하게 만드는 생각은 프라이 같은 구조자들조차 사실 무고한 사람들이 살해당할 운명이라는 전제에는 이의를 제기하지 않는다는 것이다. 그 대신 이런 이야기들은 여력이 있는 가장 정의로운 사람들조차도 지극히 소수의 사람들에게 살아남을 가능성을 제공하는 것 이상의 무언가를 할 수는 없었다고 말할 뿐이다. 이런 의미에서, 구조자들을 다룬 이야기들은 감동을 주는 것이 아니라 그 반대다. 그 이야기들은 달라질 수도 있었던 모든 일을 고통스러울 정도로 분명하게 보여준다.

소바주는 프라이의 임무에 제기된 엘리트주의라는 혐의를 단지 무시하고 있지만은 않다. 그는 그런 혐의를 씌우는 일에 적극적으로 반대한다. "저는 하는 게 조금밖에 없다고 구조자들을 평가절하하는 건 아무것도 하지 않는 사람이 자신의 죄책감을 더는 방식이라고 생각합니다." 그는 말했다. "우리가 어떤 임무를 평가할 때는 그것이 달성한 바를 바탕으로 평가하는 거지, 달성하지 못한 바를 바탕으로 평가하는 게 아니에요."

이것은 소바주가 취하기에는 이상한 입장이다. 유명하지 않은 유대인이었던 까닭에 유명한 지식인들을 구하는 프라이의 임무에는 들어맞지 않았던 소바주 자신의 부모님이 프라이가 거절해야 했던 수천 명의 절박한 사람들 가운데 있었다는 사실을 고려해본다면 말이다. 이런 의미에서는, 부모님이 운 좋게 자신들의 생명을 구해주겠다고 하는 누군가를 발견한 뒤에르 상봉에서 태어난 소바주 자신의 생존은 프라이의 위원회가 '달성하지 못한' 바 중 하나가 된다. 더욱 혼란스럽게도, 소바주는 우리가 미국을 미국이 달성하지 못한 바를 바탕으로 평가하기를 바라는 것처럼 보이기도 한다. 프라이는 자신의 임무가 띠고 있던 바로 그 예외적인 성격 때문에 그것을 달성하고 싶어했던 거라고 주장하면서 말이다.

내가 이 점에 대해 소바주에게 이의를 제기하자, 그는 정의로운 사람들에 대한 자신만의 이론에 따라 프라이를 변호했다. "이타주의라는 건 가짜 개념이에요." 그는 말했다. 소바주는 구조자 대부분이 자신들이 한 일에서 커다란 기쁨을 얻었다고 했다. "프라이는 자기 내면에서 나오는 깊은 욕구를 마주하고 있었던 겁니다. 그는 지식인이었고, 예술 애호가였습니다. 그는 자신이 사랑하는 사람들을 정말로 돕고 있었어요."

프라이가 자신에게 가족처럼 느껴지는 사람들을 구하고 있었다는 것은 분명한 사실이다. 그는 프랑스를 떠나기를 거부하면서 아일린에게 보낸 많은 전보 가운데 한 통에 이렇게 썼다. 내 아이들을 버릴 수 없듯 이곳의 내 사람들도 버릴 수 없어요. 수백 명의 사람들이 내게 와서 의지하며 자금과 조언과 위안을 구해왔어요. 지금 떠나는 건 죄가 될 만큼 무책임한 일이 될 거예요. 그는 또 다른 전보에서 위원회에게 시간을 좀더 달라고 애원하며 자신이 우려하는 바를 좀더 직설적으로 밝혔다. 부디 우리가 유럽 문화를 구하는 엄청난 과업을 맡아왔다는 사실을 그들이 깨닫게 해줘요.

"우린 돈이라곤 거의 없었어요." 미리엄 데이븐포트는 소바주와 했던 인터뷰에서 어쩔 수 없이 구할 만한 가치가 있는 사람이 누구인지 결정해야 할 때면 어떤 느낌이 들었는지 설명하며 이렇게 말했다. 화면 속 그의 얼굴에서 미소가 사라지는 몇 안 되는 순간 중의 하나였다. "우리 자금은 자신의 예술 때문에 위험에 처한 사람들 몫으로 구체적으로 지정되어 있었습니다. 우리는 자신의 신념 때문에 위험에 처한 사람들을 돕고 있었어요." 그런데 나는 궁금했다. 구조된 이 사람들의 신념은 무엇이었을까?

1940년 12월, 빌라 에어벨에 나타난 비시 경찰이 배리언 프라이와 여러 예술가들, 동료들을 체포했다. 프라이는 욕실에서 주소가 적힌 몇몇 명단과 가짜 여권들을 태우는 데 성공했지만, 앙드레 브르통이 비시 정부에 반대하는 내용으로 써놓은 낙서는 모임 사람들 전부를 마르세유 항구에 정박해 있던, 600명의 죄수로 가득 찬 증기선에 가둬버리기에 충분했다. 프라이는 미국 영사에게 보내는 쪽지를 10프랑 지폐로 둘둘 말아 잔교 위로 던졌다. 메시지를 받은 영사는 샌드위치가 담긴 쟁반 하나를 보냈을 뿐이다. 사흘 뒤 모임 사람들이 임의로 풀려나자마자 프라이는 여덟 명의 사복 경찰이 자신을 미행하고 있다는 걸 알아차렸다.

프라이는 난민들을 프랑스 밖으로 내보내는 일을 계속했고, 비시 경찰은 그의 전화를 도청하기 시작했다. 프라이의 프랑스인 동료 여러 명이 체포되었고, 1941년 비시 정부에서 처

음으로 반유대주의적인 법률이 통과되자 난민들에 대한 공격
은 더욱 심해졌다. 경찰은 마르세유에서 수사망을 가동했고 외
국에서 온 유대인들을 찾아내는 족족 모두 체포했다. 그렇게
체포된 사람들 가운데 마르크 샤갈도 있었다. 분노에 휩싸인
프라이는 경찰에 연락해 세계에서 가장 위대한 현존 예술가 중
한 명을 체포하면 어떡하냐고 소리를 질러댔다. "그분이 체포
됐다는 소식이 새어 나가면 전 세계가 충격을 받을 거요." 프라
이는 경찰에 그렇게 일렀다. 삼십 분 뒤, 샤갈은 석방되었다. 팀
원들은 크게 기뻐했다. 하지만 메리 제인 골드는 안경을 닦으
며 작은 소리로 이렇게 중얼거리는 프라이를 발견했다. "아니,
그들 모두를 구할 수 있어야 해. 왜 세계적으로 가장 위대한 화
가만 구하냐고!" 이 순간을 기술한 골드의 글을 읽으며 나는 프
라이의 허울에 생긴 균열을 드러내는 최초의 증거를 보았다.
프라이는 이 시점 이전에는 소바주의 이론에 나오는 행복한 구
조자 중 한 명처럼, 그리고 유명한 사람들을 떠받드는 일종의
쾌활한 하인처럼 보였던 터였다. 하지만 이제 무언가 새로운
일이 프라이에게 일어나고 있었다. 혹은 언제나 프라이였던 사
람의 모습이 그저 드러난 것인지도 몰랐다. 다른 누구도 볼 수
없는 것을 보는 능력을 지닌 축복받은, 혹은 저주받은 사람의
모습이.

1941년 8월 29일, 비시 경찰은 미국 정부를 대신해 배리
언 프라이를 체포했다. 그 몇 주 전, 경찰서장은 프라이에게 이
렇게 설명했었다. "당신은 내 좋은 친구인 미국 총영사한테 많
은 불편을 끼쳤소. 당신네 정부도, 당신이 대표를 맡고 있는 위

원회도 지체 없이 미국으로 돌아오라고 당신한테 요청해왔고."
그런 다음 프라이는 스스로 프랑스를 떠나지 않으면 체포될 거
라는 경고를 받았다. 프라이의 아내는 미국 내 영향력 있는 인
사들에게 간절히 도움을 청해 남편의 안전을 확보하기 위해 애
쓰는 중이었다. 유일하게 손에 잡히는 결과는 엘리너 루스벨트
로부터 온 한 통의 편지였다. "부군께 해드릴 수 있는 일이 없
어 죄송할 따름입니다. 부군께서는 이 나라 정부가 지지할 수
없다고 판단하는 일들을 하셨기에 고국으로 돌아오셔야 할 것
같습니다." 프라이의 직원 모두가 비시 경찰과 함께 스페인 국
경까지 프라이와 동행했다. 비시 정부는 사려 깊게도 그에게
출국 비자를 발급해주었다.

＊

프란츠와 알마 베르펠이 정착했던 저택을 찾아 한겨울의
베벌리힐스를 운전해 지나가는 내 눈앞에 정원사들이 떼 지어
모여 있는 마당들이 나타난다. 정원사들은 지각 운동으로 생긴
절벽 아래 이 사막 지역에 심어진 풀들을 돌보고 있다. 베르펠
부부의 저택은 베벌리힐스의 다른 많은 도로와 비슷하게 15미
터 높이의 야자나무들이 로마식 카르도*처럼 열주를 이루며 늘
어선 길에 있다. 거리는 일종의 영화 세트장 같고, 각각의 집은

---

* 고대 로마 도시들에 남북 방향으로 나 있던 주요 대로.

서로 다른 스타일로 지어져 있다. 튜더 양식*으로 지어진 집, 스페인 선교단 건물, 바우하우스형 저택, 이탈리아풍으로 지어진 크고 웅장한 건물. 이 모두가 출입문이 있는 진입로와 인터콤 설비를 갖추고 나란히 늘어서 있다. 베르펠 부부가 전에 살았던 커다란 식민지 시대풍 저택의 벨을 누를까 생각하던 나는 그곳의 잔디밭에 세워진, 폭이 30센티미터쯤 되는 보안업체 그레이터 알람 컴퍼니의 표지판을 알아차렸다.

언덕을 내려와 산타모니카로 와보니 프라이의 유명했던 의뢰인 모두가 이런 수준의 성공을 누렸던 건 아니라는 사실이 분명해진다. 하인리히 만은 베르펠 부부와 함께 피레네산맥을 넘으며 죽음으로부터의 탈출이라는 즐거움을 공유했던 사람이다. 하지만 그가 살았다는, 콘크리트블록으로 지어지고 보기 싫은 파스텔톤으로 칠해진 1층 높이의 아파트에 도착해보니 보안업체 로고는 보이지 않았다. 하인리히 만이 마지막으로 살았던 집 정문에서는 그 대신 다음과 같이 적힌 커다란 표지판이 눈에 띄었다. 이 지역에는 암, 생식독성, 선천적 결손증과 다른 생식 기능 문제를 일으킨다고 캘리포니아주에 알려져 있는 화학물질이 분포되어 있습니다. 만이 그랬듯 나도 황급히 그 자리를 떴다. 태평양 연안에 있던 자신의 낙원에 크게 실망한 만은 1950년 단지 미국에서 벗어나기 위해 공산주의 정권하의 동베를린에 있던 독일 예술 아카데미의 초대 관장 자리를 받아들였다. 고국으로

• 16세기 전기 영국의 건축 양식. 수직적 구성을 중시한 고딕 양식에 르네상스 건축의 화려한 장식성을 더한 후기 고딕 양식을 말한다.

돌아가기 전에 로스앤젤레스에서 세상을 떠나기는 했지만 말이다.

투어를 끝낼 무렵 나는 퍼시픽 팰리세이즈에 있는, 리온 포이히트방거가 살았고 방문객에게 공개되어 있는 대궐 같은 집 '빌라 오로라'로 차를 몰았다. 이 저택은 로스앤젤레스 교외에서 가장 현대적인 생활을 설계하기 위해 1927년 〈로스앤젤레스 타임스〉에서 지은 시범 주택이었다. 특수 절연 처리가 된 벽과 내진 설비가 갖추어져 있고, 무성영화 상영관으로 변하는, 반주를 위해 오르간 한 대가 딸린 거실도 있다. 그러나 대공황이 시작되자 거대한 저택을 원하는 사람은 아무도 없게 되었고, 대공황이 풀리자 전시의 가스 배급제 때문에 교외는 불편한 지역으로 변해버렸다. 포이히트방거 부부는 1940년 미국에 도착했을 때 스페인풍의 이 대저택을 저렴한 가격에 구입했는데, 현재 이 저택은 독일의 작가들과 영화제작자들을 위한 예술가 마을로 이용되고 있다. 포이히트방거는 망명 전에 누렸던 성공을 빠르게 되찾기 시작했고 3만 권에 달하는 장서를 다시 모았는데, 나는 그의 저택에서 보이는 태평양 전경을 즐기며 그 책들을 살펴보았다. 내게 빌라 곳곳을 안내해준 젊은 독일인 여성은 그 저택이 원래는 훨씬 더 컸지만 어느 시점에 뒤뜰의 많은 부분이 절벽 아래로 무너져 내리면서 벼랑 끝에 좁고 기다란 잔디밭만 남게 됐다고 설명했다. 내 가이드인 그는 마치 우리가 딛고 서 있는 땅이 점점 줄어드는 건 지극히 정상적인 일이라는 듯 이 이야기를 건조한 목소리로 들려주었다. 그전에는 거침없이 의견을 표명하는 공산주의자였던 포이히트방거는 새로 얻은 이 저택이나 자신의 자의식에 아무런 회의도 품지 않았던 것으로 보인다. 빌라를 떠날 때 나는 자신이 기르던 거북 두 마리와 함께 캘리포니아의 자택 마당에서 포즈를 취하며 미소 짓고 있는 중년의 포이히트방거의 사진이 들어간 엽서 한 장을 건네받았다.

난민이었던 예술가들은 뉴욕에서 전설적인 업적을 이뤄냈다. 미술사학자 마티카 소원은 다음과 같이 썼다. "1940년대 중반 무렵 뉴욕에서는 새로운 화풍이 발달하고 있었을 뿐 아니라, 난민이자 초현실주의자였던 사람들과 가장 많이 접촉했던 예술가들 사이에서 이런 화풍이 나타나고 있었다." 마르크 샤갈 같은 예술가들은 공공미술로 세계 곳곳의 도시 공간을 재정의했고, 막스 에른스트, 마르셀 뒤샹, 앙드레 마송 및 다른 이들의 작품은 주요 박물관의 상설 전시실에 들어갔다. 그들의 학생 가운데는 로버트 머더웰과 잭슨 폴록 같은 이름들이 있었다.

심지어는 구조자들 자신도 커리어에서 즐겁게 많은 결실을 내기 시작했다. 프라이의 오른팔로 각종 불법 행위의 전문가였던 히르슈만은 마셜 플랜의 건축가이자 하버드, 컬럼비아, 예일, 프린스턴 대학에서 강의하는 전 세계적으로 유명한 경제학자가 되었다. 미리엄 데이븐포트는 알베르트 아인슈타인의 원자력비상위원회에서 일했고, 조각가 겸 화가로서 전시회를 열었으며, 결국 프랑스 문학으로 박사학위를 받기도 했다. 프라이의 도어맨으로 경찰과의 몸싸움을 담당했고 뛰어난 심부름꾼이기도 했던 찰리 포셋은 할리우드에 진출해 100편 이상의 영화에 출연했고 한때 소피아 로렌의 상대역을 맡기도 했다.

하지만 배리언 프라이는 소바주와 인터뷰를 할 만큼 오래 살았더라도 아마 미소를 짓고 있지는 않았을 것 같다. 프랑스에서 돌아온 뒤의 프라이의 삶은 성공 스토리가 못 됐다. 그는 직업도, 아내도 거의 지켜내지 못했다. 〈뉴 퍼블릭〉에서 잠시 일했지만 동료였던 여행 저널리스트들에 비해 자신의 반공주의적 성향이 심해지자 일을 그만두었다. 그 뒤에는 다른 출판사들에서 일했지만 상사와 잘 지내지 못해서 번번이 해고되곤 했다. 그는 자신의 원칙 때문에 몹시 화를 내며 언론계를 떠나면서 조그만 TV 프로그램 제작사 한 군데를 샀지만 무리를 하다가 그 회사도 망하게 하고 말았다. 코카콜라 홍보물에 들어가는 글을 쓰는 일자리를 구했지만 펩시사의 드링크 디스펜서가 더 효율적으로 빛을 낸다고 주장하는 바람에 해고되었다. 성공회 학교에 취직해 라틴어를 가르쳤지만 학생들에게 톰 레러의 노래 〈바티칸 래그Vatican Rag〉를 틀어주었다는 이유로 해고되었다. 마르세유에서 위엄 있는 프라이의 존재에 경외심을 품었던 구조대원 루시 프루트는 1950년대에 담배 광고를 만들고 있던 프라이와 뉴욕에서 우연히 만났을 때 너무나 혼란스러웠다고 소바주에게 털어놓았다. "마르세유에서 그분은 신이었거든요." 프루트는 그렇게 말했다. "그랬던 분이 갑자기 아무것도 아닌 사람이 되어 있는 거예요."

프라이의 사생활은 더 엉망이었다. 아일린과의 결혼생활은 1941년 그가 프랑스에서 돌아오자마자 거의 곧바로 끝났다. 아네트 라일리라는 훨씬 더 어린 여성과 1952년에 했던 두 번째 결혼은 더 오래 지속되면서 세 명의 아이들을 안겨주었지만 끝나기 한참 전부터 어려워져 있었다. 프라이가 이혼하고 나서 죽기 전까지의 2주 동안 유언장을 수정하지 않은 덕분에 수십 년간 프라이의 문서들과 유산을 맡게 된 아네트는 소바주와의 인터뷰에서 프라이가 전쟁 후의 삶에 만족했다고 주장했다. "전쟁에서 돌아온 남자들은 전쟁 얘기를 별로 하지 않았죠." 아네트는 소바주에게 말했다. "그 영광스럽던 나날들이 끝나고 나서 그 사람이 비통해하며 삶을 살았다는 생각은 들지 않아요. 그 사람은 저한테 자기는 보통 사람처럼 살고 싶다고, 야구를 배우고 싶다고 말하곤 했어요." 하지만 프라이는 정신분석을 아주 많이 받았고 심지어는 인간의 섹슈얼리티에 관한 앨프리드 킨제이의 연구에 참여하기까지 했다. 프라이는 자기 아이들에게는 잘해봐야 소원한 아버지였고, 그것조차 못 될 때가 많았다. 프라이의 딸은 여전히 그에 관해 언급하기를 거부하고 있다. 결국 전쟁이 끝난 뒤 교외에서 목가적인 삶을 살려고 했던 프라이 가족의 시도는 프라이의 불안한 영혼이 벌이는 예측 불허의 행동들을 이겨내지 못했다. 프라이는 칼날 위를 걷는 것 같던 전쟁 중의 마르세유라는 세계에서는 잘 살아갈 수 있었지만, 아우슈비츠 생존자인 게르다 바이스만클라인이 언젠가 모든 강제수용소 수감자의 영원한 판타지라고 묘사했고 2004년 펴낸 회고록의 제목으로 붙이기도 했던 '집에서의 지루한 저녁 시간'은 그만큼 견뎌내지 못했다.

　　프라이의 불안 뒤에는 말뚝 울타리 뒤에서 여생을 끝까지 살아가야 하는 전쟁 영웅의 권태보다 훨씬 더 심오한 무언가가 있었다. 그는 자신이 어쩔 수 없이 뒤에 남겨두어야 했던 수천 명, 어쩌면 수백만 명의 운명을 두고 진심으로 고뇌했다. 그리고 나는 수십 년이 지나 그의 동료들이 미소 띤 얼굴로 소바주와 했던 인터뷰에서는 빠져 있었던 것을 그의 고뇌 속에서 보았다. "나는 노력했다. 내가 노력했다는 걸 하느님도 아실 것이다." 프라이는 회고록의 출판되지 않은 서문에 이렇게 썼다. "미국적인 삶의 분위기로 돌아가려고 노력했다. 하지만 잘 안 된다… 내가 보고 느낀 대로 다른 사람들도 보고 느끼게 할 수 있다면 아마도 밤에 다시금 건강하게 잠을 잘 수 있을 텐데." 프랑스에서 추방된 뒤 프라이는 가능한 모든 방법을 동원해 투쟁을 계속하려고 애를 썼다. 군 입대를 하려고 했지만 궤양이 생기는 바람에 그럴 수 없었다. CIA의 전신으로 전쟁 중에 유럽에서 비밀 작전을 수행했던 전략 서비스국 역시 그를 원하지 않았는데, 그가 마르세유에서 일하는 동안 공산주의자일지도 모르는 인물들과 너무도 많은 접촉을 했기 때문이었다. 프라이는 그 뒤에는 유럽에서 일어나고 있는 일에 대해 있는 힘을 다해 소리를 지르려고 해보기도 했다. 1942년, 프라이는 유럽에서 200만 명이 넘는 유대인이 살해당한 일을 구체적인 증거를 포함해 다룬 '유대인 대학살'이라는 제목의 커버스토리를 〈뉴퍼블릭〉에 기고했다. "너무나 끔찍해서 고상한 남자들과 여자들은 믿을 수 없어하는 일들이 있다." 그는 이렇게 썼다. "그런 일들이 인본주의 전통의 계승자들인 동시대 서유럽인들에 의해 자행될 수 있었다니, 거의 불가능해 보이는 일이다." 그는 자신이 알기로 유럽의 유대인들을 구해낼 수도 있을 한 가지 일을 간청했는데, 그것은 미국에 그들의 피난처를 마련하는 일이었다. 그의 간청은 무려 400만 명이 더 살해당할 때까지 철저히 무시당했다. 그러자 프라이는 자신이 유럽에서 저버렸던 사람들에게 더 많은 관심이 쏠릴지 모른다는 희망으로 자신의 회고록 『요구 즉시 넘겨라』를 쓰는 일에 전념했다. 하지만 책이 출간될 무렵에는 미국이 전쟁에서 이긴 뒤였기 때문에 별다른 관심을 받지 못했다. 미국인들은 자신들의 영웅적 행위에 대해 듣고 싶어했지, 자신들의 실패에 대해 듣고 싶어하지 않았다.

프랑스에서 돌아온 뒤 프라이를 가장 고통스럽게 했던 것은 아마도 그가 구했던 예술가들과 지식인들과의 관계가 파국을 맞은 일이었을 것이다. 아니, 그보다는 이 관계들이 그 자체로 일종의 허구였다는 사실이 폭로된 일이었을 것이다.

프라이가 개인적으로 프랑스 바깥까지 호송해주었던 프란츠 베르펠은 여전히 마르세유에 있던 프라이를 대신해 그의 아내가 걸었던 전화에 답신해주기를 거부했다. 프라이의 의뢰인이었을 뿐 아니라 사적으로 프라이와 직원들의 친구이기도 했던 독일의 유명 시인 발터 메링은 로스앤젤레스에 정착한 다음 워너브라더스에 몇 편의 시나리오를 써주기로 유리한 계약을 맺었다. 메링이 미국에서 새로운 삶에 정착할 수 있도록 프라이의 위원회에서 3만 프랑을 선금으로 내준 뒤였다. 난민들이 그런 융자금을 갚으라는 요구를 받지는 않았지만, 프라이의 위원회가 더 많은 생명을 구하기 위해 여전히 자금을 찾아다니는 동안 메링이 새로 산 값나가는 컨버터블을 몰고 퍼시픽 팰리세이즈를 한가롭게 돌아다니기 시작하자 돈을 갚을 생각이 없어 보이는 그의 상황은 참고 넘기기 어려운 것이 되었다. 프라이에게 회고록을 내줄 출판사가 생기자 전에 그의 의뢰인이었던 리온 포이히트방거는 칭찬이 담긴 쪽지를 써 보냈다. "그 사건들에 대한 선생님의 서사가 너무도 인상적이어서 독자로서는 선생님과 함께 그 일들을 경험하는 느낌입니다." 하지만 그 서사는 세계적으로 유명한 작가가 그 책이 평가받거나 읽히는 데 있어 프라이에게 어떤 도움을 줄 만큼, 혹은 책 표지에 짧은 추천사라도 써줄 만큼 인상적이지는 않았던 것으로 보인다. 축하의 말이 담긴 그 쪽지는 그들이 개인적으로 주고받은 처음이자 마지막 편지가 되었다. 포이히트방거가 프라이의 임무에 대해 고마워하지 않았던 것은 사실 1940년 그가 뉴욕에서 처음 배 밖으로 발을 내디뎠을 때부터였다. 부두에서 포이히트방거는 여러 인터뷰를 하기 시작했는데, 피레네산맥을 넘어온 경로에 이르기까지 프랑스에서 도망쳐 온 일에 대해 아주 자세하게 설명했다. 이 일이 포이히트방거의 동료 난민들과 프라이의 위원회의 안전에 얼마나 위협이 되었는지 측정하기는 어렵다. 하지만 포이히트방거는 그 이상 무심할 수 없는 태도를 보였다. 곧 그는 아내와 거북 두 마리와 함께 〈로스앤젤레스 타임스〉에서 지어주는 시범 주택에 살게 될 것이었다.

고마움을 모르는 난민들의 태도는 프라이가 죽기 1년 전이었던 1966년이 되자 고통스러울 정도로 분명해졌다. 그해에 프라이는 국제구조위원회—프라이의 긴급구조위원회에서 느슨하게 발전한 자선 단체였다—를 위해 자금을 모으기로 마음먹었고, 그러기 위해 위원회가 구조했던 예술가들로부터 석판화 원본을 모아 화집을 만들기로 했다. 프라이는 이 일이 간단

할 거라고 생각했다. 어쨌거나 그는 이 사람들의 생명을 구했으니까.

그런데 그렇지가 않았다.

프라이의 그해부터의 문서들을 읽는 것은 몹시 화가 나는 경험이다. 거의 모든 페이지에 자신들의 목숨을 구해준 모임을 후원해달라고 난민 예술가들을 설득하려 했으나 좌절된 노력의 기록이 담겨 있다. 1966년과 1967년에 프라이와 샤갈, 프라이와 샤갈의 에이전트, 프라이와 샤갈의 두 번째 아내 사이에 오간 전보와 편지는 수없이 많은데, 그것들 모두에는 그 유명한 예술가가 어째서 유감스럽게도 프라이에게 알은체조차 할수가 없었는지에 대해 다양한 변명이 담겨 있다. 프라이가 비자를 발급해주었을 뿐 아니라 프랑스 경찰이 게슈타포에게 넘기기 직전에 감옥에서 벗어나도록 개인적으로 도와주기까지 했던 샤갈은 결국 석판화 한 점을 주는 데 동의하기는 했지만 서명하기를 거부하면서 의도적으로 엄청나게 가치를 떨어뜨렸다. 에어벨에서 앙드레 브르통과 그의 아내, 딸과도 함께 지냈던 프라이는 브르통에게 화집 서문을 써달라고 부탁했다. 하지만 아무리 사정하고 설득해도 브르통은 그 일을 해주지 않았다. 프라이는 한 친구에게 보낸 편지에서 그토록 많은 예술가들이 자신에게 응답하지 않은 것에 대해 합리화를 해보려고 애를 썼다. "예술가들은 원래 편지에 답장을 잘 안 해. 편지를 읽기나 하면 다행이지. 그리고 전화는 직접 만나는 것만 못한 법이야. 여러 번 직접 만나는 게 더 낫지." 프라이는 프랑스로 가는 데 필요한 자금을 모을 방법을 찾기 시작했다. 뉴욕의 유대인 박물관에서 막스 에른스트의 전시회를 보고 난 후 그는 에른스트에게 참여해달라고 애원하다가 결국에는 편지에 소리를 빽 지르듯 이렇게 적었다. 저는 당신 작품 없이 화집이 나오기를 원치 않는단 말입니다!

에른스트는 결국에는 프라이에게 고마워해야 할 이유가 훨씬 더 많아지게 될 것이었다. 프라이의 인생에서 마지막 두 해였던 1966년부터 1967년까지 그가 주고받았던 사람을 미치게 만드는 편지들을 내내 읽는 동안, 나는 다른 어디에서도 보도된 적이 없어 보이는 사건 하나를 우연히 발견했다. 1966년, 독일의 한 신문에는 유대인이 아닌 에른스트가 자신은 미국에서의 명성과 부를 향해 걸음을 재촉하면서, 유대인이고 자신의 전처이자 자기 아들의 어머니였던 루이제 스트라우스를 의도적으로 게슈타포에 넘겼다고 주장하는 기사가 실렸다. 사실을 말하자면, 당시 에른스트는 페기 구겐하임과 만나는 사이였음에도 비자를 목적으로 스트라우스에게 다시 결혼하자는 제안을 했었다. 프라이는 막스 에른스트 같은 사람들의 위장 결혼이 구조 작전 전체를 위험에 처하게 할까봐 우려했지만, 결국에는 그 일을 기꺼이 해보자는 입장이었다. 그 일을 해보고 싶지 않다는 입장을 지닌 유일한 사람은 루이제 스트라우스였는데, 그는 막스 에른스트와 또다시 결혼하느니 차라리 나치에게 운을 맡기는 게 낫겠다고 생각했다. (스트라우스는 나치의 포로수용소에서 죽었다.) 에른스트에게 가해지는 비난을 들은 프라이는 그 예술가의 오명을 씻기 위해 엄청나게 노력하기까지 했다. 나는 프라이가 루이제 스트라우스의 미국 비자 수령증 사본들을 얻으려고 얼마나 애썼는지, 그런 다음 전직 미국 영사들과 부영사들, 뉴욕 현대미술관 큐레이터들, 그리고 마르세유에서 그들과 함께 지냈던 목격자들로부터 에른스트의 의도에 관한 진술서를 받으려고 얼마만큼 간청을 했는지 알게 되었다. 하지만 에른스트는 여전히 석판화 한 점만 달라는 프라이의 요구에 대체로 퇴짜를 놓다가 그해 9월 프라이가 프랑스에 가서 몸소 애원했을 때에야 굴복했다. 유럽을 방문하는 동안 에른스트와 다른 많은 예술가들에게 부탁을 거듭하느라 스트레스가 너무 심해진 프라이는 결국 첫 번째 심장발작을 일으켜 프랑스의 병원에 입원하게 되었다.

고마워할 줄 모르는 이런 태도의 일부는 그저 유명인 특유의 허영이었다. 프라이는 한번은 아내에게 보내는 편지에 이렇게 썼다. "구겐하임 부인이 그러는데 샤갈은 빌어먹을 놈이래요. (유대인 여성들은 **정말이지** 솔직하다니까!) 나도 그 말이 맞다고 생각해요." 하지만 그저 유명인들만 예의가 없었던 것은 아니었다. 피에르 소바주는 자신이 르 샹봉에서 했던 연구를 떠올리며 구조된 사람들 대다수가 훗날 자신들의 구조자를 알은척하는 것조차 거부했다고 지적했다. 이런 행동은 부분적으로는 그들이 자신들의 삶에서 가장 참혹했던 경험을 그저 잊고 싶어했기 때문이었다.

하지만 구조자와 구조되는 사람 사이의 관계에는 본질적으로 수치스러운 무언가가—살아남기 위해 다른 사람에게 의존해야 하는 처지가 되는 일의 굴욕이—있고, 그 수치스러움은 구조자들을 향한 적대감으로 드러난다. "감사하는 마음은 우리

가 누군가를 싫어하게 만들죠." 내가 배리언 프라이가 남긴 것
들에 대한 당혹감을 이야기하자 독일계 유대인 저널리스트 하
네스 슈타인은 이렇게 말했다. 슈타인은 이런 유형의 적대감이
전적으로 자연스러운 것이라고 주장하면서 자기 나라를 주요
한 예로 들었다. "독일인들은 미국을 싫어해요." 그가 말을 이었
다. "미국한테 고마워해야 할 이유가 세 가지는 있거든요. 미국
은 독일인들을 독일인들 자신으로부터 구해주었고, 전쟁이 끝
난 뒤에 나라를 재건해주었고, 소련으로부터 구해주었죠. 그리
고 그게 바로 독일인들이 미국을 싫어하는 이유예요." 만약 우
리가 정직하다면, 유대인의 관점에서 본 홀로코스트라는 사실
속에도 깊은 수치스러움이 담겨 있음을 인정해야 한다. 나는
구조자 이야기들이 내게 주는 불편함이 그 수치스러움 자체에
서 나온 것인지 궁금했다. 프라이에게 구조된 유대인들과 반체
제 인사들은 이렇게 궁금해했을 것임에 틀림없다. 다 큰 어른
인 데다가 엄청나게 성공한 사람들인 우리가 대체 어떻게 이런
딱한 처지에 빠질 수 있었을까? 우리 삶을 갑작스럽게 돼지 키
우는 농부의 종교적인 헌신이나 배리언 프라이 같은 별종의 지
적인 야망에 의존하게 되다니?

　구조자들과 구조된 사람들의 경험 사이에 존재하는 엄청
난 차이는 이런 수치스러움을 더해줄 뿐이다. 구조된 사람들
에게 그 시기는 인생에서 최악의 시기이자 자기 삶에 가장 의
미가 없었던 시기였다. 반면 구조자들에게 그 시기는 인생에서
최고의 시기이자 자기 삶의 의미가 가장 컸던 시기였다. 프라
이가 구해낸 모든 사람은 악몽 같은 시간을 살아가고 있었다.

하지만 프라이는 프랑스를 떠나면서 아내에게 보내는 편지에 이렇게 썼다. "그동안 꿈에도 생각지 못한 모험을 했어요. 다른 단어를 찾으려 해도 빅토리아 시대풍의 이 좋은 단어밖에 없는 것 같네요."

빅토리아 시대풍의 그 좋은 단어와 그 단어가 상기시키는 문학에 관해 생각하다가, 나는 프라이가 유대인 대학살에 대해 〈뉴 퍼블릭〉에 쓴 기사를 읽었을 때 떠올랐던 질문을 다시 떠올렸다. 그 기사에서 프라이는 그런 잔학 행위가 '인본주의 전통의 계승자들'에 의해 자행될 수 있었다는 사실을 놀라워했다. 물론 프라이가 프랑스로 갔던 것은 바로 그 전통을 수호하기 위해서, 그의 표현을 빌리면 **유럽 문화를 구하기 위해서**였다. 구조자들과 구조된 사람들 사이의 깊은 간극을 자세히 들여다보는 동안 나는 서구 문명을 구한다는 이 원대한 목표에도 똑같이 이상한 데가 있다는 사실을 알게 되었다. 결국 그 '인본주의 전통'이란 무엇으로 구성되어 있었을까? 그 전통의 가장 위대한 업적들과 가장 고귀한 업적들은 무엇이었나? 구조된 그 지식인들의 진정한 신념은 무엇이었을까? 그리고 유럽 문화를 구하려고 애쓰면서 프라이는 무엇을 구하려고 애쓰고 있었던 것일까?

✳

대답을 찾으려 애쓰면서, 나는 긴급구조위원회의 가장 큰 성공 사례 중 하나인 한나 아렌트가 쓴 글들로 눈을 돌렸고, 내가 어쩌다 보니 어른이 다 되도록 그의 작품 중 가장 기억에 남는 것으로 꼽히는 『예루살렘의 아이히만: 악의 평범성에 대한 보고서』를 한 번도 읽어본 적이 없다는 것을 깨달았다. 내 교육에 난 이 커다란 구멍에 놀란 나는 로스앤젤레스로 가는 비행기 안에서 그 책을 읽었고, 집에 돌아오는 길에 한 번 더 읽었다. 아렌트가 그 나치 고위직 관료의 재판에 대해 〈뉴요커〉에 쓴 기사를 토대로 한 그 책은 피고가 너무도 '진부'해 보였고, 아이히만이 불쾌하게 키득거리는 사악한 천재라기보다는 지루하고 관료주의적인 인간이었으며, 그 지겨운 느낌이 그 자체로 홀로코스트의 참상에서 가장 중요한 새로움이었다는 주장으로 가장 유명하다. 책을 펴기 전부터 나는 이것을 알고 있었는데, 반세기 이상 지나자 이 통찰 자체가 거의 진부해져버렸기 때문이다. 하지만 나는 이 책에서 아렌트가 주요하게 주장한 바는 사실 아이히만의—그리고 더 크게 보면 나치의—악함의 근원이 아이히만의 '사유하는 능력의 부재'였다고 독자들을 설득하는 것이었다는 사실을 발견했다. "그는 정말로 상투적 문구가 아닌 말은 단 한 마디도 입 밖에 내지 못했다." 아렌트는 이렇게 쓰고, 뒤에서 자세히 설명한다. "흔히 하는 말로 하면 그는 단지 자신이 무엇을 하고 있는지 전혀 깨닫지 못했던 것이다… 그를 그 시대의 엄청난 범죄자 중 한 명이 되게 한 것은 순전한 무사유—어리석음과는 결코 동일한 것이 아닌—였다."

그럼에도 아렌트가 묘사하는, 재판에서 상투적인 말들을 내뱉는 아이히만은 내게는 전혀 '사유하는 능력이 부재한' 사람처럼 보이지 않았다. 그는 오히려 그 반대인 사람처럼, 다시 말해 놀랄 만큼 많은 시간을 사유하면서, 개념들을 흡수하고 그것을 행동으로 옮기면서 보냈던 사람처럼 보였다. 다만 그가 하고 있었던 생각들이 허튼 생각이었고, 그는 그 과정에서 그 속에 너무도 깊이 묻혀버린 까닭에 빠져나오는 일이 불가능해진 것이었을 뿐이다. 아렌트는 그 후에 쓴 저작들에서 이 개념을 다듬기는 했지만, 국토를 횡단하는 비행기의 답답한 가운데 좌석에서 이 책을 읽고 또 읽는 동안 나는 나도 모르게 궁금해졌다. 아이히만에게 사유하는 능력이 없었다고 주장하는 일이 아렌트에게는 왜 그렇게 중요했을까? 만약 그에게 사유하는 능력이 있었다면 어떻게 되는 걸까?

아렌트는 또한 예루살렘에서 열린, 아이히만이 인류에 대한 죄뿐 아니라 '유대인들에 대한 죄'로도 심문을 받았던 그 재판의 전제에 근본적으로 결함이 있었다고 주장하는데, 왜냐하면 아렌트의 표현에 따르면 유대인들에게는 "히틀러 치하에서 그들에게 닥친 재앙이… 가장 새로운 범죄, 인종 학살이라는 전례 없는 범죄가 아니라 그 반대로 유대인들이 알고 기억하는 가장 오래된 범죄처럼 보였기 때문이다." 아렌트는 이것을 "예루살렘 재판이 실패하고 불충분했던 모든 부분의 근원에 있는 오해"라고 부른다. 하지만 나는 궁금해하지 않을 수 없었다. 노골적인 인종 말살의 시도로 유대인 50,000명 이상이 살해당했던, 1919년부터 1920년까지 우크라이나에서 페틀리우라 정권 하에 일어났던 집단 학살은 믿을 수 없을 만큼 전례가 없어 보이는 일이 아니었던 걸까? 혹은, 화형에 처해지도록 자신들의 유대인 이웃들을 넘기라고 사람들을 설득하기 위해 창의적인 수사법을 사용했던 종교재판의 방대한 전체주의적 세뇌는 당시 인상적일 만큼 새로운 일이 아니었던 걸까? 혹은 랍비들에 대한 고문과 살해를 경기장이 가득 차는 장관으로 바꿔놓았던 로마제국의 대중 영합적인 혁신은 적어도 한두 명의 철학자에게는 '가장 새로운 범죄'로 생각되지 않았던 것일까? 나는 이런 사례들을 더 많이 떠올렸지만―그저 두서없이 떠오르는 것만 해도 한 세기당 두세 건씩은 있었다―그 일은 곧 따분해졌고, 나 스스로도 지겨워져버렸다. '악'은 진부할 수도 그렇지 않을 수도 있지만, 유대인을 죽이는 일은 분명 진부한 일이다.

나는 아렌트의 책 읽기를 끝내며 내가 그 책을 좋아할 수 있었더라면 좋았겠다고 생각했고, 내가 그의 관점의 진가를 알 수 없었던 것이 나 자신의 '사유하는 능력의 부재'를 반영하는 것은 아닌지 걱정이 되었다. 나는 동네 도서관에 가서 『책임과 판단』이라는 아렌트의 에세이집을 읽었는데, 그 책은 책장에서 에인 랜드의 『이기심의 미덕』 옆 칸에 꽂혀 있었다. 1971년에 쓴 「도덕철학에 관한 몇 가지 질문」이라는 글에서 아렌트는 나치 독일에서 도덕성이 사라졌던 일을 이렇게 돌아본다. "이 모든 것이 거의 하룻밤 사이에 무너져 내렸다… 마치 도덕성morality이라는 단어가 갑작스럽게 '풍습, 관습, 태도 들을 모아놓은 조합'이라는 본래 의미를 드러내고, 그 조합이 다른 조합으로 교환될 수 있다는 듯이… 우리는 결국 한낱 꿈에서 깨어난 것일까?"

그 책을 『이기심의 미덕』 옆 칸에 되돌려놓으면서 나는 이디시어로 시를 쓰는 미국 시인 제이컵 글랫슈타인은 그와 반대되는 생각을, 즉 '충분히 깨어 있었던 사람들에게는 꿈이라는 게 존재했던 적이 한 번도 없다'는 생각을 했었음을 기억해냈다. 1896년 폴란드에서 태어난 글랫슈타인은 종교적인 사람이 아니었고, 뉴욕대학교 로스쿨에 입학할 만큼 미국인다운 사람이기도 했다. 그는 1938년 4월에 발표한 「잘 자라, 세상아A gute nakht, velt」라는 통렬한 시에 다음과 같이 썼다.

잘 자라, 드넓은 세상아
커다랗고 역겨운 세상아.
네가 아니라 내가 문을 쾅 닫는다.
··
그 더러운 문화들을 데리고 지옥에나 가버려라, 세상아.
···
축 늘어진 민주주의, 공감이라는 그
차가운 습포들을 가지고.
잘 자라, 짜릿하고 파렴치한 세상아.
다시 내 등유燈油로, 촛농이 떨어진 그림자들로,
···
신성한 이름이 새겨진 나의 페이지들로, 내 성경책들로,
···
판단으로, 깊은 의미로, 의무로, 권리로.
세상아, 나는 조용한 게토의 불빛을 향해 기쁘게 발을 뗀다.
잘 자라. 내 모든 해방자들이라는 작별 선물을 네게 주마.
네 예수마르크스Jesusmarx들을 데려가서 그들의 대담함에
질식이나 해라.

우리의 세례받은 피로 꿀꺽해버려라.

....

바그너의 우상숭배적인 음악에서 가사 없는 멜로디로, 콧
노래로.
나는 네게 키스한다, 썩어 문드러진 유대인의 삶아.
내 안에서 눈물을 떨군다, 집에 돌아오는 기쁨이.

내가 스무 살의 하버드대 학생이었을 때 처음 읽은 뒤로
이 시는 내 머릿속에서 떠나지 않았다. 이해하기까지 시간이
걸리긴 했지만, 하버드는 내게 생각하는 법을 비롯해 많은 것
을 가르쳐줄 수는 있어도 선함을 가르쳐줄 수는 없는 곳이었
다. 그곳이 선함에 반대되는 것을 가르치는 곳이기 때문이 아
니라, 그저 도덕 교육은 세속적인 서구의 교육이나 세속적인
서구 문명의 목표가 아니기 때문이다.

나와 마찬가지로 하버드를 졸업한 배리언 프라이 역시 이
것을 알고 있었다. 1935년 베를린에서 나치의 언론 담당자였던
에른스트 한프슈탱글을 인터뷰했을 때, 프라이는 한프슈탱글
이 자신을 하버드 동문으로 바라보고 있다는 사실을 깨닫고 깜
짝 놀랐다. 독일인 부모를 둔 미국인으로 확실히 똑똑했던 한
프슈탱글은 프라이보다 27년 앞서 하버드대학교를 졸업했고,
그 뒤에 박사학위를 취득했다. 한프슈탱글은 이민자의 자녀로
하버드에서 교육을 받았던 많은 사람들이 그랬듯 부모님이 태
어난 나라가 어려운 시기를 겪고 있을 때 그곳으로 돌아가 그
곳을 개선시키기로, 자신이 받은 교육으로 할 수 있는 최선의

일을 하기로 마음먹었다. 그는 곧 히틀러의 개인적인 친구가 되었고, 요제프 괴벨스의 계몽선전부에서 외신국 국장이라는 지위까지 올라갔다. 그 미국인은 자신을 위해, 그리고 자기 부모님의 나라를 위해 일을 잘 해낸 셈이었다.

한프슈탱글이 히틀러의 외신국 국장으로 일한 지 1년이 되던 1934년, 하버드 동문회는 그의 25회 동창회를 맞아 그를 하버드 학위 수여식에서의 동문회 부대표로 임명했다. 해외에서 고위 관료가 된 그의 업적을 인정해서였다. 많은 논란 끝에 한프슈탱글은 그 영예를 사양했지만 동창회에는 참석했는데, 그 자리에는 수십 명의 기자와 지역 및 주 경찰로 이루어진 보안팀이 따라붙었다. 1934년 무렵에는 나치 정권의 태도가 비밀이 아니었던지라 1500명의 시위자들이 뉴욕 부두에서 그를 맞이했다. 하지만 하버드에서는 자유로운 지적 탐구의 존엄함이 다양한 의견에 대한 신성한 존중과 함께 널리 퍼져 나갔다. 〈하버드 크림슨〉은 학교가 한프슈탱글에게 명예 학위를 주어야 한다고 주장했다. 한프슈탱글은 동문회 부대표직을 고사하면서 학생들이 새로운 독일에서 1년을 보낼 수 있도록 '한프슈탱글 박사 장학금' 1000달러를 기부하는 것으로 보상을 했다. 기부금과 함께 하버드대 총장이었던 제임스 코넌트에게 보낸 편지에서 한프슈탱글은 다음과 같이 썼다. "제가 하버드에서 보낸 시간은 그 뒤로 제게 헤아릴 수 없이 많은 이로움을 주었고, 그중 적지 않은 부분은 미국과 세계에 대한 이해, 그리고 수양과 페어플레이 정신으로 이루어져 있다고 깊이 확신합니다."

프라이의 전기 작가 앤디 머리노에 따르면 한프슈탱글은

1935년 프라이와의 인터뷰를 그들 두 사람의 모교에 대해 묻는 것으로 시작했고, 그런 다음 자신이 피아노로 연주하는 〈하버드를 위한 만세 삼창〉 듣는 것을 총통이 매우 좋아했다고 자랑을 늘어놓았다. 따지고 보면 하버드를 위해 만세 삼창을 하고 싶지 않은 사람이 어디 있겠는가? 그곳은 다른 잘못들이 아무리 막대하다 한들 아렌트가 말한 것처럼 '사유하는 능력의 부재'라는 도덕적 비난을 받는 사람은 거의 없는 곳이니 말이다. 그런 다음 한프슈탱글은 프라이에게 더 많은 나치 급진파로 이루어진 히틀러의 파벌이 유대인들을 몰살하려고 계획 중인 반면, 나치 중도파에 속하는 다른 사람들과 자신은 인정을 발휘해 유대인들을 마다가스카르로 내보내기를 바라고 있다고 말했다. 프라이가 인터뷰를 끝낼 무렵 한프슈탱글은 아마도 미국에 있는 최고의 지성들에게 행운을 빌며 자신들의 하버드 동문들에게 안부를 전해달라고 프라이에게 부탁했을 것이다.

✳

정의로운 사람들에 대한 피에르 소바주의 이론—그들은 자신이 누구인지 깊이 인식하고 있는 행복한 개인들이라는—에 한 가지 문제가 있다면, 그것이 배리언 프라이에게는 전혀 들어맞지 않는다는 것이다. 프라이가 프랑스에서 보냈던 시기는 강력한 예외지만, 그가 자신의 삶에서 "명확한 정체성에 뿌리를 두고" 있었던 시기는 많지 않았던 것으로 보인다. 혹은 그저 행복했던 시기조차도.

로스앤젤레스에 있는 소바주의 사무실에서 내가 이 점에 대해 이의를 제기하자, 소바주는 방어적인 태도를 보였고 짜증스러워하기까지 했다. "전쟁 중에 프라이가 쓴 글들을 읽어보면 그 사람은 바로 그 자기인식과 행복의 감각을 표현하고 있다고 저는 정말로 믿어요." 소바주는 주장했다. "마르세유의 배리언 프라이가 바로 그런 자기인식과 자신감, 그리고 자신이 있어야 하는 곳에 대한 앎의 화신이 아니었다고 주장하는 건 터무니없다는 생각이 드네요."

마르세유에서 프라이가 지극히 행복했고 자신감에 차 있었다는 것은 분명한 사실이다. 하지만 정의로움을 불러일으키는 특성들이 오직 정의로운 행동을 하는 상황에서만 나타날 수 있고, 한 사람의 인생에서 나머지 시간에는 고통스러울 정도로 부재할 수도 있다고 주장하는 일에는 어딘가 중언부언하는 것 같은 구석이 있다. 정말 그럴 수 있다면, 소바주가 우리에게 그토록 간절하게 바라듯 우리가 정의로운 사람들로부터 진정으로 무언가를 배우고자 할 때—그들의 특성을 우리 안에 배양하거나 타인들 내면에 존재하는 그런 특성을 가치 있게 여기고자 할 때—그런 특성들은 얼마나 적절한 것이 될 수 있을까? 한 사람을 정말로 배리언 프라이처럼 되게 하는 것은 무엇일까?

로스앤젤레스에서 돌아오고 얼마 지나지 않아 나는 배리언 프라이의 아들인 짐과 이야기를 나누게 되었다. 짐 프라이는 진화생물학자이며 그의 아버지가 남긴 문서들의 소유주이다. 구조자들의 동기가 자신이 누구인지에 대한 깊은 인식에서 온다는 소바주의 견해를 내가 언급하자, 짐 프라이는 웃음을 터뜨렸다. 그는 말했다. "아버지를 떠올리면 안정된 자기인식을 가진 사람이었다는 생각은 들지 않는데요."

아버지가 세상을 떠났을 때 짐 프라이는 겨우 아홉 살이 었지만, 나는 그에게 아버지에게서 어떤 인상을 받았는지, 그 자신이 기억하는 것과 아버지를 알고 지낸 다른 사람들이 기억 하는 것 모두를 들려달라고 청했다. "까다로운 분이었어요." 그 는 이렇게 말문을 열었지만 이내 조금 더 명확하게 말했다. "아 버지는 정신질환을 앓고 계셨고, 평생 그것과 씨름하셨어요. 지 금 살아 계셨더라면 아마도 고기능 양극성 정동장애라는 진단 을 받으셨을 겁니다."

짐 프라이는 자기 아버지의 정신질환이 중년 들어 생긴 게 아니라 그가 삶에서 대부분의 시간 동안, 마르세유에서 활 동하기 한참 전부터 싸워왔던 것이라고 확신하고 있다. 그는 전기 작가들이 '괴롭힘에 대한 용기 있는 저항'으로 바꿔놓은, 아버지가 호치키스 기숙학교를 그만두었던 일을 지적했고, 아 버지가 하버드에서 1년 동안 정학당했던 데는 아버지가 말했 듯 총장실에 '팝니다' 표지판을 걸어놓는 장난을 쳤던 것 말고 다른 이유는 없었다고도 말했다. "이런 이야기들에는 어딘가 말이 안 되는 면이 있습니다." 짐 프라이는 말했다. "아버지는 언제나 이상하게 감정을 폭발시켜서 사람들을 멀어지게 만들었 어요."

미리엄 데이븐포트는 소바주와 했던 인터뷰에서 좀더 별 스럽고 터무니없었던 프라이의 몇몇 행동들—사각 팬티 차 림으로 방문객들을 받는 것 같은—을 회상했고, 프라이가

1930년대의 스크루볼 코미디˚들로부터 영향을 받은 것 같았다고 말했다. 하지만 프라이에 관한 자료를 읽으면 읽을수록 그런 영향은 조금도 필요 없었을 거라는 느낌이 더욱 분명해졌다. 프라이와 함께 문예지 〈하운드 앤드 혼〉을 창간했던 하버드 시절 친구(이자 훗날 뉴욕시 발레단을 창립한) 링컨 커스타인의 전기와 회고록들은 전쟁이 일어나기 한참 전부터 개인적인 문제에 시달렸던 한 사람의 초상을 그려 보인다. 커스타인은 자신의 일기에서 프라이가 하버드에서의 어느 파티 도중에 "확 돌아서" 벽에서 전화기를 뽑아내 창밖으로 던져버렸던 기억을 떠올렸다. (내게 이 행동은 처음에는 위험한 것으로 느껴지지 않았다. 그러다가 이것이 규격화된 형태로 벽에 고정되어 있던 1920년대의 전화기, 무쇠와 나무로 된 전화기 이야기라는 걸 깨달았다.) 그 일화는 전혀 특별한 것이 아니었다. 그런 사건들이 잦아지자 프라이는 결국 학교에서 정학을 당하게 되었다.

커스타인의 일기들은 또한 프라이가 게이였다는 사실을 매우 분명하게 보여준다. 이것은 프라이의 삶에 관여했던 거의 모든 사람이 알았던 것으로 보이지만 그 시대의 경건한 분위기 때문에 거의 아무도 인정할 수 없었던 사실이었다. 마르세유에서는 그 사실이 너무도 분명했던 나머지, 심지어 프라이를 함정에 빠뜨리기 위해 방법을 가리지 않던 비시 경찰이 그를 유혹하라고 젊은 여자들과 남자들 양쪽 모두를 보냈을 정도

˚ 좌충우돌하는 인물들, 꼬여 있는 상황, 속사포처럼 쏟아지는 대사를 특징으로 하는 장르.

였다. 아네트 프라이가 자신의 남편은 "교태를 부리는" 사람이 아니었다고 주장하는 글을 컬럼비아대학교에 보관된 서류들에 끼워 넣어야 할 것 같다는 의무감을 느꼈듯이, 나름대로 우스꽝스러울 만큼 경건한 분위기가 흐르던 시대에 자라난 나 또한 한 중요한 인물의 동성애에 관해 현재 분분한 두 가지의 경건한 주장 가운데 하나는 해야 할 것 같다는 의무감을 느낀다. 그 하나는 프라이의 동성애는 그의 영웅적인 행위와는 관계없는 일이었으며, 관계가 있었다고 여기는 것은 편협한 일이라는 주장이다. 다른 하나는 그의 동성애가 타인들에 대한 그의 공감을 만들어내는 데 핵심적인 영향을 미치는 힘이었다는 주장이다. 하지만 이 두 주장 중 어느 쪽도 정말로 사실은 아니다. 프라이의 성 정체성은 그보다는─그의 강렬했던 지성, 그리고 그가 앓았던 정신질환과 마찬가지로─관습적인 삶을 사는 일을 불가능하게 했던 그의 성격의 또 다른 국면처럼 보인다. 그리고 '정의로운 사람들은 자신의 정체성에 대한 흔들리지 않는 감각에 뿌리를 둔 사람들'이라는 피에르 소바주의 주장을 믿는다면, 두 번 결혼한 프라이가 했던 정신적인 이중생활이, 그리고 그가 거기에 복무하는 동안 아내들과 아이들에게 겪게 했던 고통이 정의로움을 만들기 위한 재료가 되기는 힘들어 보인다.

프라이는 소바주가 언급했던 지하철 선로 위로 뛰어드는 사람, 세상에 너무도 단단히 닻을 내리고 있어서 다른 사람을 구하기 위해 목숨을 거는 일쯤은 별일이 아닌 사람에게서 점점 멀어지고 있는 것처럼 보였다. 짐 프라이에게 무엇이 그의 아버지에게 동기를 부여해 구조 임무를 맡게 했던 거냐고 묻자,

그는 르 샹봉의 겸손한 농부들과는 전혀 닮은 데가 없는 사람이 떠오르는 대답을 했다. "틀림없이 그 일부는 중요한 사람이 되어 유명한 사람들과 어울리고 싶은 욕망이었을 거예요." 그는 말했다. "순수하게 인도주의적 이유들도 있었지만, 그런 이유들, 그리고 유명한 사람들과 어울리고 그걸로 인정을 받고 싶은 욕구 사이에는 시너지 효과가 있었어요. 어머니는 아버지가 절대 이걸 인정하지 않았을 거라고 하셨지만, 아버지가 마르세유에서 보냈던 그해는 아버지 인생에서 최고의 해였어요. 저는 그 시간 내내 조증에 걸린 것처럼 들떠 있었을 아버지 모습이 상상이 가요."

프라이의 성격에서 조증에 걸린 듯한 면의 일부는 문제가 있는 정도를 넘어 망상에 가까운 지경에 이르렀다. "어머니도 말씀하시곤 했지만, 아버지는 어리석은 사람들을 기꺼이 참아주지 못했어요." 짐 프라이가 말했다. 그는 자신의 아버지가 〈뉴 퍼블릭〉을 그만둔 일을 아버지가 "사람들과 겪었던 연극적인 불화"의 한 예로 언급했다. 프라이는 자신의 동료 편집자들이 전쟁 중에 스탈린을 욕하지 않는다는 이유로 분노를 터뜨리며 그 잡지사를 그만두었던 것이다. "지나고 나서 보니까," 짐 프라이가 거의 부연 설명에 가깝게 말했다. "아버지가 옳았지만요."

그 옳음이 나를 잠시 멈추게 했다. 그것은 나머지 모든 세상이 히틀러와 타협할 길을 찾고 있던 1935년에 프라이가 베를린에서 드러낸 옳음이었고, 그를 마르세유로 데려간 옳음이자, 그가 그곳을 떠나지 못하게 했던 옳음이었다. 어쩌면 프라이는 정말로, 메리 매카시가 썼던 것처럼 "완전한 광인"이었는지도 모른다. 비이성적일 정도로 방대한 규모에 걸쳐 있는 절대적인 악을 인식하기 위해서는 사람은 거의 미쳐야 한다.

그의 아버지처럼 정의로운 사람이 타인들을 구하기 위해 그런 위험을 무릅쓰게 하는 것이 무엇인지에 대해 짐 프라이 자신이 생각하는 대답을 들려달라고 내가 청하자, 그는 이번에도 심란한 대답을 했다. "아마도 그렇게 무모한 일을 하려면 정신적으로 약간 나사가 풀려 있어야겠죠." 그가 말했다. 그러고는 웃으며 덧붙였다. "1920년대에 우울증 치료제 프로작이 존재했다면 우리는 이런 대화를 하고 있지 않았을 거예요."

그런 다음 그는 조용해진 어조로 내게 말했다. "저한테 제일 흥미로운 건, 그렇게 문제가 많았던 사람이 어떻게 그토록 가치 있고 중요한 일을 할 수 있었을까 하는 거예요." 그는 앤디 머리노가 쓴 프라이의 전기를 읽고 크리스토퍼 콜드웰이 쓴 서평에 나오는, 자신이 제일 좋아하는 문장들을 인용해 읽어주었다. "프라이는 같이 일하기 불가능하고, 정신적으로 문제가 있으며, 자기 안에 갇혀 있는 사람이었다." 콜드웰은 그렇게 썼다. "하지만 그가 또한 예언자이기도 했으며, 자기 앞에 펼쳐질 것으로 예견되는 미래를 막기 위해 자신을 위험에 빠뜨렸다는 사실을 잊지 말자. 그는 아마도 이상적인 사람은 아니었을 것이다. 하지만 그는 분명 어느 세대에나 항상 너무도 부족했던 그런 종류의 사람이었다."

프라이는 미리엄 데이븐포트의 표현대로 "부적응자"였는지도 모른다. 그것은 프라이가 구했던 예술가들과 다른 사상가들에게 종종 사용되는 별것 아닌 단어다. 하지만 예술가들과 사상가들은 최소한 서구 문화가 자신들이 하는 종류의 작업을 귀하게 여긴다는 것은 안다. 긴급구조위원회가 그랬듯, 서구 문화는 정말이지 그들을 문명의 수호자들로 여긴다. 하지만 "인본주의 전통의 계승자들" 가운데 정의로움에 대해 그런 문화적 가정을 하는 사람은 아무도 없다. 정의로움은 특별하지 않은 것, 진부한 것으로 여겨진다. 정의로움이 그것의 본질인 예언으로 여겨지는 법은 없다.

배리언 프라이의 특이함은 마르셀 뒤샹 같은 특이함이 아니었다. 그것은 에스겔* 같은 특이함이었다. 오늘날 배리언 프라이에 대해 들어본 사람이 아무도 없는 진짜 이유는 그의 재능이 우리가 가치 있게 여기는 것이 아니기 때문이다.

어떤 문화는 다른 가치를 지켜나간다는 것, 어떤 사람들은 예술가와 지식인 말고 다른 사람들을 문명의 수호자로 여긴다는 것, 그리고 홀로코스트에서 실제로 살해된 사람들 대부분이 이런 대안 중 하나를 충실히 믿었다는 것을 잊기는 쉽다. 프라이는 유럽의 문화를 구하려고 애썼고, 그것으로 기억되고 칭송되어야 한다. 하지만 이를테면 아무도 하시디즘 문화와 그 문화가 평범한 매일의 신성함에 바치는 헌신을 구하려고 애쓰지는 않았다. 혹은 거기에 대항해 동유럽의 전통적인 유대교 내부에서 일어난 종교 운동으로, 전쟁 전에는 그 동력이 '무사르 musar', 즉 윤리에 대한 철저한 연구에 집중되어 있었던 미스나그디즘을. 무사르 운동에 헌신했던 학교들은 전부 파괴되었으

---

* 기원전 6세기에 활동했던 히브리 대예언자.

며, 그들의 책은 불타 사라졌고, 교사들과 지도자들과 학자들은 살해되었다. 칭송받는 유럽 문화에 일어날 거라고 모두가 두려워하던 일이 빠짐없이 일어난 것이다. 추구하는 사람이 아무도 없다고 피에르 소바주가 한탄하는 것—정의로움에 대한 진정한 탐구—에 자신의 삶과 커리어를 바쳤던 그 많은 사람들을 위해서는 어떤 구조위원회도 소집되지 않았다. 그들에게는 배리언 프라이 같은 사람이 없었다.

나는 몹시 추운 겨울의 한밤중에 로스앤젤레스에서 집으로, 따스하고 어둑한 야간등이 켜진 내 아이들의 방으로 돌아왔다. 우리 집 다섯 살짜리 꼬마가 내가 돌아오는 것을 기념하기 위해 이해할 수 없는 그림들을 냉장고에 잔뜩 붙여놓은 게 보였다. 나는 한때 프라이와 에어벨에서 함께 지냈던 다섯 살짜리 꼬마 초현실주의자였고, 지금은 경매에서 자기 아버지의 문서들을 엄청난 가격에 판매하고 있는 오브 브르통을 떠올렸다. 우리 집 다섯 살짜리가 그린 작품은 분명 비교가 안 될 것이었다. 그럼에도 어둠을 뚫고 로스앤젤레스에서 집으로 오랫동안 날아오며 '누구를 구했어야 하는가'라는 터무니없이 잘못된 게임을 한 번 더 해보는 동안 나는 어쩔 수 없이 이렇게 생각하고 만다. 유럽의 가장 위대한 예술가들을 구하는 긴급구조위원회 대신에 유럽의 가장 위대한 예언자들을 구하는 긴급구조위원회가 있었더라면 좋았겠다고. 우리가 구했어야 하는 것은 유럽 문화보다는 배리언 프라이 같은 사람들이었는지도 모른다고.

　　　　　✳

　　1967년 9월 13일 아침, 배리언 프라이는 새 직장이었던 코네티컷주의 고등학교에 출근하지 않았다. 그가 가장 사랑하는 유럽 문명의 토대인 그리스어와 라틴어를 가르치기 위해 취직한 지 얼마 안 된 곳이었다. 프라이가 집에서 전화를 받지 않자 학교는 2주 전에 그와 이혼한 전처 아네트에게 전화했다. 아네트는 곧바로 코네티컷주 경찰에 연락했고, 경찰관 한 명이 출동해 프라이의 집 문을 두드렸다.

　　경찰관은 허벅지에 안경을 올려놓은 채 침대에 앉아 있는 프라이를, 시트와 담요들을 뒤덮고 있는 타자로 친 그의 자서전 페이지들을 발견했다. 그는 자서전을 학생용 축약판으로 수정하고 있었는데, 그 책은 나중에 '임무: 구조Assignment: Rescue'라는 제목으로 출간되었다. 프라이에게는 전에도 심장발작이 일어난 적이 있었지만 이번 발작은 치명적이었다. 그의 나이 59세였다.

　　경찰관은 침대 여기저기 흩어져 있던, 유럽 문화를 구하기 위한 프라이의 용기 있는 시도가 자세히 열거되어 있던 원고의 내용에 주목했다.

　　그는 이렇게 기록했다. "그것은 소설 원고로 보였다."

9장

사막의 죽은 유대인들

세계에서 가장 오래된 도시 시리아 다마스쿠스의 어느 좁은 길, 콘크리트 벽에 난 무거운 철문을 잡아당겨 열고 아주 오래된 유대교 회당으로 들어간다. 문 안쪽, 커다란 나무 그늘이 있고 타일이 깔린 안뜰을 지나자마자 나오는 건물 안에 발을 들여놓은 나는 눈앞에 펼쳐지는 광경에 말을 잇지 못한다.

　　나는 보석 상자 안에 서 있다. 작은 방은 구슬이 달린 수십 개의 정교한 샹들리에로 밝혀져 있고, 벽은 두꺼운 붉은색 벨벳 휘장으로, 돌로 된 바닥은 호화로운 무늬의 카펫으로 덮여 있다. 내 앞에는 큼직하고 편평한 돌이 놓여 있고, 돌 위에는 황금빛 촛대가 놓여 있다. 돌에 새겨진 글귀는 성경의 열왕기에 묘사된 대로 이곳에서 히브리 예언자였던 엘리야가 후계자 엘리사에게 성유를 발라주었다고 알려준다. (역사적 자료로 확인

해보면 이 회당의 역사는 500년밖에 되지 않지만, 전설 속에서 이곳
은 성서에 나오는 시대까지 거슬러 올라간다.) 수 세기 동안 유대
인 순례자들을 불러들여온 장소치고 이곳은 눈에 띄게 잘 보존
되어 있고, 깜짝 놀랄 만큼 친숙하게 느껴진다. 이곳에는 '신도
석'이 없는 대신 마치 신에게 바쳐진 거실처럼 쿠션이 있는 낮
은 소파들이 서로 마주보고 놓여 있다. 방 중앙에 솟은 대리석
단에는 토라 낭독에 쓰이는 휘장 쳐진 테이블이 놓여 있고, 방
반대쪽 끝에 있는 화려한 나무 장식장 속에는 양피지로 만든
아주 오래된 토라 두루마리들이 멋진 은색 케이스에 담겨 있
다. 벽에는 액자에 담긴 히브리어 기도문들이 걸려 있는데, 지
금 내 아들이 뉴저지에서 바르 미츠바•를 위해 완벽하게 익히
고 있는 바로 그 기도문들이다. 익숙하고 오래된 단어들을 읽
던 나는 숨을 헉 들이쉬며 꿈속에서처럼 움찔하고, 발을 헛디
뎌 시간에 난 구멍 속으로 떨어진다.

　이쯤에서 내가 다마스쿠스에 한 번도 가본 적이 없다는
사실을 밝혀야겠다. 이 회당은 더이상 존재하지 않는다는 사실
또한.

　나는 '디아르나'라는 가상 박물관의 웹사이트(https://diarna.
org)에 들어와 있는데, '디아르나'는 '우리의 집들'을 뜻하는 유
대-아랍어 단어다. 비영리단체 '디지털 헤리티지 매핑'의 주력
프로젝트인 디아르나는 최첨단 사진과 위성 영상, 디지털 매핑,
3D 모델링, 기록 보관소의 자료들과 구술사 등을 전통과 결합

● 유대인 남자의 성인식.

해 누구든 중동과 북아프리카 곳곳의 유대교 역사 유적지(프로젝트가 확대된 지금은 전 세계 유적지가 포함되어 있다)를 가상으로 '방문'할 수 있게 해주는 방대한 온라인 자료실이다.

내가 이 책을 쓰는, 코로나바이러스 팬데믹 상황이 수백만 명의 사람들을 격리 상태로 가둬두고 있는 시점에 가상 투어는 수백 군데의 국제 관광 명소에 꼭 필요한 요소가 되었다. 디아르나는 그저 또 하나의 온라인 현장학습 장소로, 화면 속에 휙 뛰어들어 살펴볼 수 있는 재미난 방식으로 보일지도 모른다. 하지만 디아르나는 디지털 놀이터와는 완전히 다른 공간이다. 무관심과 악의로 인해 세상으로부터 거의 삭제된 장소들을 보존하기 위해 엄청나게 힘들면서 보상도 전혀 받지 못하는 노력이 들어간 공간이기 때문이다. 디아르나가 기록하는 장소들은 정치적 불안정과 경제적 곤란, 권위주의, 편협함으로부터 단지 위협만 받고 있는 곳들이 아니다. 많은 경우 수백 년 된 이 보물들은 디아르나에 남은 가상 기록이 없다면 완전히 망각된 것이나 다름없는 상태다. 앞에서 내가 '방문'했던 회당은 다마스쿠스에 있는 엘리야후 하나비 조바르 회당으로 2010년에 디아르나의 사진가 중 한 명에 의해 기록되었다. 2016년, 시리아 내전은 가치를 헤아릴 수 없는 이 500년 된 유적지를 돌무더기로 바꿔놓았는데, 그 사진들 역시 디아르나 사이트에서 찾아볼 수 있다. 위협받는 중동의 소수자들에게뿐 아니라 모든 사람에게 이 프로젝트가 의미하는 바는 어마어마하다. 여기에는 우리가 과거를 이해하는 방식의 본질을 변화시킬 힘이 담겨 있다.

디아르나는 2008년, 당시 대학을 막 졸업하고 여러 중동

인권 단체에서 활동하고 있던 제이슨 구버먼 페퍼와 북아프리카의 유대교 역사를 연구하던 웰즐리대학교 교수(였고 지금은 명예 교수인) 프랜 멀리노에 의해 만들어졌다. 그해에 두 사람을 모두 알던 어느 지인이 모로코계 유대인인 자기 가족의 뿌리를 탐구하기 위해 모로코로 여행을 갔는데, 거기서 방문한 많은 장소―회당, 학교, 묘지―가 놀랄 만큼 쇠락해 있고, 그 장소들을 기억하는 노인들이 하나둘씩 세상을 떠나고 있다는 사실을 알게 되었다. 시니어 연구자 멀리노와 젊은 사회운동가 구버먼 페퍼는 그 시점에서 머리를 맞대고 상의했고, 기록을 만들어 보관하는 자신들의 기술과 그 지역의 정보원들, 그리고 새롭게 이용할 수 있게 된 과학기술을 결합하면 이런 장소들을 가상 세계에 영원히 보존할 방법을 창조해낼 수 있다는 사실을 알게 되었다.

"그 얘기가 거의 곧바로 이렇게 거대한 프로젝트로 변했죠." 현재 디지털 헤리티지 매핑에서 디아르나의 대표를 맡고 있는 멀리노는 이렇게 기억한다. 멀리노는 자신의 학생들을 채용하는 것으로 시작했지만, 이내―미국의 사진가들과 신예 연구자들, 그리고 지역 주민들을 포함해―일하겠다고 계약한 청년들의 어마어마한 숫자에 놀라게 되었다. "엄청나게 단시간 내에 아주 적은 예산만으로 우리가 웹사이트를 개설하고 수많은 정보와 사진들을 축적할 수 있도록 일해줄 많은 사람을 모은 셈이었죠."

그로부터 10년이 넘게 지난 지금, 디아르나는 구버먼 페퍼를 관리자로 60회 이상의 현장 답사를 실시하며 사진가들과 조사원들을 파견해 수십 개 국가에 남아 있는 유대인 공동체들의 흔적에 관한 정보와 시각적 증거를 수집해왔고, 이제 이 단체는 중동과 북아프리카 전역, 그리고 세계의 다른 지역에 있는 거의 3000군데의 유적지를 기록해둔 상태다. 누구든 디아르나의 온라인 인터랙티브 맵을 확대해 그곳 모두를 탐사해볼 수 있다. 이런 장소들 중 일부는 도시의 이름과 그곳의 유대교 역사에 관한 기본 정보 정도만 올라와 있는 채로 여전히 조사가 진행 중이다. 하지만 대다수 장소에는 유적들을 물리적으로 여러 앵글에서 잡아 보여주는 아름다운 사진들과 역사적 자료로 이루어진 참고문헌, 그리고 과거에 그 장소에 살았던 유대인들이 그곳에서의 삶을 묘사하는 구술사가 포함되어 있다. 현재 디아르나의 사진가들과 조사원들은 건물 내부 풍경을 360도로 완전히 실감나게 잡아내는 휴대용 노 패럴랙스 카메라, 오래된 유적들을 하늘에서 내려다보는 드론 사진, 그리고 전통 방식으로 찍은 사진을 생생한 3D 모델로 바꿀 수 있는 디자인 소프트웨어 같은 도구들을 이용하고 있다.

소셜 미디어 또한 다른 방식으로는 접하기 어려운 장소들을 찍은 비전문가의 사진과 동영상을 모으고 한때 이 유대인 공동체들에 살았던 사람들의 위치를 찾아내는 일을 새롭게 가능해지게 했고, 심지어 쉬워지게 했다. 디아르나의 인터랙티브 맵에는 다른 자료가 없는 경우 종종 비전문가가 찍은 사진과 동영상 링크가 포함되어 있어서 그것들이 아니었다면 가시화되지 않았을 유적들로 통하는 창을 열어준다. 그리고 예전에 이 장소들에 살았던 유대인들이 나이가 들어 기억에 한계가 생김에 따라 디아르나의 조사원들은 그런 사람들과 가능한 한 많은 대면 인터뷰를 진행하면서 대중이 이 구술사들을 접할 수 있도록 거쳐야 할 대규모 편집과 번역 작업을 쌓아두고 있다. "우린 이 장소들을 맵에 표시하면서, 영원히 사라지기 전에 이 이야기들을 보존하면서 시간과 경쟁을 하고 있어요." 구버먼 페퍼가 말한다.

✳

사람들이 죽으면 다시는 돌아오지 않는다는 것을―그리고 내가 그동안 살아온 모든 날들 또한 그렇다는 것을―처음으로 이해하기 시작한 여섯 살 때 이후로 나는 시간과 상실에 대해 내내 생각해오고 있다. 이런 관대하지 않은 사실에 대한 집착이 나를 작가가 되게 했고, 사라지는 그날들을 붙잡아둘 가능성을 뒤쫓게 했다. 이런 노력들은 필연적으로 실패하지만, 나는 미련하게도 계속 시도한다. 처음으로 디아르나에 대해 알게 되었을 때, 팀의 모든 사람들이 나와 똑같은 집착이 있을 뿐 아니라 시간과 필멸성의 가차 없음에도 전혀 좌절하지 않는 사람들임을 알아보고 다소 놀랐다. 마치 한 무리의 쾌활한 정상인들이 나만의 정신병동에 불쑥 들어온 것 같았다. 최신 기술을 이용하면 그 잃어버린 시간과 장소들이 정말로 망각으로부터, 적어도 가상의 형태로는 구조될 수 있다는 것이 디아르나를 이끌고 가는 거의 초현실적인 밝은 희망이다.

유대인들은 수천 년 동안 중동과 북아프리카 곳곳에서 살아왔고 종종 이슬람 정복보다 한참 먼저 생겨난 공동체들에서 살아오기도 했다. 하지만 20세기 중반 이 지역이 식민 지배와 탈식민 지배 사이에서 요란한 권력 이동을 겪는 동안 정치적 불안정과 반유대주의적 폭력은 점점 심해져 대규모의 이동을 불러왔고, 거의 100만 명에 이르는 유대인들이 이스라엘과 다른 지역들로 이주하도록 내몰리면서 나라들 전체에서 유대인을 거의 찾아볼 수 없게 되었으며, 여러 세대에 걸쳐 이 공동체들에 기여해왔던 회당과 학교, 묘지 들만 뒤에 남게 되었다. 이런 대규모 이주가 일어난 배경은 각기 달랐다. 모로코 같은 일부 지역에서는 유대인 공동체의 이동이 대체로 자발적이었고, 일부는 산발적인 반유대주의적 폭력 때문이기도 했지만, 대체로는 가난과 정권 교체에 대한 두려움 때문에 일어났다. 그 반대쪽 극단에는 이라크 같은 나라들이 있는데, 이라크에서 유대인들은 시민권을 박탈당하고 재산을 압수당했으며, 수도인 바그다드에서는 1941년 집단 학살이 일어나 거의 200명에 가까운 유대인들이 살해되고 유대인 소유의 집과 사업체 수백 군데가 약탈당하거나 파괴되었다.

오늘날 그 지역 사람들과 그곳에 들어선 정부들은 한때 그곳을 집이라고 불렀던 유대인 공동체들에 대해 서로 다른 태도를 보인다. 모로코는 공개적으로 자기 나라 유대인의 역사를 기념하는데, 유대교 유적지를 보존하는 일을 정부에서 지원해왔고, 유대인의 삶을 기록하는 데 전념하고 있는 그곳의 비영리단체(이자 유월절 다음 날 열리는 모로코계 유대인들의 축제에서 이름을 딴) '미무나'는 디아르나와 협력하고 있다. 하지만 다른 지역들에서는 유대인의 과거가 공공연히 그 명예를 훼손당하거나 심지어는 부정되기도 한다. 한 예로 사우디아라비아에서는 왕국이 최근에 유대인 도시 전체의 폐허들을 비롯해 주목할만한 유대교 역사 유적들을 승인하려는 공식적인 노력을 했음에도 불구하고, 수십 년에 걸친 범아랍주의와 이슬람교도 선전때문에 대중은 심지어 유대인이 이슬람 정복 이후의 왕국에 살았다는 사실조차 모르게 되어버렸다.

디아르나는 공식적으로 특정한 정치적 입장을 취하지 않으며 이런 어떤 문제에 대해서도 결론을 내리기를 거부하는데, 이것은 나 같은 소설가에게는 미칠 것 같은 일이다. 나는 과거가 하나의 이야기가 되기를, 무언가를 의미하기를, 특히 이런 과거처럼 극적으로 현재에서 잘려 나온 과거라면 그러하기를 바란다. 알고 보면 시온주의자부터 이슬람 근본주의자까지다른 많은 사람들 또한 그럴 것이다. 하지만 구버먼 페퍼는 관여하기를 정중히 사양한다. "이 특정한 마을에 더이상 유대인들이 살지 않는 이유를 제시하는 건 우리가 할 일이 아닙니다." 그는 말한다. "우린 그저 유적지들을 보여줄 뿐이에요." 역사학자인 멀리노는 디아르나의 중립적 태도를 훨씬 더 엄격하게 변호한다. "제 머릿속에 있는 목표는 폐허가 되어 있든 그렇지 않든 이 유적들의 풍요로움을 우리 모두가 이용 가능하게 만들고, 다음 세대가 그 정보에 접속할 수단을 보존하는 겁니다. 우리는 정치적으로 어떤 입장도 취하지 않고, 그런 발언을 하려고 하지도 않습니다. 절대로요."

내가 대화해본 디아르나의 모든 조사원들은 이 점에 있어

단호한 태도를 보였다. 하지만 이 유대교 유적들을 보여주기로
한 선택 역시 그 자체로 하나의 발언, 부인할 수 없는 현실을
강화해주는 발언이다. 그 현실이란 "중동은 점점 더 균질한 지
역이 되어가고 있다"는 것이다.

이 이야기를 내게 해준 사람은 디아르나의 수석 연구 코
디네이터이자 그 자신이 시리아계 유대인의 후예인 에디 애시
커나지인데, 그는 오늘날 그 지역 사람들에게 이 프로젝트가
지니는 가치를 강조한다. "말하자면 우리는 시장에서 우리 할
아버지네 가게 옆에 있는 가게가 한때는 코헨 집안이 하던 가
게였다는 걸 알려주고 있다고 할까요." 그가 말한다. "유대인들
이 잘 어울려 지냈는지, 그렇지 않고 긴장이 가득했는지는 시
간과 장소에 따라 다르지만, 그럼에도 그건 다른 목소리들이
있었던 사회, 소수자들이 포함되어 있었던 사회, 불균질한 사회
가 존재했다는 사실을 증명해줍니다. 지금은 사회 전체가 오직
리비아인 이슬람교도로만 이루어져 있다거나, 오직 시아파* 아
랍인들로만 이루어져 있다거나 그런 식이죠. 하지만 그런 곳들
도 옛날에는 믿을 수 없을 만큼 다양한 사회였어요. 디아르나
가 하려고 하는 유일한 일은 한때 이곳에 유대인들이 살았다고
말하는 일입니다."

디아르나는 현재 북아프리카와 중동 시골 지역의 유대인
공동체들을 기록하는 데 초점을 맞추고 있는데, 그런 지역들에

● 이슬람 세계에서 수니파 다음으로 큰 분파. 오늘날 전 세계 무슬림 인구 중 90퍼
센트는 수니파이고 나머지 10퍼센트 정도가 시아파이다.

서는 이런 단순한 역사적 현실을 입증하는 것만으로도 급진적인 행동이 된다. "우리는 역사책을 다시 쓰고 있어요." 애시커나지가 주장하고는 자신의 말을 바로잡는다. "아, 다시 쓰는 게 아니고 그냥 이 역사를 쓰고 있는 거네요. 왜냐하면 아직 아무도 쓴 적이 없으니까요."

애시커나지는 나와 함께 걸어가며 현재 디아르나의 작업이 정확히 어떻게 이루어지는지 상세히 설명하는 프레젠테이션을 정성 들여 해준다. 그는 리비아의 소도시 므셀라타에 관한 이야기를 들려주는데, 전에 그곳에 거주했던 한 유대인은 디아르나 조사원과의 인터뷰에서 한때는 회당이 "경찰서 근처에" 위치해 있었다고 언급했다. 애시커나지는 자신이 위키매피라는 매핑 도구를 이용해 어떻게 그 소도시의 경찰서를 찾아내고 그곳에서 걸어서 갈 수 있는 주위 반경을 계산해냈는지 내게 화면으로 보여준다. 그다음에는 부지런함과 약간의 운이 뒤따랐다. 리비아의 소셜 미디어를 샅샅이 뒤지던 애시커나지는 현재 므셀라타에 사는 거주자가 페이스북에 올린 기록 사진 한 장을 우연히 발견했는데, 그 사진에는 이슬람 사원 모스크에서 길 건너편에 있는 유대교 회당 시너고그가 선명하게 나와 있었다. 애시커나지는 위성사진에서 여전히 서 있는 모스크를 찾아보았고, 그렇게 해서 회당의 이전 위치를 확인했다. "여기서 드러나지 않는 건 경찰서를 언급했던 그분과 연락이 닿기 전에 우리가 오랜 시간 동안 해온 인터뷰인데요," 애시커나지가 말한다. "꼭 개미들이 하는 것 같은 일이랍니다. 무척이나 지루하지만 효과가 있죠."

나는 애시커나지의 목소리에 담긴 경외심에 귀를 기울이며 왜 사람들이 이런 "개미들이 하는 것 같은 일"을 하려는지 나도 모르게 궁금해졌다. 이 정도로 자세하게 기록하는 일에 정말로 가치가 있는 걸까? 우리가 '지나간 것은 과거'라고 그저 받아들이게 되는 것은 어느 시점에서일까? 20세기가 될 무렵 동유럽에서 이주해 온 유대인인 우리 증조부모님은 어떤 대가를 치르고라도 '옛 나라'를 잊고 싶어했고, 중동의 많은 유대인 난민들, 특히 자신들을 공격했던 사회에 대한 기억이 있는 사람들 역시 그랬다. 애시커나지는 디아르나가 인터뷰했던 사람들 중 다수―대체로 이스라엘 노인들―는 그 일에 누군가가 관심을 갖는 이유를 도저히 이해할 수 없어서 조사원들과 한자리에 앉게 하기 위해서는 설득을 거쳐야 했다고 시인한다. 어느 성실한 기록 보관 담당자가 자신을 불러내서는 한때 자신이 다니던 회당이 서 있었던 길모퉁이 위치를 확인하려고 질문을 한다고 생각하면 내 선조들 역시 불합리하다고 느꼈을 것 같다.

하지만 이런 "개미들이 하는 것 같은 일"에 대한 나의 냉소는 이내 몸서리쳐지는 절망감 속으로 미끄러져 들어간다. 그 절망감이야말로 디아르나의 작업을 관찰하는 일이 감정적으로 그토록 고통스러운 이유다. 디아르나의 노력들 아래 숨어 있는 무서운 현실은 어린 시절 내 머릿속을 떠나지 않던 것과 똑같은 현실이다. 이 공동체들이 사라진 것은 결국 어디에 있는 어느 공동체에나 일어날 일의 심각한(그리고 가끔씩은 폭력적인) 형태일 뿐이다. 우리 모두는 죽을 것이고, 우리의 모든 기억은 사라질 것이다. 오늘 무너져 내리는 것은 튀니지에 있는 회당이지만 결국에는 태양 역시 폭발하고 말 것이다. 노력은 해서 무엇 한단 말인가?

이런 질문들이 머릿속을 떠나지 않는 채로 나는 디아르나 사이트를 샅샅이 살펴보고, 디아르나가 수집·번역·업로드 작업 중인 구술사 자료의 방대한 범위에 대한 감을 잡게 해주려고 애시커나지가 내게 공유해준, 아직 편집하기 전인 몇몇 영상 인터뷰들도 살펴본다. 한 남자가 예멘의 시골 지방에서 보냈던 속죄일에 대해 설명하고 있고, 한 여자가 이라크에 있는 에스라의 무덤에 대해 자세히 말하고 있으며, 또 누군가는 자신이 카이로의 학교에서 공부했던 히브리어 교과서들을 회상하고 있다. 이 영상들 속에서 이야기하는 사람들은 내게는 몹시 낯선 사람들, 나로서는 희미하게만 상상할 수 있는 매일의 삶을 아랍 말투로 묘사하는 나이 많은 사람들이다. 그럼에도 그들은 종종 나 역시 아는 것들을, 명절이나 성경에 나오는 인물, 기도, 노래 같은 것들을 언급한다. 모든 전통과 마찬가지로 유대인의 전통 또한 아주 오래된 경험들을 의식과 이야기 속에 붙잡아두고 그것들을 다음 세대에게 넘겨줌으로써 망각으로부터 보호하도록 만들어져 있다는 생각이 내 머릿속에 떠오른다. 그리고 디아르나는 언젠가 모든 사람의 선조들이 했던, 모닥불을 둘러싸고 앉아 기억을 전해주는 작업의 최첨단 형태일 뿐이며, 모닥불 주위에 생겨난 그 따스하고 밝은 원을 세계 전체로 확대하는 것은 기술이라는 생각도 떠오른다. 나는 그 따스함을 향해, 그 빛을 향해 몸을 기울이듯 화면을 확대하고 귀를 기울인다. 그리고 그때, 내가 디아르나의 여러 파일들을 차례로 한 가롭게 눌러보고 있을 때, 보이지 않는 막이 올라간다.

아직 번역되지도 업로드되지도 않은 구술사가 담긴 어느 영상에서, 한 이스라엘 노인이 아랍 억양이 묻은 히브리어로 자신의 고향이었던 리비아의 예프렌에 대해 말하고 있다. 자신의 가족이 살던, 천장이 나뭇가지로 되어 있던 돌집에서 언덕을 올라가면 그 조그만 소도시의 800년 된 회당이 있었고 거기에는 의식용 목욕탕이 붙어 있었다고 그는 말한다. 그는 이스라엘에 있는 자기 집 부엌 식탁에 디아르나 조사원과 함께 앉아 지도와 평면도를 여러 장 휘갈겨 그리면서 안쪽에 아치형 구조물들과 기둥들, 토라 두루마리를 넣어두는 성궤가 있던 회당을 묘사한다. 이 남자의 횡설수설하는 목소리에 귀를 기울이고 있자니 자신이 꾼 꿈의 세부를 정교하게 설명하는 누군가의 말을 듣는 것 같다. 그리고 그것이 디아르나의 인터랙티브 맵에서 소도시 예프렌을 클릭한 다음, 바로 그 회당의 실제 물질적 폐허에 들어간 어느 영국 여행자가 찍은 최근 유튜브 영상을 보는 일이 너무도 기운 빠지는 이유다. 영상 속에서 그 건물은 무너져 내리는 잔해에 불과하지만, 그곳의 설계는 그 이스라엘 남자가 기억하는 것과 정확히 일치한다. 나는 화면 속에서 놀라워하는 관광객을 따라 한때는 성스러웠던 공간 곳곳을 목적 없이 헤매고, 마치 나 자신의 기억에서 나온 것처럼 아치형 구조물들을, 기둥들을, 토라 두루마리들이 들어 있던 벽감을, 의식용 목욕탕의 잔해에서 여전히 눈에 띄는 송수관들을 알아본다. "개미들이 하는 것 같은 일"에는 정말로 마법 같은 효과가 있다. 그 충격적인 효과는 사람을 겸허하게 만든다. 마치 사랑하는 죽은 친척을 꿈속에서 보는 것처럼. 과거는 현재 속에서 떨면서 살아 있다.

문제는 디아르나에서 열심히 일하는 개미들이 파내는 곳이 종종 활화산이라는 점이다. 이 지역은 이슬람 국가ISIS와 다른 집단들이 소수자들을 완전히 쓸어내리려고 작정한 곳이고, 정치적 격변이 제2차 세계대전 종전 이후로 인류 이주 역사상 최대 규모의 흐름을 발생시켜온 곳이며, 가끔씩은 값을 매길 수 없이 귀중한 문화 유물들에 대한 고의적인 파괴가 단지 그날이 수요일이라는 이유로 일어나는 곳이다.

이런 상황에서 유적들을 매핑하는 작업에는 어마어마한 용기가 필요할 수 있다. 단지 불안정과 전쟁 때문만이 아니라, 유대인들의 탈출을 촉발했던 혐오가 그들이 떠난 뒤에도 비현실적일 만큼 오래 지속되어왔기 때문이다. 유대인들이 자신들이 속한 사회로부터 난폭하게 거부당했던 많은 지역 중 하나로 리비아를 들 수 있다. 트리폴리는 제2차 세계대전이 일어나기 전에는 인구의 25퍼센트 이상이 유대인이었지만, 1945년에 일어난 대규모 집단 학살에서 그 도시의 유대인 100명 이상이 살해되고 수백 명이 부상을 당하면서 공동체의 이동이 촉발되었다. 이후 독재자 무아마르 카다피는 남아 있던 모든 유대인을 추방하고 그들의 재산을 몰수했다. 2011년, 카다피가 축출된 뒤에는 딱 한 명의 리비아계 유대인이 이 도시에 돌아와 다르비시 회당의 잔해에서 쓰레기를 치우려고 했지만 유대인은 리비아에서 나가라라고 적힌 표지판을 흔드는 화난 군중에 의해 나라 밖으로 쫓겨났다. 한 명조차 너무 많았던 모양이다.

같은 해 그보다 조금 앞서, 트리폴리의 한 저널리스트가 한때는 웅장했던 다르 비시 회당의 사진들을 제공하겠다고 디아르나에 제안했다. 그 일은 마블 슈퍼히어로들이나 구사할 법한 전술을 요하는 위업이었다. "그 사람은 경호원들을 따돌리고 쓰레기가 흩어져 있는 회당에 몰래 들어갔고, 그곳을 전부 사진으로 찍었어요." 구버먼 페퍼는 그 기자에 대해 이렇게 말했다. "카다피의 부하들이 기자를 붙잡아 카메라를 압수했어요. 하지만 카메라는 미끼였고, 진짜 사진들은 휴대폰에 들어 있었죠." 디아르나는 그 기자의 사진들에 기초해 회당의 3D 모형을 세웠는데, 기자는 파문이 일어날까봐 두려워하며 여전히 이름을 밝히기를 거부하고 있다. 디아르나의 다른 조사원들도 비슷한 속임수에, 혹은 아슬아슬하게 위험에서 벗어나는 방법에 의지해왔다. 이라크의 유대교 유적들을 기록하는 일을 도왔던 한 쿠르드인 저널리스트는 독가스 공격을 피해 도망쳐야 했다.

교전 지역을 한참 벗어난 곳에 있는 이들도 종종 위태로움을 느낀다. 디아르나의 헌신적인 조사원들—전문가와 학생 인턴, 그리고 자원봉사자가 섞여 있다—과 이야기를 나누면서, 나는 그들 중 얼마나 많은 이들이 경계하는 태도로 자신들이 한 말을 검토하게 해달라고 부탁하는지에 놀랐다. 생각을 자칫 말로 잘못 표현했다가 혐오자들이 달려들 것을 우려해서였다. 디아르나에 업로드되어 있는 다양한 유적들에 자신이 어떻게 "미소를 띠고 들어가는" 방법으로 접근했는지 쾌활하게 들려주던 한 사진가는 나와의 대화가 끝날 무렵에는 갑작스레 용기를 잃더니 자기 이름을 밝히지 말아달라고 고집했다. 그는 자기가 유대인인 게 알려지면 일하는 데 필요한 출입 자격을 잃게 될지 모른다고 털어놓았다.

"이 이미지들을 대중에게 보여주기 위해 많은 피와 땀과 눈물이 들어가죠." 디아르나를 위해 여러 번 답사를 나갔고 다마스쿠스의 파괴된 회당 사진을 찍기도 했던 사진가 크리스티 셔먼은 말한다. 셔먼은 2010년 디아르나를 위해 튀니지의 유적들을 기록하다가 위험하다는 소문에도 불구하고 혼자서 시리아에 가기로 마음먹었다. "무서웠죠." 셔먼이 기억을 떠올린다. "인물 사진에 필요한 장비는 전부 튀니스에 있던 친구한테 맡기고 니콘 카메라만 들고 다마스쿠스로 갔어요. 제가 무사하게 해달라고 하느님께 기도했죠." 셔먼은 브루클린에 거주하는 한 시리아 여성의 안내에 따라 시리아에 마지막으로 남아 있던 유대인 소유의 사업체인 다마스쿠스의 어느 골동품 가게로 갔다. 가게 주인은 다른 가족 구성원들과 함께 셔먼을 회당으로 데려갔는데, 회당은 이제 예배를 드리는 데는 쓰이지 않고 있었고, 가게 주인의 나이든 아버지는 자기 가족이 앉던 오래된 좌석에 앉아 옛날에 그곳에서 기도했던 일을 기억하며 울음을 터뜨렸다. 또 다른 회당에서는 정부 요원들이 셔먼을 따라왔다. "뭐 하러 여기 왔느냐고 그 사람들이 묻더라고요. 전 그냥 불교 신자인데 다른 종교들에 관한 프로젝트를 하고 있다고만 대답했어요. 제가 유대인이라고는 말하지 않았고요. 순간적으로 판단을 잘 해야 해요."

셔먼이 디아르나를 위해 찍은, 빛깔과 빛으로 불타오르는 듯한 내부를 담은 사진들은 강렬하다. 심지어 튀니지의 시골에서 찍은, 완전히 파괴된 상태로 버려진 회당들의 사진들조차 또 다른 인간 목격자가 보는 이의 손을 잡아주는 것처럼 일종의 따스함을 뿜어낸다. "이 감정을 설명하기는 어려워요. 몇 번이고 자꾸만 찾아오는 감정이죠." 셔먼은 디아르나를 위해 했던 작업에 대해 이렇게 말한다. "우리는 수 세기 동안 펼쳐져왔던 유대인들의 역사를 보고 있는 거예요. 그리고 이제 모든 것이—음, 그냥 세상이 너무도 극적으로 변했고, 많은 것들이 끝나가고 있죠." 셔먼의 말들을 들으니 히브리어 시인 하임 나흐만 비알릭의 서사시 「사막의 죽음」에서 되살려낸 『탈무드』의 한 구절이 떠오른다. 그 구절과 시는 사막을 헤매 다니다가 신비하게 보존된 이스라엘 사람들의 시신—"늙지 않는 일족, 놀라운 힘을 가진 민족, 옛날부터 있던 이들"—을 발견하는 사람들을 묘사하고 있다. 그 이스라엘 사람들은 약속의 땅에 도착하기 전에 사막에서 숨을 거둔 사람들, 잊힌 과거의 말 없는 목격자들이다.

"시리아에는 딱 5일 동안만 있었고, 인물 사진 장비를 챙겨서 돌아오게 되니까 너무 신이 났어요." 셔먼이 내게 말했다. "하지만 그러고 나자 아랍의 봄*이 시작됐고, 그리로 돌아갈 수 없게 됐죠."

● 2010년대 초 아랍 세계의 많은 지역에서 정치 부패와 경제 침체에 대한 저항으로 일어난 반정부 시위와 무장 반란. 튀니지에서 시작되어 리비아, 이집트, 예멘, 시리아, 바레인 등 5개국으로 확산되었다.

돌아갈 수는 없다. 누구도 그럴 수는 없다. 하지만 노력하는 일에는 여전히 가치가 있다.

디아르나로 인해 나는 내가 속한 미국의 풍경을 다르게 보게 되었다. 우리 집 근처, 독립 전쟁 참전 군인들의 무덤이 있는 18세기의 조그만 묘지를 지나며 나는 우리가 소중히 간직하는 역사들 옆에 보이지 않게 자리하고 있는지도 모르는 역사들을 떠올리고, 동네 약국인 '월그린스' 밑에 아메리카 선주민들의 매장지가 있지는 않은지, 내가 누군가의 아주 오래된 성지를 밟고 있는 건 아닌지 궁금해한다. 틀림없이 그럴 것임을 나는 안다. 우리는 언제나 죽은 이들 위를 걷고 있다.

그럼에도 시간의 파괴력을 넘어서는 무언가가 내게 자꾸만 디아르나를 찾게 한다. 디아르나에서 수집해둔 사진들과 구술사를 살펴보던 나는 내 나라에서 일어났던 또 다른 반유대주의 총격 사건의 충격으로 휘청거리는 나를 발견했다. 이번 사건은 우리 집에서 이십 분 거리의 코셔 식품점에서 일어났는데, 너무 가까운 거리라 내 아이들에게는 이 이야기를 하지 못했고, 우리 이웃들이 살해되었다는 언급도 피했다. 그 사건으로부터 며칠 지나지 않아 내 소셜 미디어 피드는 이미 로스앤젤레스의 어느 회당에서 벌어진 또 다른 공격을 담은 사진들로 가득 차 있었는데, 그 사진들 속에서는 누군가가—혐오가 동기였든 단순히 정신이 불안정한 사람이었든—성소를 부수고, 토라 두루마리들과 기도책들을 바닥에 던져버린 뒤였다. 그 사진들을 보니 셔먼이 튀니지에서 디아르나를 위해 찍었던 폐허가 된 회당의 거슬리는 사진들이, 바닥에 흩어져 먼지 구덩이 속에 버려져 있던 성경들이 떠올랐다. 온라인이든 오프라인이든, 오늘날 우리의 공공장소들은 종종 타인에 대한 공공연한 조롱과 무례로, 과거와 현재 모두에 관한 자기 잇속만 차리는 거짓말들로, 이웃들을 공격하는 이웃들로 가득하다. 요즘 들어 잠식해 들어오는 어둠을 느끼지 않기란 힘든 일이다. 수많은 폐허가 담긴 디아르나의 창들을 들여다보며 나는 더 많은 빛을 찾는 중이다.

"모두가 자신과 비슷한 사고방식을 가진 버블 안에서는 다른 관점들을 인정하기가 어려운 법이죠." 디아르나의 연구 코디네이터 애시커나지가 내게 말한다. 그는 중동에 있는 균질한 사회들에 대해 이야기하고 있지만, 다른 모든 곳에 대해, 우리 모두에 대해 이야기하고 있는지도 모른다. "우리는 이런 유대인의 역사를 불러냄으로써 그 버블들에 구멍을 뚫고, 한때 그렇게 오래지 않은 과거에 우리의 버블 속에는 타인들도 우리와 함께 있었다는 이야기를 하고 있습니다." 그가 말한다. "다른 이들을 환대하는 일이 그렇게 미친 짓은 아니에요."

그건 그렇게 미친 짓은 아니다. 나는 내 화면에 활짝 열린 창들로 '우리의 집들'의 이미지를, 모든 우리의 집들의 이미지를 들여다본다.

10장

블록버스터급
죽은 유대인들

내가 다운타운 맨해튼의 유대인 문화유산 박물관에서 열리는 거대한 블록버스터급 전시회 〈아우슈비츠: 오래전도 아니고 멀지도 않은〉의 지정 시간대 입장권을 예매한 그 주에, 내 아이들이 다니는 공립중학교에서 누군가의 책상에 그려진 나치 문양이 발견되는 일이 일어났다. 대단한 일은 아니었다. 학교 측은 모든 일을 제대로 해냈다. 학부모들에게 알렸고, 교사들은 아이들에게 이야기를 했고, 미리 일정이 잡혀 있던 홀로코스트 생존자가 참석하는 모임이 열렸다. 그로부터 채 몇 달이 지나지 않아 가까운 다른 소도시의 한 공립중학교에서도 여섯 개의 나치 문양이 발견되었다. 그 학교 측 또한 모든 일을 제대로 해냈다. 여섯 개의 나치 문양 역시 대단한 일은 아니었다.

　　〈아우슈비츠: 오래전도 아니고 멀지도 않은〉은 대단한 일이다. 너무도 대단한 일이어서 유대인 문화유산 박물관은 이 전시를 하기 위해 평면도를 바꾸고, 재구성된 막사 건물 같은 전시물들을 둘 공간을 마련해야 했다. 박물관 정문 바깥쪽에는 보도 위에 가축 운반차 한 대가 서 있는데, 크레인을 이용해 그 차를 그곳으로 옮기는 과정을 온라인에서 동영상으로 볼 수 있다. 이 전시회는 TV에 부분 부분 다뤄진 것을 포함해 뉴스에 엄청나게 많이 보도되었다. 나는 박물관 개장 시간도 되기 전에 도착했는데, 표를 산 사람들의 줄이 그때 이미 문밖으로 뱀처럼 구불구불 나와 있는 상태였다. 가축 운반차 앞에서는 조깅을 하는 어떤 사람이 휴대폰에 대고 펫시터들에 관해 시끄럽게 떠들어대고 있었다.

열다섯 살 때 폴란드에 있는 아우슈비츠 비르케나우 유적 박물관에 갔었다. '살아 있는 자들의 행진'이라는, 전 세계의 십대 유대인 아이들 수천 명을 파괴가 일어난 그런 유적지들에 데려가는 프로그램에 참여해서 간 것이었다. 영리한 사람들이라면 쉽게 비판할 만한 종류의 여행이다. 하지만 그때 나는 열다섯 살이었고 유대인의 삶에 깊이 몰입해 있었기에 그 프로그램이 몹시 감동적이라고 느꼈다. 그런 장소들에 수천 명의 유대인 아이들과 함께 있는 일은 홀로코스트도 나 같은 아이들을 박멸시키지는 못했다는 천둥처럼 쾅쾅 울리는 선언같이 느껴졌다.

그건 1990년대의 일이었는데, 그때는 워싱턴의 미국 홀로코스트 추모 박물관을 비롯해, 각종 홀로코스트 박물관과 전시회가 미국 전역에서 성행하던 시절이었다. 그때 새로 열리는

282

그런 전시회들을 보러 가는 일은 충분히 예상할 수 있듯 고통
스러웠지만, 어딘가 희망적인 면모도 있었다. 거의 전적으로 유
대인 독지가들과 비영리단체들로부터 후원을 받은 이런 박물
관들은 일종의 낙천주의로 물들어 있었는데, 이 낙천주의란 기
본적으로 자기네 시설이, 더 좋은 표현이 없다면, '효과가 있다'
는 가정이었다. 사람들이 이런 박물관들에 와서 세계가 유대인
들에게 무슨 짓을 했는지, 혐오가 우리를 어디로 이끌어 갈 수
있는지 배우게 되리라는 발상이었다. 그런 다음 그들은 유대인
을 혐오하는 일을 그만둘 것이었다.

그건 터무니없는 생각은 아니었지만 오산으로 판명된 듯
하다. 한 세대가 지나자 반유대주의는 다시 한번 새롭고 대단
한 일이 되었고, 오늘날 무언가가 완전히 변해버렸다는 느낌
없이 이런 박물관들에 가기란 어려운 일이 되었다.

최근에 열린 이 아우슈비츠 전시회에서도 무언가가 변해
있었다. 〈아우슈비츠: 오래전도 아니고 멀지도 않은〉은 더 나은
미래에 후원하려고 애쓰는 유대인들이 아니라 '무세알리아'라
는 영리 목적의 스페인 기업으로부터 시작되었는데, 이 기업이
하는 사업은 블록버스터급 박물관 전시회다. 무세알리아의 가
장 잘 알려진 전시회는 세계적으로 성공한 〈인체의 신비〉인데,
이 전시회는 관람객들에게 해부학과 과학을 가르치는 것을 목
적으로 단면이 보이도록 절개하고 알록달록하게 염색한 시체

들(중국 정부로부터 입수한 것으로 후에 밝혀졌다)로 구성되어 있었다. 이 기업의 또 다른 엄청난 히트작은 '타이타닉호'에 관한 전시회다. 이 회사는 물론 재앙 포르노를 생산하는 업체라기보다는 교육적인 기업에 가깝다. 그리고 누가 교육에 반대할 수 있겠는가?

어쩌면 유대인 공동체들이 세웠던 초기의 홀로코스트 박물관들이 성공하지 못했던 이유는 그저 널리 알려지지 못해서였는지도 모른다. 매년 200만 명의 관람객이 미국 홀로코스트 추모 박물관을 찾는데도 불구하고, 최근 한 설문조사에서 미국 밀레니얼 세대의 3분의 2는 '아우슈비츠'가 무엇인지 대답하지 못했다. 60만 명의 사람들이 뉴욕에 앞서 마드리드에서 6개월 간 열린 무세알리아의 아우슈비츠 전시를 보았다. 그 60만 명은 이제 모두 아우슈비츠에 대해 들어본 사람들이 되었다. 한 세대에 걸친 비영리 박물관 교육자들의 노력에도 불구하고 더 많은 교육이 필요해 보인다. 무세알리아가 보여주었듯 대중의 수요도 있다.

그리고 무세알리아 측은 자신들이 하는 일이 무엇인지 분명 알고 있다. 아우슈비츠전은 많은 박물관들, 가장 눈에 띄게는 폴란드의 아우슈비츠 유적 박물관과의 협업으로 진행되었고, 이 끔찍한 분야에서 세계적으로 유명한 전문가들인 성실한 역사학자들이 세심하게 큐레이션에 참여했다. 그런 티가 난다.

아우슈비츠전은 아우슈비츠에 관한 전시회가 갖춰야 하는 모든 것을 갖추고 있다. 이 전시회는 철저하고, 전문적이며, 고상하고, 마음을 끌어당기고, 포괄적이며, 명료하다. 이 전시회에서는 아우슈비츠 유적 박물관에서 온 700점 이상의 전시물 원본과 세계 곳곳에서 온 수집품들이 전시된다. 이 전시회는 내가 본 적 있는 다른 모든 홀로코스트 전시회의 사소하고 짜증스러운 결점들을 모두 바로잡고 있다. 이 전시회는 모든 일을 제대로 해낸다. 그리고 이 전시회는, 나를 다시는 이런 전시회에 가고 싶지 않게 만들었다.

이 전시회는 모든 조건을 충족한다. 벽에 적힌 글귀도, 유대교가 무엇인지 설명해주는 물건들도 있다. 한 전시실의 절반쯤은 근대 이전의 반유대주의를 설명하는 데 할애되어 있다. 박해받는 집시, 동성애자, 장애인에 관한 섹션도 있다. 이 전시회는 또한 아우슈비츠 같은 학살수용소에서 살해된 사람들의 90퍼센트가 유대인이었다는 사실도 조심스럽게 언급한다. 전쟁 전에 유대인들이 자신들을 찍은 영화들도 있는데, 여기에는 종교인과 비종교인이 모두 포함되어 있다. 영상으로 남은 생존자들의 증언도 있다.

이 전시회는 신뢰할 만하다. 제1차 세계대전이 가져온 대대적인 파괴를 다룬 전시실이 있고, 나치즘의 대두를 다룬 또 다른 전시실이 있다. 오디오 가이드는 방관자들과 공모 행위에 대해 사려 깊은 이야기들을 들려준다. 매부리코에다 돈가방을 든 유대인이라는, 오늘날 트위터를 해본 유대인이라면 누구에게나 익숙한 이미지를 보여주는 만화들과 어린이 그림책들도 있다. '유대인들한테서 사지 맙시다KAUFT NICHT BEI JUDEN'라고 적힌 피켓 사진들도 있는데, 오늘날 이스라엘 보이콧 운동이 벌어지는 대학 캠퍼스에 있어본 유대인이라면 누구에게나 익숙한 감정을 불러일으킨다. 유대인 난민들을 받아들이기를 거부했던 전 세계 국가들에 관한 섹션도 있다. 토라 두루마리도 어딘가에 있다.

이 전시회는 집요하다. 한 시간 반 뒤, 나는 내가 수정의 밤*을 겨우 지났다는 사실에 놀랐다. 도대체 뭐가 이렇게 오래 걸려? 나는 나도 모르게 이렇게 생각했고, 내가 얼마나 짜증이 나 있는지에 놀랐다. 이제 폴란드 침공 좀 하면 안 돼? 빨리 우리 다 죽이고 끝내버리지! 나는 한 시간쯤 더 오디오 가이드를 듣고 나서야 나치의 선별이 이루어지던 아우슈비츠의 철도 진입로에 이르렀는데, 거기서는 혼란에 빠진 유대인들이 가축 운반차에서 내린 다음 곧바로 죽을 사람들과 몇 주 더 있다가 죽을 사람들로 구분되었다.

어찌어찌 여러 개의 가스실을 빠져나온 뒤에도, 어처구니없게도 내게는 봐야 하는 분량이 한 시간쯤 더 남아 있었다. (어떻게 아직도 한 시간이나 남아 있을 수가 있지? 다 죽은 거 아니었나?) 강제 노역, 의학 실험, 장물 처리, 저항 행위들, 그리고 마침내 석방에 이르기까지, 그 모든 것이 강제 행진(그렇다, 이것 역시 다뤄져 있었다)처럼 느껴지는 전시회 속에 다뤄져 있었다. 그리고 가스실에서였다. 벽에 적힌 글귀가 설명해주듯, 지클론 B 살충제 알갱이들을 가스실 안에 떨어뜨려 수백 명의 벌거벗은 사람들을 십오 분 내에 죽이는 데 사용되었다는 철망

• 1938년 11월 9일부터 10일까지 독일과 독일 점령하에 있던 오스트리아, 체코 등지에서 유대인과 유대인의 건물들을 대상으로 일어난 폭력 및 파괴 행위를 가리키는 말. 거리에 수정처럼 어지럽게 흩어진 유리 파편에서 유래한 이름이다.

286

기둥과 맞닥뜨렸을 때, 나는 이 모든 것의 목적이 무엇인지 궁금해지기 시작했다.

가스실 철망 기둥에 든 살충제 알갱이들로 수백만 명의 사람들을 죽이는 일의 목적을 말하는 게 아니다. 그 부분, 이해하기 힘들다고들 하는 그 부분은 사실 아주 명백하다. 사람들은 자기 문제의 책임을 타인들에게 돌리기 위해서는 틀림없이 무슨 일이든 할 것이니 말이다. 내가 궁금해하는 것은 그게 아니라, 내가 이 모든 외설적인 사실들을 어떤 목적으로 이렇게 알갱이 하나 크기까지 자세하게 알아야 하는가 하는 것이다.

물론 공식적인 답은 이미 알고 있다. 인간성이 얼마나 깊이 침몰할 수 있는지 우리 모두는 배워야 한다. 역사를 공부하지 않는 사람들은 같은 역사를 반복하게 되어 있다. 나는 공립중학교에 다녔고, 이런 것들을 교육받았다. 하지만 나는 유럽에 있던 유대인 아이들의 90퍼센트를 살해하는 데 사용된 독약의 구체적인 양을 설명하면서 끝없이 이어지는 벽의 글귀들을 읽던 도중에 무언가 다른 생각이 떠올랐다. 어쩌면 이 모든 사실들을 보여주는 것은 우리가 생각한 것과 정반대되는 효과를 낼지도 모른다. 어쩌면 우리는 사람들에게 아이디어를 주고 있는지도 모른다.

사람들에게 유대인들을 살해하는 방법에 관한 아이디어를 준다는 뜻이 아니다. 출애굽기에 나오는, 히브리인 남자 아기들을 나일강에 빠뜨려 죽이라는 파라오의 법령까지 거슬러 올라가는 그런 아이디어들에는 부족함이 없다. 내 말은, 그보다는, 우리는 어쩌면 사람들에게 우리의 기준에 대한 아이디어를 주고 있는 건지도 모른다는 뜻이다. 그렇다, 모든 사람은 홀로코스트를 되풀이하지 않기 위해서 홀로코스트에 대해 배워야 한다. 하지만 이 말은 홀로코스트에 못 미치는 것은 그것이 무엇이든 홀로코스트는 아니라는 뜻을 지니게 되었다. 장벽이 제법 높다.

✳

샌디에이고나 피츠버그의 회당에서 사람들에게 총을 쏘는 일은 '조직적인' 일이 아니고 '단독범'의 소행이다. 그리고 그것은 홀로코스트는 아니다. 보스턴의 서로 다른 두 지역에 있는 회당들에서 일어난 방화 사건도, 그 며칠 뒤에 시카고의 유대인 시설들에서 일어난 비슷한 동시 공격도, 뉴욕 거리에서 종교색을 드러낸 유대인들에게 신체적 폭행을 가한 일도 마찬가지다. 이 모든 일이 내가 아우슈비츠전을 보러 갔던 그 주에 일어났다.

나는 박물관에 갔지만, 내 남편의 사촌들은 이스라엘의 키르얏 갓에서 자기 아이들을 방공호로 끌고 다니며 그 일주일을 보냈다. 그곳에 잠들어 있는 아이들을 향해 미사일을 높이 쏘아올리는 일은, 미사일을 쏘는 자들이 바로 그런 말들을 얼마나 자주 방송하는지와는 상관없이, '유대인에게 죽음을' 가져오려는 시도가 아니다. 그곳의 교활한 유대인들은 자기 아이들이 대규모로 죽는 일을 예방하는 방법을 알아냈으니, 그건 분명 조금도 대단한 일이 아니다.

인터넷에서 유대인 저널리스트들의 신상을 터는 일은 절대 홀로코스트가 아니다. 유대인 대학생들을 괴롭히는 일 역시 홀로코스트가 아니다. 소셜 미디어에서 유대인들을 도발하는 일 역시, 그 일에 포토샵으로 유대인들을 가스실에 합성해 넣는 일이 포함되어 있다 하더라도, 홀로코스트가 아니다. (이런 트롤들을 인정해주자. 이자들은 분명 아우슈비츠에 관해 들어본 적이 있는 것이다.) 심지어는 아주 오래된 유대인 공동체들을 나라 전체에서 쫓아내고 그들의 재산 전부를 압수하는 일조차―이것은 이슬람 정복 이전부터 유대인 공동체가 존재했던 여남은 개의 이슬람교 국가에서 일어난 일로, 이 국가들은 현재 거의 모두 완전한 유대인 청정 지역Judenrein이 되었다―힘주어 말하건대 홀로코스트가 아니다. 얼마나 많은 일들이 홀로코스트가 아닌지 무척이나 놀랍다.

내가 박물관에 갔던 날, 내가 다니던 회당의 랍비는 경찰이 자리를 마련하고 그와 일곱 명의 기독교 목사들과 사제들이 참여한 지역 성직자 회의에 다녀왔다. 회의 주제는 안전이었다. 심지어 피츠버그 대학살 전에도 내가 다니는 회당의 회비에는 보안 비용이 포함되어 있었다. 하지만 이 지역 교회들은 신도들에게 보안 비용을 부담하게 하지도, 그런 목적으로 정부 지원금을 이용하지도 않는 것처럼 보인다. 랍비는 나중에 내게 교회 관계자들이 교회 문에 자물쇠를 달지 말지 의논하는 동안 자신이 어떻게 아무 말도 못 하고 침묵 속에 앉아 있었는지 말해주었다. "문에 자물쇠를 달지 말지라니요." 나중에 랍비는 내게 얼빠진 얼굴로 말했다.

그는 회당에서 정기적으로 발송하는 이메일을 통해 내가 이미 알고 있던 내용은 말해줄 필요가 없었다. 회당에서 청원 경찰의 근무 시간을 늘렸고, 유치원 직원들과 함께 총격범 대비 훈련을 실시했으며, '공식적으로는 알릴 수 없는' 더 많은 계획들을 준비 중이라는 내용이었다. "문에 자물쇠를 달지 말지라니요." 랍비는 경악하며 되풀이했다. "그 사람들은 그냥 아무것도 모르더군요."

이 랍비는 젊다. 나보다 젊다. 그는 내가 아우슈비츠전에서 깨달았던 것과 똑같은 것을, 우리 경험의 특수성을 깨닫고 있었다. 나는 여기서 사과해야만 할 것 같다. 그렇다, 이 랍비와 나는 둘 다 다른 지역에 있는 수많은 비유대인 예배 장소들에도 청원 경찰이 필요하다는 것을 안다고 인정해야 할 것 같다. 그렇다, 우리 둘 다 다른 집단들 또한 박해받아왔음을 안다고 말해야 할 것 같다. 그리고 중학생이면 다 알 만한 이런 사실들을 자존심 상하게 늘어놓아야 한다는 것 자체가 문제를 보여주는 하나의 예이며, 그 문제란 죽은 유대인들은 오직 더 큰 무언가, 더 심한 무언가의 일부일 때만 논할 가치가 있다는 것이다. 다른 민족 일부는 홀로코스트 박물관에 가서 슬픔을 느낀 다음 슬픔을 느끼는 자신을 자랑스러워할지도 모른다. 그들은 공식적으로 중요한 무언가를 배우게 될 것이고, 서양 문명의 한계에 대한 고급스러운 은유를 발견하게 될 것이다. 문제는 우리에게는 죽은 유대인들이 은유가 아니며, 우리 아이들이 그렇게 되지 않았으면 하는 실제 사람들이라는 것이다.

아우슈비츠전은 홀로코스트를 개인화하고 거기에 인간

성을 부여하기 위해 대단히 애를 쓰는데, 이런 순간들이야말로 정확히 그 전시회의 빈틈이 드러나는 순간들이다. 일부 전시물에는 "한 여성이 혀 밑에 숨겨두었던, 주석으로 만들어지고 글자가 새겨진 약혼 반지" 하는 식으로 이야기가 덧붙여져 있다. 하지만 대부분의 개인 물품들—유아차, 어린아이의 신발 한 짝, 안경, 유아용 우주복—은 그것들을 소유했던 사람들로부터 완전히 분리되어 있다. 오디오 가이드는 이 사람들이 누구였을지 겸허하게 추측한다. "이 여성은 가정주부였을 수도, 공장 노동자였을 수도, 음악가였을 수도 있습니다…" 이 말들이 주는 인상은 파악하기 어렵지 않다. 이 여성은 **당신이었을 수도** 있다. 하지만 이 여성을 당신으로 만들기 위해, 우리는 그 여성이 실은 자기 자신이었다는 사실을 부정해야 한다. 이런 사색의 말들은 사람을 은유로 바꿔버리는데, 이것이 목표라는 사실이 내게는 서서히 분명해진다. 모든 것을 완전히 제대로 해냄에도 불구하고 이 전시회는 **우리에게 무언가를 가르쳐주기** 위해 사업에 밀어 넣어진 익명의 죽은 사람들로 가득했던 〈인체의 신비〉와 크게 다르지 않다.

전시 말미에는 생존자들이 화면에 나와 사람들이 얼마나 서로를 사랑할 필요가 있는지를 반복해 말한다. 이 이야기를 듣는 동안 내게는 이디시어—희생자들의 80퍼센트가 사용했던 언어—로 된 생존자 문학 가운데 이런 견해가 담긴 작품을 읽어본 적이 한 번도 없다는 생각이 떠오른다. 이디시어로 오직 다른 유대인들에게만 말하면서, 생존자들은 자신의 살해된 가족들에 대해, 수 세기 동안 이어져왔으나 파괴된 공동체에 대해, 유대인의 국가적 독립에 대해, 유대인들의 역사에 대해, 자기방어에 대해, 그리고 드물게는 복수에 대해 이야기한다. 사랑이라는 주제가 나오는 일은 드물다. 그 주제가 왜 나오겠는가? 하지만 여기, 영리를 목적으로 한 이 전시회에서는 사랑이 등장한다. 여기서는 그것이 궁극적인 메시지이며 최종적인 해결책이다.

홀로코스트가 사랑의 중요성을 납득하게 만든다는 생각은, 홀로코스트에 대한 교육이 반유대주의를 예방한다는 결코 반대할 수 없어 보이는 생각과 마찬가지로, 환상이다. 전적으로 반대할 수 있는 환상이다. 홀로코스트는 사랑의 부족 때문에 일어난 것이 아니다. 그 일은 전 세계 모든 사회가 자신들의 문제에 대한 책임을 지기를 거부하고, 그 대신 자신들이 가장 두려워하는 것, 즉 책임을 대변하는—이 세계에 '명령받음'이라는 개념을 처음으로 소개한 이래 언제나 그것을 대변해온—사람들에게 책임을 전가했기 때문에 일어났다.

지금처럼 당시에도 유대인들에게는 전 세계 사람들에게 잔소리를 늘어놓는, 살아 있을 때는 혐오의 대상이 되다가 오직 죽어서 안전해져야만 사랑받는 어머니의 역할이 주어졌다. 열다섯 살 때 아우슈비츠 곳곳을 걸어 다닌 이후로 여러 해 동안 나는 잔소리를 늘어놓는 어머니가 되었다. 그리고 이 전시회가 마치 수백만 명의 사람들이 살해된 일이 사실은 하나의 도덕극이었고, 자동차 범퍼에 붙이는 스티커 속 표어였고, 은유였다는 듯이 사랑에 관한 설교를 하는 걸 들으니 나는 나도 모르게 몹시 화가 난다. 나는 내 아이들이 다른 누군가의 은유가 되어버리지 않았으면 한다. (물론, 이미 그렇게 되어버렸지만.)

남편의 조부가 전에 폴란드에서 버스 회사를 운영한 적이 있다. 남편과 우리 아이들 중 몇 명처럼 시조부는 망가진 것들을 잘 고치는 사람이었다. 그는 전문 정비공들이 자신의 버스를 수리하는 광경을 지켜보곤 했고, 그런 다음에는 그들을 다시 고용하는 법이 없었다. 딱 한 번만 살펴보면 무엇을 어떻게 고쳐야 할지 알았던 것이다.

시조부가 세상을 떠나고 몇 년 뒤, 시어머니는 자신의 아버지가 누군지 알 수 없는 사람들과 함께 찍은 사진 한 장을 우연히 발견했다. 한 여자, 그리고 각각 아홉 살과 일곱 살쯤 돼 보이는 두 어린 소녀였다. 시조부와 마찬가지로 홀로코스트 생존자였던 시조모는 마지못해 이 사람들이 시조부의 첫 번째 아내와 아이들이라고 말해주었다. 시조부가 살던 소도시에 들이닥친 나치가 그의 버스 회사를 압수하고 그가 보는 앞에서 아내와 딸들을 처형했다고 했다. 그들은 시조부는 살려두었는데, 버스 수리를 시키기 위해서였다. 시조부가 망가진 것들을 잘 고친다는 이야기를 어디선가 들은 것이었다.

아우슈비츠전은 모든 일을 제대로 해내면서도 아무것도 고치지 못한다. 박물관을 걸어 나와 가축 운반차 옆에서 문자 메시지를 보내는 조깅하는 사람들을 지나치면서, 나는 완전히 망가진 기분을 느꼈다. 내 아이들이 다니는 공립중학교의 책상에는 나치 문양이 그려져 있지만 그건 조금도 대단한 일이 아니다. 살아 있는 사람 가운데 나를 고쳐줄 수 있는 사람은 아무도 없는 것 같다.

11장

샤일록과 함께하는

통학길

이 극은 세 군데의 장소를 배경으로 하고 있다. 르네상스 시대의 베니스, 엘리자베스 시대의 영국, 그리고 21세기의 뉴저지에 서 있는 곰젤리 향이 나는 미니밴 속이다. 나는 가장 중요한 장소, 그러니까 곰젤리가 나오는 장소에서 시작할 텐데, 유일하게 그곳에만 내가 사랑하는 사람이 등장하기 때문이다.

내가 사랑하는 사람이란 열 살짜리 내 아들인데, 그렇다고 언제나 사랑하기 쉬운 사람은 아니다. 고집이 세고, 요구가 많고, 집착이 심하고, 무시무시하고, 종종 너무 똑똑해서 유쾌한 아이가 못 되는 내 아들은 뭐든 자기 뜻대로 해야 직성이 풀리는데, 최근 몇 달 동안 나는 매일 그애를 학교에 데려다주고 데려오느라 한 번에 사십 분씩 차에 갇혀 있어야 했다. 우리는 내가 기가바이트 단위로 다운받아둔 팟캐스트들을 들으면서 견

며냈다. 다행스럽게도 아이는 '라디오랩' 프로그램에 마음을 빼앗겼다. '다행스럽게도'는, 한 에피소드에서 진행자가 인간 장기의 소유권에 관해 늘어놓은 농담이 옆길로 빠져, 자신이 빌려준 돈을 갚을 수 없다면 대신 살코기 1파운드로 갚으라고 집요하고 무시무시하게 주장하고 요구하는 어느 유명한 인물이 등장하는 어느 유명한 희곡 이야기가 나오기 전까지였다.

내 아들은 그 이야기에 사로잡혔다. "우리, 저 희곡 다운받아야 돼요." 아이가 내게 알렸다.

속이 살짝 울렁거렸다. 25년 동안 읽은 적이 없는 『베니스의 상인』을 듣는다고 생각하니, 그리고 아이와 또 한 번 결판을 지어야 한다고 생각하니. "그거 셰익스피어 작품인데." 나는 피해보려고 했다. "상당히 어려운 말들이 나와. 네가 이해하기는 어려울 것 같은데. 더군다나," 나는 침을 꿀꺽 삼켰다. "『베니스의 상인』은—"

"잠깐만요, 셰익스피어라고요?" 아이는 셰익스피어에 대해 들어본 적이 있었고, 셰익스피어가 중요한 작가라는 것도 알고 있었다. "셰익스피어라면 당연히 들어야죠! 엄마가 듣다가 언제든 멈춰놓고 이것저것 설명해주면 되잖아요."

나는 다시 피해보려고 했다. "셰익스피어라면 더 나은 희곡들도 있거든. 『맥베스』나 『햄릿』이나. 근데 이건—"

"이건 살코기 1파운드가 나오잖아요! 살코기 1파운드 얘기 듣고 싶어요!"

아이는 자기 몫의 살코기 1파운드를 원했다. 그다음에 일어난 일은 수치스러운데, 그 수치스러움은 내 몫이다.

그날 저녁 늦게 아이들이 자러 간 뒤에 나는 온라인에서 빈둥거리다가 BBC에서 라디오극으로 만든, 평이 괜찮은 『베니스의 상인』을 발견했다. 다운로드를 하기 전에 좀 망설였다.

오래전 학생 시절에 그 희곡을 읽는 동안 배 속에서부터 느껴졌던 신체적인 메스꺼움이 기억났다. 그 희곡은 당연히 반유대주의적인 작품이 아니고 그 시대의 산물일 뿐이라며, 우물에 독을 타는 일이 좋다고 말하는 중심인물이 나오는 크리스토퍼 말로의 『몰타의 유대인』보다는 훨씬 낫지 않느냐며 나와 동료 학생들을 안심시켰던 여러 선생님들과 교수님들을 믿었던 일도 기억났다. 자주 인용되듯 샤일록의 두 눈과 두 손, 기관과 신체를 보면, 어쨌든 셰익스피어는 그를 온전한 인간으로 구체화하지 않았던가? 샤일록에게는 두 눈이, 두 손이, 기관이, 신체가 있었다! 그를 찌르면 피가 나지 않겠나? 그보다 더 안심되는 설명을 누가 요구하겠는가? 학교에서, 나는 이 모든 것을 받아들였다. 십 대 소녀에 불과했던 내가 누구라고 셰익스피어가 틀렸다는 말을 하겠는가? 예술이나 성폭력 같은 문제들에서 종종 이상한 판단을 하는 것처럼 보이는 십 대 여자애들과는 달리, 셰익스피어는 틀릴 수 있는 종류의 사람이 아니었다.

휴대폰을 손에 들고 망설이는데 기발한 생각이 떠올랐다. 내가 그 희곡에 대해 어떤 비평이든 학문적인 글이든 읽지 않은 지 25년이나 됐다는 것이었다. 나는 나이를 먹었고, 세상도 나이를 먹었다. 어쩌면 이제는 셰익스피어가 틀릴지도 몰랐다!

하지만 나는 이내 셰익스피어가 아직도 틀리지 않은 상태로 남아 있다는 걸 깨달았다. 몇 초도 지나지 않아, 내가 처음

읽은 뒤로 수년간 『베니스의 상인』에 관해 발표되었던 엄청난 분량의 학문적이고 대중적인 기사들이 눈에 띄었다. 이 글 무더기는 이제는 민감한 감수성이라는 전율까지 더해 왜 이 희곡이 반유대주의적인 작품이 아닌지를 다시 한번 설명했다. 수준 낮게 징징거리는 인간들은 종종 이해를 못 하는데, 정말로 이 작품을 이해한다면 아니라는 걸 알 거라는 얘기였다. 이 작품은 사실 자본주의에 대한 비판이었다. 이 작품은 사실 '타자'에 대한 논평이었다. 이 작품은 사실 희극 속에 숨겨진 비극이었다. 이 작품은 사실 반유대주의에 대한 풍자였다. (왜냐하면 희극이니까!) 이 작품에 등장하는 기독교인 인물들도 똑같이 나쁘고, 그러니 이 작품은 사실 기독교를 비난하고 있는 것이었다. 사실 이 작품에는 우리의 평범한 인간성에 대한 인식이 담겨 있었다. 셰익스피어는 역사상 가장 위대한 작가였고, 그는 그저 온전히 인간적이지 않은 인물은 창조할 수 없었을 뿐이다.

예일대학교 교수였던 해럴드 블룸과 영국의 법정 변호사 앤서니 줄리어스처럼 이 논의에서 남들과 확연히 구분되는 견해를 보였던 사람들도 몇 명 있었다. 하지만 대다수는 이 희곡을 구제할 수 없을 정도로 반유대주의적이라고 여기는 사람들이 수준 낮게 징징거리는 인간들이라는 데 의견 일치를 보았다. 그리고 전적으로 우연이겠지만 그렇게 징징거리는 인간들 또한 유대인이니, 이 주제에 대한 그들의 의견은 어째선지 마술적인 방식으로 무효가 된다는 것이었다. (그런가 하면 이 희곡의 '복잡미묘한 결'을 높이 평가하는 유대인 학자들의 글은 예쁨을 받으며 거듭 하이퍼링크되어 있었는데, 그런 글들은 특히 영국에서 출판되면서 종종 '유대인이 읽는 ○○○' 같은 제목들을 달고 작가가 유대인이라는 사실을 광고했다.) 2016년 이 희곡에 반대하며 〈워싱턴 포스트〉에 실린 한 기사에는 오직 부정적인 댓글들만 달렸는데, 그 대부분이 '정치적 올바름' '검열' '역사적 맥락'에 관해 자신의 옳음을 확신하는 말들이었다. "이다음엔 뭔데?" 한 댓글은 이렇게 투덜댔다. "성경을 없애기라도 할 거냐?" 한 댓글은 기사의 필자인 유대인식 성을 가진 변호사를 이렇게 공격했다. "사리사욕이나 품고 권력이나 탐하는 변호사 여기 하나 추가요, 정말 유해하네!" 어떤 관리자도 이 한 줄짜리 댓글을 삭제하지 않았다. 문제의 희곡과 마찬가지로 그 댓글 또한 전혀 반유대주의적인 이야기가 아니었다.

　나는 휴대폰을 노려보며 나만의 불안에 빠졌는데, 그 불안은 수 세기 동안 셰익스피어를 연구해온 학자들이라면, 그리고 셰익스피어 자신이라면 나보다 더 잘 알 것이 틀림없다는 어떤 믿음의 형태를 하고 있었다. 그것은 내가 십 대 때 느꼈던 익숙한 감정이었다. 하지만 곤란하게도 이제는 나 자신만의 문제가 아니라 아들이 관여되어 있었다. 어쨌든 열 살짜리 아이가 셰익스피어의 희곡을 듣고 싶어한다는 건 인상적인 일 아닌가? 나 자신이 영어로 글을 쓰는 작가라는 사실은 말할 것도 없고, 아이를 교육하는 일에 전념하는 부모로서, 내가 어떻게 서양 문명의 본보기인 셰익스피어의 작품을 처음으로 접하는 경험을 나와 나누고 싶다는 아이의 진심 어린 바람을 묵살해버릴 수 있겠는가? 특히 영어로 글을 쓰는 나 같은 작가에게 셰익스피어는 서양 문명의 본보기가 아니었던가? 그의 작품을 읽고 싶어하는 열 살짜리 아이가 인상적인 이유는 애초에 그게 전부 아니었나?

언제까지나 수치스럽게 여길 일이지만, 나는 '지금 다운로드' 버튼을 클릭했다. 우리는 다음 날 아침 미니밴에서 감상을 시작했다.

＊

이 극의 다음 장면은 엘리자베스 시대의 영국에서 펼쳐진다. 윌리엄 셰익스피어라는 한 남자가 이른바 이해하기 힘든 이유로 대부분의 사건이 피에 굶주린 한 유대인으로 인해 벌어지는 5막짜리 운문 희극을―그렇다, 희극이다―쓰기로 마음먹는다.

그 이유가 이해하기 힘들다고들 하는 건, 유대인들이 13세기에 영국에서 추방되었다가 17세기나 돼서야 다시 돌아올 것을 권유받았다는 사실 때문이다. 그러니 셰익스피어는 유대인을 단 한 번도 만나본 적이 없으리라는 것이 위키피디아 수준의 생각이다. 하지만 셰익스피어는 자신이 단 한 번도 가본 적 없는 장소들과 단 한 번도 만나본 적 없는 유형의 사람들에 대해 자주 글을 썼고, 그의 희곡들은 개인적 경험이 아니라 이전의 문학 작품들로부터 영감을 받은 것으로 보인다. 여기에 분명히 해당되는 예가 『베니스의 상인』인데, 이 작품의 인물들과 줄거리는 통째로 하나의 원자료에서, 즉 14세기 이탈리아의 작가였던 조반니 피오렌티노의 단편소설집 『얼간이Il Pecorone』에서 옮겨온 것이다. 작은 세부사항 하나하나가 모두 그 책에 똑같이 등장한다. 멀리 벨몬테에 사는 부유한 여성과 사랑에 빠지는 청년, 그 청년의 친구로 사랑 때문에 애태우는 친구의 여행에 필요한 돈을 미리 융통해주는 상인, 그 상인에게 돈을 빌려주는 탐욕스러운 유대인 고리대금업자, 돈을 갚을 수 없는 경우 1파운드의 살코기를 달라는 그 유대인의 요구, 벨몬테에서 온 여성이 남성 판관으로 변장하고 참석하는 재판, 그 '판관'이 내리는, 유대인이 피를 한 방울도 흘리지 않고 그럴 수 있다면 자기 몫의 살코기 1파운드를 가져가도 된다는 판결, 그리고 심지어는 그 여성의 반지를 둘러싸고 흥청망청 노는 일에 이르기까지 그렇다. 유일하게 중요한 차이점이 있다면 셰익스피어의 여성 인물이 피오렌티노의 여성 인물보다 훨씬 더 고결하다는 것이다. 『베니스의 상인』에서 포셔는 불행하게도 구혼자들에 대한 자기 아버지의 요구를 이행하는 반면, 『얼간이』의 여성 인물은 구혼자들에게 약을 먹이고 거액을 갈취한다. 셰익스피어는 이 세부사항을 지우면서 악의적인 책략가들은 삶의 어느 계급에든 존재한다는 암시도 함께 지워버렸다. 『베니스의 상인』에는 그런 식으로 혼란스러운 부분은 나오지 않는다.

셰익스피어가 영국에 살았던 실제 유대인들에 대해 알지 못했다는 주장 역시 설득력이 없게 느껴진다. 개종한 포르투갈계 유대인으로 여왕 엘리자베스 1세의 주치의였던 로데리고 로페스 박사가 스페인 왕실로부터 돈을 받고 여왕을 독살하려 했다는 혐의로 공개재판을 받은 후 런던탑에서 처형되었다는 소식이 『베니스의 상인』이 집필되기 직전 몇 년 동안의 가장 중요한 새 소식 중 하나였다는 점을 떠올려볼 때 그렇다. 매우 존경받는 16세기의 의사였던 로페스 박사는 경솔하게도 자신이 한때 에식스 백작의 성병을 치료해주었다고 밝힌 적이 있었다. 백작은 로페스 박사에게 반역죄를 뒤집어씌우고 그를 고문할 계획을 짜는 것으로 복수했다. 로페스 박사는 극도로 고통받는 와중에 "자백을 했다." 비록 법정 기록에 따르자면 "유대인답게" 재판에서는 모든 혐의를 부인했지만 말이다. 하지만 왕의 대리인은 그가 "위증을 하고 살인을 저지르는 반역자이자 유대인 의사"라고 사실을 말하듯이 언급했다.

1594년 타워 힐에서 이루어진 그의 처형에는 군중이 목쉰 소리로 외치는 "유대인을 목매달아라!"라는 구호가 뒤따랐다. 하지만 로페스 박사는 실은 교수형에 처해져 죽은 게 아니라 반역자들에게 걸맞은 방식으로 목이 반쯤 졸릴 때까지 매달려 있다가 여전히 살아 있을 때 교수대에서 내려졌다. 그런 다음 거세를 당하고 내장이 꺼내졌고, 그 생식기와 창자는 그의 눈앞에서 불태워졌다. 목이 잘리고 말들이 잡아당겨 몸이 네 조각으로 찢긴 뒤에, 4등분된 그의 시신 조각들은 잘린 머리와 함께 각각 다른 장소에 부패할 때까지 공개 전시되었다.

이 상황에 담긴 복잡미묘한 결들을 간과하는 건 수준 낮게 징징거리는 일이 될 것이다. 결국 역사적 기록은 로페스 박사의 사형 집행 영장에 서명하는 데 있어 뜸을 들였다는 이유로 엘리자베스 여왕을 칭찬한다. 박사가 유죄라는 것을 의심했던 여왕은 심지어 그의 가족들이 그의 재산을 갖도록 자비롭게 허락까지 했는데, 이는 셰익스피어의 희곡에 나오는 마찬가지로 자비로운 베니스 공작의 행동과 다르지 않다. 고결한 기독교인을 살해하려고 시도한 탐욕 넘치는 유대인에 대한, 반유대주의적 윤색을 수없이 거쳐 열광적으로 보도된 이 재판과 공개적 모욕. 그리고 고결한 기독교인을 살해하려고 시도한 탐욕 넘치는 유대인에 대한 재판과 공개적 모욕을 소재로 한, 로페스 박사의 시신이 부패하고 얼마 지나지 않아 셰익스피어가 집필했던 희곡. 이 두 가지가 무슨 관계라도 있는지, 그 여부는 물론 전적으로 불분명하다. 필시 이 일들은 서로 아무런 관계가 없을 것이다.

✳

우리의 다음 장면은 르네상스 시대의 베니스가 배경이다. 여기서는 안토니오라는 작품 속 남자가 돈이 필요해져 또 다른 작품 속 남자로부터 돈을 조금 빌리는데, 이 남자는 베니스가 배경인 이 시극에서 이탈리아인 같지 않은 이름으로 나와 종종 산문체로 말하는 인물이다. 산문체로 말하고 이탈리아인 같지 않은 이름을 가진 걸 보면 샤일록은 분명 온전히 인간적인 인물, 그것도 친숙할 만큼 인간적인 인물이다. 그는 고집이 세고, 요구가 많고, 집착이 심하고, 무시무시하고, 너무 똑똑해서 유쾌한 사람이 못 되고, "약속한 걸 받아야겠어"라고 그가 여러 번 되풀이해 표현하듯 뭐든 자기 뜻대로 해야 직성이 풀린다.

그러나 현실에서 샤일록 같은 사람은 약속한 걸 받아내려 한다 해도 결코 작품 속 샤일록처럼은 굴 수 없었다. 르네상스 시대 베니스에서 샤일록 같은 사람이 숨 쉴 허락이라도 받으려면 몇 년마다 한 번씩 허가서를 갱신해야 했는데, 두 번의 추방이 따로따로 이루어지는 동안 유대인들이 알아냈듯 실제로는 갱신되지 않을 수도 있었다. 1516년, 비용이 많이 드는 전쟁 때문에 베니스의 시 금고가 바닥나자 수익의 새로운 원천을 찾던 시 당국은—고리대금업자와 전당포 운영자 같은 몇몇 직업인들에 한해—유대인들을 불러들였고, 이들이 살게 된 지역은 세상에 '게토'라는 말을 선사하게 되었다.

이 감옥 같은 도시 구역의 특징은 과밀한 인구로 인해 사람들이 자기 키보다 천장이 낮은 집에 몸을 쑤셔넣어야 하는 '마천루'들이 생겨난다는 것이었는데, 이런 점이 영국 극작가들에게는 잘 이해되지 않았던 모양이다. 셰익스피어의 희곡에서 샤일록의 딸 제시카는 밤이 되자 창문 밖으로 빠져나와 바로 밑에서 기다리고 있던 기독교인 연인과 사랑의 도피를 한다. 현실의 베니스에서였더라면 제시카는 그날 밤 도망치기 위해 더 힘든 시간을 보내야 했을 것이다. 게토의 문은 밤에는 잠겼고, (베니스의 법령이 요구하는 대로 유대인들이 낸 돈으로 봉급을 받는) 네 명의 기독교인 경비원이 배치되어 있었다. 게토는 섬에 위치해 있었는데, 섬을 둘러싼 운하에서는 도주를 막기 위해 네 대의 이동 경비정이(이 경비정의 경비원들도 마찬가지로 유대인들이 낸 돈으로 봉급을 받았다) 밤새 순찰을 돌았다. 물론 이 희곡의 배경은 시간이 조금 지나 게토가 본토에까지 확대되었던 시기였을 수도 있다. 본토에 속하는 게토 지역에서 베니스의 다른 지역으로 가려면 건물 밑으로 나 있는 경비가 삼엄한

터널—역사학자 칼 나이팅게일이 연구한 격리된 도시들의 역사에 따르면 기독교인들의 도시에 다가가는 유대인들이 억지로 고개를 숙여야 할 만큼 낮았던—을 통과해야 했을 것이다. 게토 밖에서 유대인들은 노란색 배지와 모자를 착용해야 했고, 그곳에서 대중에게 인기를 끌었던 하나의 구경거리는 『탈무드』를 소각하는 것이었는데 1553년까지 모든 부수가 압수되어 불에 태워졌다.

유대인이라는 위협이 너무도 막대했으므로 어쩔 수 없이 그런 예방책들이 있어야 했다. 1475년, 베니스에서 200킬로미터쯤 떨어져 있던 이탈리아의 소도시 트렌트에서는 유대인들을 도시에 살도록 허락해주었던 일의 결과가 생생하게 드러났다. 그곳에서 모든 유대인은 시몬이라는 이름의 기독교인 어린아이를 죽여 살을 먹고 피를 마시려 했다는 '자백'을 할 때까지 정교하게 고안된 고문을 받아야 했다. 모든 이의 안전을 위해 유대인들은 산 채로 불에 태워졌고 그들의 재산은 몰수된 반면, 시몬은 성인으로 추대되었다.

이 사건은 때마침 신기술로 생겨난 새로운 매체를 통해 소문이 퍼지던 시기에 일어났는데, 그런 까닭에 거짓말들이 전례 없는 속도로 퍼져 나갈 수 있었다. 이탈리아에서 최초로 인쇄된 서적의 대다수에는 이 아이를 잔인하게 살해해 잡아먹는 유대인들에 관한 내용과 오늘날로 치면 딥페이크에 해당될 법한 선정적인 삽화들이 들어가 있었다. 이 만화들과 거기 함께 실린 글들로부터 영감을 받아 그로부터 10년 내에 적어도 이탈리아의 다섯 군데 다른 소도시에서 아이들의 시신을 유대인들의 집에 몰래 숨겨둔 다음 유대인들을 공개 처형하는 일이 일어났다. 유대인들의 조세 기반을 그대로 유지하기를 간절히 바랐던 베니스 정부는 이런 '피의 비방'을 공식적으로 금했지만, 사람들은 베니스의 유명한 계관시인이었던 라파엘레 조벤조니에게서 더 많은 영감을 받았다. 조벤조니는 성인으로 추대된 아이의 살해를 묘사하면서 피에 굶주린 유대인들로부터 백성들을 보호해달라고 정부당국에 간청하는 성가를 써서 입소문을 탔다. 그로부터 몇 세대 지나지 않아 유대인들을 게토에 가두자는 베니스 사람들의 뛰어난 아이디어 또한 입소문을 타게 되었다.

✳

우리의 마지막 장면은 21세기 뉴저지의 곰젤리 향이 나는 미니밴에서 펼쳐지는데, 나는 여기서 내 아들에게 그 아이가 곧 듣게 될 것에 대한 대비를 시키기로 마음먹는다.

"이 희곡에 대해 네가 알아야 할 게 있어." 차가 진입로를 빠져나오자 나는 아이에게 말했다. "살코기 1파운드를 달라고 하는 남자는 유대인이야. 그리고 이 희곡이 그 남자를 보여주는 방식은… 음, 우린 그걸 반유대주의적이라고 부른단다."

"우와, 어려운 단어다!" 아이가 꺅 소리를 질렀다. 어려운 단어, 나는 생각하고는 기운을 내려고 애썼다. 봐, 우린 지금 뭔가를 배우고 있어! 배움은 좋은 거라고! "그게 뭔데요?"

"그건 유대인들을 싫어하는 사람들을 뜻해."

이 개념은 열 살밖에 안 된 내 아들에게도 낯설지 않았다. "유월절 얘기나 푸림절 얘기나, 하누카 얘기에서처럼요? 아니면 피츠버그에서 사람들한테 총 쏜 그 남자처럼요?"

"그래. 그런 거야." 나는 그 이후로 벌어진 총격과 폭행과 난자 사건들을, 아이에게 말하지 않기로 했던 사건들을 떠올리며 얼굴을 찡그렸다. "한 가지 다른 점이 있다면 이 희곡에 사람을 죽이는 내용은 안 나온다는 거야. 하지만 유대인들을 만화에 나오는 것처럼 비열하고 나쁜 사람들로 만들어놓기는 하지." 운전대를 붙잡은 내 머릿속에 그 두 가지가 실은 전혀 분리된 일이 아니며, 트렌트의 시몬부터 개구리 페페*에 이르기까지 만화로 된 유형의 혐오는 사실 사람을 죽이는 유형의 혐오에 필요한 전제 조건이라는 생각이 떠올랐다. 나는 이 점을 설명하지는 않기로 했다. 이 점을 설명하지 않은 채 불쾌한 도발이 위험과는 별개의 일이라는 거짓말을 지속시키는 것이 문제의 일부라는 생각은 나중에야 떠올랐다. 아이는 알아채지 못했다.

"그것 때문에 살코기 1파운드에 관한 이상한 얘기가 나오는 거예요?" 아이가 물었다.

"바로 그거야." 내가 대답했다. 그때 서양 문명의 영광에 대한 나의 충성심이 치고 들어오는 바람에 나는 이렇게 덧붙여야 할 필요를 느꼈다. "이 희곡이 이 인물을 가지고 만화 같은

● 의인화된 녹색 개구리의 형태를 한 인터넷 밈의 하나. 원래는 정치와 관계없는 만화의 캐릭터였으나 2015년부터 극우 백인 민족주의 운동의 상징으로 차용되었다.

짓을 좀 하기는 하지만, 셰익스피어는 한편으론 이 남자를 더 현실적으로 만들어놓기도 해. 이 남자는 그냥 탐욕스럽고 나쁜 사람이기만 한 건 아니야. 그것보다는 더 복잡하지. 그 사람도 인간인 거야."

내 아들이 안달하기 시작했다. 아이는 약속한 것을 받아낼 생각이었다. "틀어줘요." 아이가 요구했다. 나는 틀었다.

BBC에서 만든 라디오극은 생생하고 흡입력 있었다. 놀랍게도 내가 일시정지를 누를 필요가 있었던 건 이따금씩 나오는 16세기식 말장난들과 아이가 이해하지 못하는 '고리대금업'의 개념을 설명할 때뿐이었다. "사람들이 집이랑 여러 가지를 사기 위해서는 돈을 빌려야 하지 않나요? 그게 왜 나빠요?" 나는 이 문제에 대한 대답은 갖고 있지 않았다. 하지만 샤일록이 등장하면서 설명할 것은 훨씬 많아졌다.

샤일록은 "3000두카트*"라는 대사와 함께 등장해 고결한 안토니오에 대해 다음과 같이 말한다. "난 저자가 싫어. 기독교인이니까./ 더구나 저자가 비굴하고 멍청하게/ 돈을 공짜로 빌려주니까 우리가/ 여기 베니스에서 받는 고리대가 낮아진단 말이지./ 언제 한번 저 인간을 확 던져버릴 수만 있다면/ 내가 품은 오래된 원한을 풀 텐데."

"멈춰요." 아이가 뒷좌석에서 요구했다. "이게 무슨 뜻이에요?"

"음, 어떤 부분 말이니?" 나는 시간을 끌며 물었다. 좋은

---

* 옛날 유럽 대륙에서 사용된 금화의 한 종류.

부분이라고는 없었다.

"왜 그 남자가 싫은지에 대한 부분이요. 그 남자가 기독교 인이라 싫다 그랬나? 그건 어이없어요. 근데 다른 이유는 뭐 죠?" 아이는 다른 이유는 더 나은 것이기를 명백히 바라면서 물었다.

하지만 그건 더 나은 이유가 못 됐다. "샤일록이 돈을 더 많이 받고 싶어서 그런 거야." 나는 말했다.

"샤일록이 그냥 탐욕스럽고 나쁜 사람이기만 한 건 아니라면서요."

"아닌 거 맞아." 내가 주장했다. "점점 나아진단다."

하지만 점점 나아지지 않았다. 곧 나는 어쩔 수 없이 샤일록이 성경에 나오는 야곱 이야기(내 아들도 종교적 맥락에서 알고 있는 이야기였다)를 자기에게 유리한 방향으로 해석하는 것, 안토니오가 샤일록에게 침 뱉기를 좋아하는 것, 살코기 1파운드를 두고 샤일록이 맺은 거래, 그리고 "이 히브리인, 기독교인 되겠네. 친절하잖아"처럼 자신의 열 살짜리 유대인 아들에게 설명하기에는 고통스러운 수많은 다른 구절에 관해 설명해야 했다.

나는 이 작품의 순수한 끔찍함에 놀라 얼이 빠진 채로, 아이가 설명해달라고 할 모든 구절을 두려워하며 차를 몰았다. 자비란 그 본질상 강요되는 것이 아니라고, 문제의 희곡에 나오는 여자 주인공은 유명한 말을 하지만, 나는 이 작품의 풍요로움에 관한, 그 "복잡미묘한 결"에 관한 온갖 자비로운 해석을 기억해내라고 나 자신을 다그쳐야 했다. "그 유대인은 틀림없

이 악마의 화신이야" "우리 주인은 진짜 유대인인데 선물을 준
다고요? 목매달 밧줄이나 주시죠" 같은 행들을 분석하거나 "미
워하면서 가서 그 방탕한 기독교인/ 음식이나 축내야겠다"라는
샤일록의 말이 무슨 뜻인지 설명하면서 복잡미묘한 결이라는
걸 찾아내기란 죽도록 힘들었다. 약 한 시간쯤 지나자—샤일록
의 딸이 자신의 사악한 아버지에게서 도망치는("우리 집은 지옥
이야") 부분은 지났지만 샤일록이 자기 딸이 "내 발치에 죽어 있
고… 그년 관에 두카트나 들어 있었으면" 더 낫겠다고 선언하
는 부분이 나오기는 전에—우리는 샤일록의 유명한 독백 부분,
모든 것을 괜찮아지게 만드는 그 부분에 이르렀다.

　이 부분에 대해 예비 설명이 필요하다는 것을 알기에 나
는 일시정지를 눌렀다. "이 연설을 들으면 샤일록에 대해 좀 다
르게 생각하게 될 거야." 나는 아들에게 말했다. "그 사람이 더
인간적으로 느껴질 거야."

　아이가 결의에 찬 표정을 했다. "좋아요, 들어봐요."

　성우는 영어를 쓰는 유대인이라면 누구나 찬사로 받아들
여야 할 것 같은 짧은 독백을 시작했다. "나는 유대인입니다. 유
대인은 두 눈이 없나요? 유대인은 손도, 기관도, 신체도, 감각
도, 감정도, 열정도 없습니까? […] 당신들이 우리를 찌르면 피
가 나지 않을까요? 간지럼을 태우면 웃지 않을까요? 우리한테
독약을 먹이면 죽지 않겠어요? 그런데 당신이 우리한테 잘못
을 하면, 우리가 복수를 안 할까요?"

　"잠깐만요, 이게 이 사람이 더 인간적으로 나오는 부분이
라고요?"

다시 일시정지 버튼을 눌렀다. "그럼." 백미러로 아이에게 결의에 찬 표정을 되돌려주며 내가 말했다. "이 남자는 우리한 테 자기가 다른 모든 사람들과 같다는 걸 떠올리게 해주고 있 는 거야. 자기도 보통의 감정들을 가진 보통 사람이라는 거지."

아이가 웃음을 터뜨렸다. "정말 거기에 넘어간 거예요?"

기분이 상한 나는 침을 꿀꺽 삼켰다. "그게 무슨 뜻이니?"

"샤일록은 그냥 복수하고 싶다고 말하고 있는 거잖아요! 이렇게요. '아, 그래서? 내가 보통 사람이라면, 보통 사람처럼 사악해져주지!' 이건 슈퍼 악당이라면 누구나 다 하는 사악한 독백 같은 거예요! '난 거친 삶을 살아왔다. 그리고 네가 나였 어도 똑같은 일을 했을 거다. 내가 배트맨을 죽이려는 이유는 바로 그거다. 무-하하하!' 이 사람은 그냥 상대방을 더욱더 교 묘하게 속이고 있는 거라고요!"

"아니야, 이 사람은-" 나는 그 독백의 마지막 부분을 기억 해내며 더듬거렸다. 당신들이 내게 가르쳐준 악행을 나도 실행 할 거요. / 그리고 어렵긴 하겠지만 배운 것보다 더 잘 실행할 거요. 말해지지 않는 그다음 구절이 처음으로 들리는 듯했다. 무-하하 하. 나는 법정에 선 샤일록처럼 낚이고 배신당해온 것이었다.

"슈퍼 악당이 하는 독백에 넘어가면 안 되죠! 어떤 바보가 그런 거에 넘어가요?"

어떤 바보가 넘어가느냐고? 내가. 내가 넘어갔다. 나는 수 치심 속에서 길을 노려보았다. 내 아들은 고집이 세고, 요구가 많고, 집착이 심하고, 무시무시하고, 너무 똑똑해서 유쾌한 아 이가 못 된다. 그런 특징들이 아이의 가장 훌륭한 장점이자 진실함의 원천이라는 생각을 전에는 떠올려본 적이 없었다.

"좀 딱하네요." 아이가 중얼거렸다. 아이가 희곡에 대해 말하고 있는 건지, 혹은 자기 엄마에 대해 말하고 있는 건지 분명치 않았다. "다른 부분에서는 그 사람이 정말로 보통 사람처럼 굴기도 하나요? 아니면 그게 다예요?"

그게 다였나? 나는 학자들이 샤일록의 '인간성'을 증명하기 위해 인용하는 다른 장면들을 다시 검토해보았다. 그 희곡에 나오는 기독교인 남자들이 자기 아내들의 반지를 넘겨버리는 것과는 달리 샤일록은 죽은 자기 아내의 반지를 소중히 한다는 두 구절이 있었다. 하지만 다른 남자들과는 달리 샤일록은 반지를 되찾지 못한다. 그것을 훔쳐낸 그의 딸이 기독교 신자가 되고, 의기양양함으로 가득한 작품의 결말 부분에서 그의 남은 재산을 물려받기 때문이다. 그다음으로는 재판 장면이 있었는데, 현대의 배우들이 종종 샤일록을 끔찍해 보이기보다는 비극적으로 보이게 만드는 장면이다. 하지만 그건 연기였지 텍스트는 아니었다. 마지막으로 학자들은 샤일록이 몇 번이나 자신이 왜 그렇게 역겹게 구는지 **설명한다**는 점을 지적한다. 기독교인들이 그를 함부로 취급하기 때문에 그도 되갚아준다는 것이다. 하지만 이 말이 납득이 되려면 우선 유대인들이 역겹게 구는 존재이며 그들의 불쾌한 면모는 그냥 설명하면 되는 문제라는 사실을 받아들여야 한다. 하나도 효과가 없었다. 그 순간 나는 얼마나 깊은 가스라이팅이 진행되어왔는지 알게 되었다. 이 말들을 효과가 있게 만들고, 이 역겨운 내용을 뒤틀어 변명이 될 만한 무언가로 바꿔놓아야 한다는 의무감을 느끼는 사람은 나였다.

나는 문학으로 박사학위를 받은 사람이다. 셰익스피어의 희곡은 여러 층위를 포함하고 있으며 많은 의미를 담고 있음을 알고 있다. 하지만 이 인물의 불명예스러운 흉물스러움은 심지어 열 살짜리 아이에게도 명백하며, 이 희곡이 얼마나 많은 층위를 포함하고 있든 간에 그런 흉물스러움도 분명 하나의 층위이다. 학대당하는 아내가 다정한 남편이 왜 자신을 때렸는지 설명하는 것처럼, 내가 왜 이렇게 극도로 명백한 사실에 대해 변명해야 한다는 의무감을 느껴야 하는지 궁금했다. 나 자신이 속한 민족에 대한 모욕을—단지 만화에 국한된 적이 없었고 너무도 많은 내 선조들의 존엄과 심지어는 목숨까지 앗아간 모욕을—정당화하는 이런 비뚤어진 역사적 심리 조종에 내가 왜 참여해야 하는 걸까?

"아니." 나는 아들에게 말했다. "그게 다야."

"그게 다라고요? 완전히 구리던데."

"뒤에는 더 나빠." 내가 말했다. 내가 어떻게 이런 것에 내 아이를 노출시킬 수 있었던 걸까? "꺼버리자."

하지만 내 아들은 고집이 세고, 요구가 많고, 집착이 심하고, 무시무시한 아이다. 찔러도 피 한 방울 나오지 않을 아이다. "어떻게 끝나는지 들어봐야겠어요."

재판 장면은 고통스러웠다. 우리는 샤일록이 자기 몫의 살코기 1파운드를 얻어내러 법정으로 가는 장면, 여주인공이 자비의 특징에 관해 재잘거리면서 샤일록이 그토록 간절히 욕망했던, 기독교인의 피를 흘리는 일을 금지하는 장면, 법정이 샤일록의 재산을 몰수하고 개종을 강요함으로써 그의 영혼 또한 몰수하는 장면, 이 희곡에서 가장 사랑받는 인물들이 샤일록 자신이 했던 말을 사용해 그를 놀리고 비하하면서 피에 굶주린 그 유대인을 쳐부순 일을 즐거워하는 장면, 함께 들었다. 아이는 내게 설명해달라고 부탁하는 걸 그만두었다. 샤일록의 마지막 퇴장 뒤에는 이십 분 동안 축하의 난장판이 떠들썩하게 이어졌고, 등장인물들은 자신들의 승리와 그에게서 압수한 재산을 마음껏 즐겼다. 마침내 극이 끝났다.

미니밴 안이 조용해졌다. 그러다가 아이가 선언했다. "저거 다시는 듣고 싶지 않아요."

"분명히 다시 듣게 될 거야." 내가 말했다.

그건 사실이다. 이런 비판들이 '검열'이라는 건 핵심에서 벗어난 말이고, '캔슬 컬처'의 비상식적인 극단들이라는 건 사치스러울 정도로 부적절한 말인데, 우리의 세계에는 혐오와 예술의 이 이중나선이 내장되어 있기 때문이다. 내 아들은 이 희곡을 학교에서 읽게 될 것이다. 그게 아니라면 그 작품으로 하는 새로운 공연에 관해 듣게 될 것이다. 이 작품은 셰익스피어가 썼던 희곡 가운데 가장 많이 상연되는 작품 중 한 편이니 말이다. 아이는 '살코기 1파운드'라는 구절이 들어간 뉴스 머리기사들과 농담들을 마주치게 될 것이다. 심지어 아이가 '라디오랩' 한 시즌을 끝까지 듣는 동안에도 그 구절이 한 번은 나왔다. 여기에는 하나의 끔찍한 결속이, 추한 캐리커처들과 쏟아져 나오는 피에 우리를 가차 없이 묶어버리는 결속이 힘을 발휘하고 있다. 그리고 훨씬 더 미묘하고 은밀하게 퍼져 나가는 결속이, 그것을 정당화하고 받아들일 필요성에 우리를 묶어버리는 결속이 있다. 하지만 나와 달리 내 아이는 진실함을 고집하고, 그것을 요구한다. 아이는 불쾌한 사람이 되는 일을 두려워하지 않으며, 사악한 것을 들으면 그것이 사악하다는 걸 안다. 아이는 이런 결속에는 준비가 되어 있다.

나는 아이에게 말했다. "적어도 너는 이제 알게 된 거야."

"네." 아이가 말하고는 미소 지었다. "다음에는 『드라큘라』 다운받아도 돼요?"

12장

죽은 미국계 유대인들 3

– 페이지를 넘기며

미국계 유대인들에 대한 총격 사건이 세 번째로 일어났을 때, 〈뉴욕 타임스〉는 내게 전화해 서둘러 논평을 써달라는 부탁을 하지 않았고, 다른 어떤 매체도 그러지 않았다. 아마도 어떤 일이 세 번 일어나면 그것은 더이상 뉴스가 아니게 되기 때문인 것 같다. 어쩌면 이 언론매체들은 이것이 실은 얼마나 뉴스 가치가 없는 이야기인지 깨달았는지도 모른다. 유대인을 죽이는 사람들은 3000년 동안 이어져온 전 세계적 현상으로서 뉴스의 반대말에 상당히 가깝다. 아무도 내게 전화하지 않자 깊은 안도감이 느껴졌다. 내가 하고 싶은 말들은 더이상 내가 정말로 할 수 있는 말들이 아니었기 때문이다.

세 번째 총격 사건과 그 뒤로 급속하게 이어진 미국계 유대인들에 대한 열 번쯤 되는 다른 폭행 사건—그중 일부는 간신히 보도되었다—은 개인적으로 나를 바꿔놓은 사건들이 되었는데, 아마도 그 세 번째 총격이 우리 집에서 이십 분 거리에 있는 코셔 식품점에서 일어났기 때문일 것이다.

피츠버그와 샌디에이고 총격 사건 때와는 달리 저지시티에서 일어난 총격 사건에 관한 정보가 모이는 데는 시간이 걸렸다. 가해자 두 명은 우선 택시 운전사를 죽였고(그들이 유대인 성처럼 들리는 운전사의 성을 구글에서 검색했다는 게 나중에 밝혀졌다), 자신들이 훔친 유홀 트럭을 알아본 경찰관을 죽인 다음 식품점을 습격했는데, 그곳에서 일어난 오랜 시간에 걸친 총격전에서 식품점 주인과 손님, 직원이 살해되었으며, 족히 한 시간 넘게 총격을 주고받은 끝에 두 가해자 역시 경찰이 쏜 총에 맞아 사망했다. 도시에는 극적인 장면이 펼쳐졌다. 지역 전체가 주 경찰관들과 주 방위군으로 가득 찼고, 인근 학교에 있던 아이들은 밤늦게까지 갇혀 있었다.

사건은 처음에는 끔찍하게 잘못돼버린 일종의 범죄자 추격전으로, 경찰의 눈을 피해 달아나던 범죄자들이 몸을 숨기려고 아무 가게에나 뛰어든 것처럼 보도되었다. 하지만 범인들의 차량과 소셜 미디어에 올린 글에서 발견된 반유대주의적인 장광설들은 다른 이야기를 들려주었고, 그들이 입고 있던 전투 조끼, 그들이 가져와 숨겨두고 있던 대규모의 탄약과 화기, 보안 카메라에 찍힌, 천천히 차를 몰며 길을 내려가던 그들이 주소를 확인한 다음 주차를 하고 결의를 불태우며 상점에 들어가는 장면들도 그랬다. 한 FBI 요원이 나중에 이야기한 바에 따르면 그때 그들이 훔친 트럭에는 450미터 범위 내에 있는 사람들을 죽일 수 있는 엄청난 양의 폭발물이 실려 있었다. 범인들의 진짜 목표는 상점 바로 위층, 같은 주소의 사립 초등학교에 있던 50명의 유대인 아이들이었을 가능성이 높다고 관계자들은 추측했다. 총격전 내내 그 아이들은 벽장 속에 몸을 웅크리고 아래층에서 이웃들이 살해당하는 소리를 들어야 했다.

저지시티에서 정확히 무슨 일이 일어났는지 분명히 밝혀지는 일이 늦어지자 이전 공격들 때는 곧바로 뒤따랐던 대중의 공감도 다소 약해졌다. 두 명 다 흑인이었던 범인들의 정체성, 그리고 범인들의 목표가—점점 더 분명해지고 있지만, 다른 일에는 깨친 사람들처럼 굴었을 수많은 미국인들에게 편견의 대상이 되어도 싼 사람들인—하시딕 유대인들이었다는 사실 역시 비슷한 효과를 냈다.

이 사실은 총격 사건이 벌어지고 몇 시간 안에 보도된 여러 기사에서도 분명히 드러났는데, 그 기사들은 놀랍게도 살해된 유대인들이 "소수자"들이 살던 지역을 "고급 사유지화"해온 사람들이었다고 강조했다. 문제의 조그만 하시딕 공동체는 전세계에서 가장 지속적으로 박해받아온 소수자들 가운데서도 몹시 두드러지는 사람들이고, 그들은 사실 브루클린에 오랫동안 자리잡고 있던 하시딕 공동체에서 비용 상승으로 인해 밀려난 뒤 젠트리피케이션을 피해 저지시티로 온 것이라는 사실을 떠올려보면 이런 보도는 놀라웠다. 더욱 중요한 것은 저널리스트 아민 로젠이 지적했듯, 젠트리피케이션에 대한 살인적인 분노로 보이는 것 때문에 자동소총을 든 누군가가 가장 최근에 들어선 블루 보틀 커피 매장에 있던 백인 힙스터들을 날려버리는 것 같은 일은 아직까지 발생한 적이 없다는 점이다. 하지만 가장 놀라운 것은 앞서 말한 관점이 언론 보도에서 어떻게 '맥락'을 제공했는지였다.

이 총격 사건 이후 언론매체들이 제공한 '맥락'은 기막힐 정도로 잔인했다. AP통신사는 저지시티 살인 사건에 관한 뉴스 보도를 통해 다음과 같이 설명했고, NBC와 다른 많은 매체들은 이것을 받아 보도했다. "학살이 일어난 지역은 하시딕 유대인 가족들이 최근 들어 일부 지역 공무원의 반발 속에서도 사람들의 이동을 부추겨오고 있던 지역이었다. 공무원들은 하시딕 공동체의 대표자들이 집집마다 찾아다니며 브루클린에서의 가격으로 집을 사겠다는 제안을 했다고 불만을 토로했다." (많은 주택 보유자들처럼 나 역시 내게 다가온 부동산 중개인들로부터 집을 팔 생각 없느냐는 질문을 받아본 적은 있다. 그 사람들을 살해해서 없애버릴 수도 있었겠지만, 나는 그냥 생각 없다고 대답했었다.) 뉴저지주 신문인 〈스타 레저〉는 다음과 같이 지적하는 것으로 거들었다. "두 명의 정통파 유대인과 한 명의 에콰도르 출신 이민자, 그리고 한 명의 저지시티 형사가 사망한 이 총격 사건은 초정통파 유대인들이 저소득층 공동체로 이주해 오기 시작한 이후로 줄곧 은근히 끓어오르고 있던 인종적 긴장을 두드러져 보이게 했다." 비록 가해자들은 저지시티에 살았던 적이 없으며 그저 인터넷으로 뉴욕 지역의 유대인 시설을 검색해 표적을 고른 것으로 보이지만 말이다. 〈워싱턴 포스트〉는 저지시티 당국이 "이 총격 사건에 그 아래 숨은 민족적 긴장들이 지역적으로 반영되어 있는지 여부를 알아내려고 노력하는 한편, 이로 인해 또 다른 사건들이 촉발될 것을 우려하고 있다"고 알리면서 살인 사건들에 대한 분석을 시작했다. 비록 기사의 나머지 부분에서는 "오랫동안 이곳에 거주해온 흑인들과 새로 이주해 온 초정통파 유대인들 모두 민족적 긴장은 크게 경험해본 적이 없다고 말한다"는 내용을 자세히 설명했지만 말이다. 그럼에도 독자들은 "하시딕 유대인 거주자들의 유입은 오랫동안 이곳에 거주해온 많은 흑인들에게 점점 더한 압박감으로 다가오고 있다"는 정보를 얻게 되었다. 대중은 이 사건이 온통 젠트리피케이션과 관련되어 있다고 알게 되었다. 가해자들은 사회적으로 용인되는 옷차림을 하고 있었고, 이해할 만한 공동의 정서를 표출하고 있었다. 반면 최근에 죽은 유대인들은 괴롭힘을 당하지 않는 다수의 일원이었다(FBI에 따르면 미국에서 가장 많은 혐오범죄의 표적이 되는 사람들인데도 불구하고). 그들은 또한 부유한 사람들이었다(뉴욕과 뉴저지의 나머지 사람들과 동일한 빈곤율을 경험하고 있는데도 불구하고). 게다가 그들은 멋대가리라고는 없는 모자를 쓰고 다녔다. 그러니 사람들이 몹시 강력한 폭발물로 그들의 아이들을 살해하고 싶어했던 것도 어느 정도 이해가 가는 일이었다.

나는 2015년 사우스캐롤라이나주 찰스턴의 흑인 교회에서 대학살이 일어난 뒤에도, 2016년 플로리다주 올랜도의 퀴어 나이트클럽에서 대학살이 일어난 뒤에도, 2019년 라틴아메리카인 쇼핑객들이 자주 찾는 텍사스주 엘 파소의 월마트에서 대학살이 일어난 뒤에도, 이와 비슷한 어떤 '맥락'도 언론 보도에서 찾아볼 수 없었다. 그 사건들은 모두 소수자 집단을 분명하게 겨냥한 혐오범죄 사건이었다. 그 각각의 사건에서 언론 보도에는 저지시티에서와 마찬가지로 희생자들에 대한 공감을 일으키는 내용과 가해자들에 대해 조사된 내용이 함께 나와 있었는데, 후자는 가해자들이 어떻게 폭력적이고 비이성적인 혐오에 이끌렸는지에 초점이 맞춰져 있었다. 하지만 나는 이런 사건들의 여파로 나온 언론 보도를 검토하면서, 올랜도에 사는 가해자 이외의 이성애자들이—다시 말해 분별 있고, 사람을 죽일 것 같지 않으며, 공감이 가는 '보통의' 이웃들이—동네에 가게를 열고 자신들의 '삶의 방식'에 지장을 주고 있던 게이들에게 느끼는 분노가 얼마나 이해할 만한 것인지를 다룬 기사 같은 것은 찾을 수 없었다. 가족이 찰스턴에 깊이 뿌리를 두고 있는 백인들이 전에는 백인들의 동네였던 지역들을 '접수'한 흑인 공동체에 대해 품는 불만이 왜 이해할 만한 것인지에 관한 기사도, 엘 파소에 사는 라틴아메리카인 이외의 사람들이 학교에서 2개 국어 상용을 늘리자고 요구하는 라틴아메리카인들과의 계속되는 '긴장'으로 어떻게 '압박감'을 느끼는지에 관한 기사도 찾을 수 없었다.

아무도 이런 '맥락'을 기사에 넣지 않았는데, 넣었다가는 완전히 제정신이 아닌 짓이 되기 때문이었다. 그랬다가는 혐오로 가득한 피해자 비난이, 성폭력 사건의 '맥락'을 제공한답시고 강간 피해자가 실물보다 나아 보이게 찍었던 셀카를 선정적일 만큼 자세히 분석하는 일이나 다름없는 일이 될 것이다. 그렇다고 집단 간 갈등이 (혹은 실물보다 나아 보이게 찍는 셀카의 문제점이) 검토해볼 가치가 없는 문제라는 건 아니다. 그저 대학살이 일어난 뒤에 객관적이지 못한 논평처럼 그런 분석을 제시하는 일은 역겹고 비인간적일 뿐 아니라 대학살을 일으킨 바로 그 혐오의 또 다른 형태이기도 하다는 뜻이다. 왜냐하면 그 순간에 그런 '맥락'을 제공하는 일의 동기라고는 그 사람들에게는 그런 일을 당할 만한 이유가 있었다고 대중에게 알리는 것이 전부이기 때문이다. 스스로 교양 있고 윤리적이라고 여기는 사람들은 이런 행동을 하지 않는데, 그런 맥락은 사실일 리도 없고 도덕적으로도 옳지 않기 때문이다. 하지만 하시딕 유대인들에 관한 일이라면 이야기는 상당히 달라지는데, 거기에는 딱 한 가지 아주 단순한 이유가 있다.

저지시티에서 일어난 총격 사건을 내 머릿속에서 떼어내려고 정신적 훈련을 하는 일은 쉽지 않았는데, 특히 이 총격 사건 직후 2주 동안 뉴욕 지역의 유대인 공동체가 정도가 각기 다른 10여 건의 또 다른 폭행 사건들로 대접을 받았기 때문에 더욱 그랬다. 그 사건들은 대부분 하누카 축제 기간에 일어났다. 그중에는 반유대주의적인 욕설을 외쳐대며 자신들의 동기를 분명히 하는 사람들이 거리에서 유대인들의 뺨을 때리고, 주먹으로 치고, 발로 차고, 두들겨 팬 사건, 그리고 목적은 같지만 관심은 훨씬 적게 받은 다른 형태의 여러 사건이 포함되어 있었다. (나를 개인적으로 동요시킨 한 가지 사건은 한 젊은 백인 남자가 새벽 4시에 내가 가르치는 학생이 머무르고 있던 예시바 대학교 기숙사에 침입해 방화를 저지른 사건이었다. 남자는 성냥을 이용해 기숙사 로비의 하누카 촛불로부터 불을 붙였다.) 이 모든 것은 그저 1년이 넘도록 정기적으로 발생하고 있던 뉴욕의 하시

덕 유대인들에 대한 폭행 사건들―노인들을 땅바닥으로 밀치
는 지극히 평범한 행동에서부터 누군가의 머리를 큼직한 포석
으로 가격해 두개골 골절을 일으키는 다소 심화된 전술적 테러
에 이르기까지 다양한 사건들―의 강화된 형태일 뿐이었다.

이런 '뉴 노멀'의 정점을 찍은 건 한 건의 유독 끔찍한 습
격 사건이었다. 뉴욕주 몬시에 있던 어느 하시딕 랍비의 집에
서 열린 하누카 파티의 붐비는 인파 속으로 1.2미터짜리 마체
테를 든 한 남자가 뚫고 들어와 찌르거나 베는 바람에 다섯 명
이 병원에 실려 갔으며, 피해자 가운데 한 명은 혼수상태에 빠
졌다가 몇 달 뒤 부상으로 인해 사망하는 사건이 벌어진 것이
었다. 이 사건이 실은 불과 한 달 사이에 그 도시에서 두 번째
로 일어난 반유대주의적 칼부림 사건이었음을 떠올려보면, 몬
시에서는 유대인들을 칼로 찌르는 일이 유행하고 있었던 모양
이다. 첫 번째 사건의 피해자는 아침 기도를 드리기 위해 걸어
가던 도중에 얻어맞고 칼에 찔렸는데, 결국 머리 부상으로 위
독한 상태에 빠졌다. 이 습격 사건들을 다룬 언론 보도에도 역
시 이따금씩 '맥락'(이라고 쓰고 가스라이팅이라고 읽는다)이 포
함되어 있었는데―심지어 가해자가 사십 분 거리에 있는 다
른 소도시 거주자로 밝혀진 뒤에도―하시딕 유대인들과 다른
거주자들 사이에 벌어졌던 영역 다툼이나 학교 교육위원회에
서 일어났던 열띤 논란이 언급되었다. 여러 언론에 널리 판매
된 〈AP〉의 한 기사는 사건이 일어난 다음 주에 문제의 유혈극
을 다루며 수백만 명의 독자에게 다음과 같이 알렸다. "뉴욕의
허드슨 밸리, 캐츠킬산맥과 뉴저지 북부에서 이루어져온 하시

딕 유대인 공동체의 확장이 결국 새로운 주택 개발과 지역에서의 정치적 통제를 두고 예상대로 논란을 일으켰다. 또한 일부 사람들이 반유대주의적이라고 여기는 수사법이 갑작스레 표출되는 계기가 되기도 했다." 다시 말해 피에 굶주린 반유대주의적 폭력의 원인은⋯ 어딘가에 살고 있는 유대인들이라는 얘기다! 때때로, 어딘가에 사는 유대인들은 **자기가 살아갈 토지를 사들이기도 한다.** 공정하게 말하자면 이렇게 유대인들이 땅을 소유함으로써 벌이는 바보 같은 짓은 수 세기 동안 많은 국가에서 불법이었지만, 21세기의 허드슨 밸리와 캐츠킬산맥, 그리고 뉴저지 북부는 슬프게도 그런 문명화된 장소들에는 포함되지 않는다. 예상할 수 있겠지만 이런 토지 매입은 논란과 갑작스러운 분노의 표출을 야기시킨다. 사람들을 마체테로 썰어서라도 그 지역 행정에 대한 불만을 표현해야지, **안 그럴** 사람이 어디 있겠는가?

피츠버그에서의 첫 번째 총격 사건 이후 나는 엄청난 충격을 받았다. 샌디에이고에서 일어난 두 번째 총격 사건 뒤에는 화가 났다. 하지만 우리 집 근처에서 일어난 세 번째 총격 사건과 거기 이어진 공포의 시간 뒤에는, 나는 그냥 포기해버렸다.

나는 이것들 중 어떤 것에 대해서도 〈뉴욕 타임스〉나 다른 어떤 주류 언론매체에 글을 쓸 수 없었다. 비유대인 독자들이 받아들일 만한 무언가를 1000단어 이내로 표현하기 위해 내가 잔뜩 넣어야 할 '물론 그렇기는 하지만' 따위의 말들과 다른 쓰레기 같은 표현들을 견뎌낼 재간이 없었다. 누군가가 시의원회

투표에서 행사한 표에 대해 정당한 불만이 있더라도 명절 파티에서 그 사람의 팔을 1.2미터짜리 칼날로 부분 절단하는 것은 괜찮지 않은 일이라고 대중에게 차분하게 설명하는 것 같은 모멸적인 일에 더이상 손을 댈 수 없었다. 그렇다고 모든 비유대인 언론매체들이 기대하는 대로 사람들이 싫어하는 머리 모양을 하고 다니던 이 사람들이 '탄광 속의 카나리아'이고, 하나의 **경고 역할을 하기 때문에**—유대인들이 살해되거나 상해를 입는다는 것은 **진짜** 사람들, 가벼운 운동복을 입고 다니는 사람들이 그 뒤에 공격받을 수 있다는 불길한 징후일지도 모르기 때문에!—이 사람들의 두개골에 골절이 생기면 우리 모두가 신경을 써야 한다고 선언할 수도 없었다. 누군가가 존재할 권리를 달라고 사람들을 정중하게 설득하는 일이나 마찬가지인 이런 종류의 일은 이제 그만하고 싶었다.

이것들 중 무언가에 관해 유대인 언론매체에 글을 쓴다는 생각을 하자 또 다른 이유에서 구역질이 났다. 미국계 유대인 공동체에서 계속되고 악화되는 극심한 공포, 여러 세대에 걸쳐 정치적 스펙트럼의 모든 지점에서 너무나 당연하게도 외상 후 스트레스장애처럼 끊임없이 발화되는 통제력을 잃은 감정 상태, 소셜 미디어에서 반복적으로 나타나는 불안 발작, 그리고 이 상황이 1935년의 베를린과 같은지 다른지를 두고 끝없이 계속되는 논의를 마주하는 것은 기운 빠지는 일이었다. 그런 손쉬운 비교는 액면 그대로 우스꽝스러웠을 뿐 아니라, 국가가 지원해 일어난 나치 독일의 대규모 폭력 행위 때와는 정반대의 방식으로 이 충격 사건들에 반응한 압도적인 다수의 미국인들을 모욕하는 일이기도 했다. 굳이 찾는다면 이 상황은 2005년의 파리—그곳은 법적인 보호와 공식적인 선의는 부족하지 않았지만, 이따금씩 야물커를 야구모자 속에 숨겨둘 만큼 미친 짓은 아무도 하지 않는 곳이었다—와 더 비슷하게 느껴졌다. 그럼에도 이 점을 설명하는 것 역시 지치는 일이었고, 요점을 벗어난 일이기도 했다. 지금의 상황이 나치 독일과는 비슷하지 않지만 이를테면 2세기의 이집트나 10세기의 스페인과는 어쩌면 닮아 있을 수도 있는 이유를 설명하는 데 정말로 에너지를 쏟아야 하나? 대체 무엇을 위해? 실제로 상해를 입거나 죽은 유대인들은 '겨우' 몇 명에 불과하니 모든 게 괜찮다고 모두를 안심시키기 위해? 엉성한 역사적 비유를 두고 꼬치꼬치 트집을 잡는 것은 주의를 돌리기에 편리한 행위였다. 중요한 사실은 수천 년 동안 쌓여온 공동체의 기억이 활성화되었고 그 기억은 깊을 뿐 아니라 진짜라는 것이었다.

이런 재앙이 미국의 삶에 재등장하고 있는(총기! 트럼프! 인터넷 트롤들! 트위터!) 이유에 대한 따분하고 자기본위적인 갖가지 설명 가운데 가장 설득력 있는 설명은 사실 가장 진부하면서 심란한 설명이기도 했다. 유대인이 아닌 미국인들의 이전 몇 세대는 홀로코스트라는 극악무도한 범죄 행위에 분개했었다. 그 범죄는 미국의 적이 저지른 것이었고, 반유대주의를 사회적으로 받아들일 수 없는, 심지어는 수치스러운 것으로 보이게 할 정도로 기괴했다. 하지만 이제 그런 사건들의 충격을 기억하는 사람들이 하나씩 세상을 떠나자 반유대주의를 표출하는 일에 대한 대중의 수치심 역시 죽어가고 있었다. 다시 말해,

유대인들을 혐오하는 것은 정상적인 일이 된 것이었다. 그리고 역사적으로 말하자면, 정상이 아니었던 것은 내 부모님과 내가 자라난 몇십 년 동안이었다. 이제 정상 상태가 되돌아오고 있었다.

그 끔찍했던 하누카로부터 일주일 뒤, 유대인 공동체는 뉴욕시에서 열리는 '두려움도 혐오도 없이No Fear, No Hate' 행진을 기획했고, 여기에는 25,000명이 참가했다. 공격을 받았던 특정 하시딕 공동체들의 지지자들은 그런 종류의 행사에는 일반적으로 참가하지 않기 때문에 행진에도 거의 참가하지 않았지만 말이다. 나 역시 행진에 참가하지 않았지만 이유는 약간 달랐다. 우선 한 가지 이유로는, 그 행진은 내가 히브리어 학교에서 아이들을 카풀해 데려오는 일에 방해가 되었다. 그리고 그 행진이 자부심과 저항의 행위로 기획되었으며 거기 참가한 사람들에게는 힘이 되고 격려가 된다는 것을 알았지만, 그런 행진이 존재한다는 사실 자체가 내게는 몹시 우울하게, 거의 패배를 인정하는 것처럼 느껴졌다. 나는 행진에서 쏟아져 나오는 사진들과 동영상들을 일종의 불편한 샤덴프로이데•를 품고 지켜보았다. 그렇게 많은 사람들이 참가해서 기뻤지만, 내가 그 대신 히브리어 학교에서 일곱 명의 아이들을 차에 태워 집에 데려다주어야만 했다는 사실이 훨씬 더 기뻤다.

하지만 그 며칠 전에 우리 집 근처에서 열렸던 유대인들의 또 다른 대규모 집회 역시 내 관심을 끌었는데, 뉴저지의 메

• 남의 불행에 대해 느끼는 쾌감.

도랜즈에 있는 메트라이프 경기장에 모인 그 90,000명의 참가자들은 뉴욕에서 열린 행진 참가자들을 왜소해 보이게 만들었다. 그리고 행진과는 달리 이 행사에는 그 끔찍했던 몇 주 동안 직접적으로 표적이 되었던 사람들 다수가 참가했다. 전 세계의 비슷한 행사들에 반영된 이 행사는 '탈무드 완독'이라는 뜻의 '시윰 하샤스Siyum HaShas'였는데, '하루에 한 페이지'라는 뜻의 '다프 요미Daf Yomi'라는 프로그램을 통해 『바빌로니아 탈무드』를 공동으로 공부하는 일이 끝났음을 기념하는 의식이었다.

1923년 한 폴란드인 랍비가 『탈무드』 공부의 대중화를 위해 시작한 다프 요미의 전제는 『탈무드』를 날마다 한 '페이지' 씩 읽는 것—실은 큼직한 종이 한 장의 앞뒤 두 면을 읽는 것인데, 필요한 해설까지 하면 빽빽한 자료 15페이지에 가까운 분량이다—, 그렇게 해서 2711 '페이지'에 달하는 『탈무드』를 매우 합당하게도 7년 반에 걸쳐 완독하는 것이다. 유대인들의 독서 학습에 익숙하지 않은 사람에게 이것은 아마도 대단한 헌신처럼 들릴 것이다. 하지만 『탈무드』 공부가 전통적으로는 풀타임으로 하는 일이었음을 고려해보면, 이를테면 직업을 계속 유지하면서 『탈무드』 전체를 실제로 다 읽을 수 있다는 제안은 상당히 멋진 일이었다. 오늘날 '세계 최대의 북클럽'인 다프 요미는 문자 그대로 모두와 똑같은 페이지를 읽으며 그 7년 반을 보내는 전 세계 수십만 명의 사람들로 구성되어 있다. 읽기가 한 번 끝나면, 그들 대부분은 곧바로 처음부터 다시 시작한다.

나는 메트라이프 경기장에서 열린 다프 요미 의식에는 어울리지 않는 사람이었을 것이다. 의식에 참석한 사람들 거의 모두가 검은 모자를 쓴 남자들이었으니 말이다. 『탈무드』가 편 찬되었던 5세기 이후로 (그 책에 들어가는 자료들의 출처는 그 전의 여섯 세기에 걸쳐 있다) 여성들은 그 책을 공부하는 일이 드물었다. 내가 보고 들으며 자라난 것을 포함해 유대교에 일어난 좀더 진보적이고 현대적인 움직임들 가운데 『탈무드』 공부는 오랫동안 중요하지 않게 여겨져온 것도 사실이다. 하지만 최근 몇 년 동안에는 이 두 가지 모두가 변화를 겪어왔다. 이번에 열린 가장 최근의 다프 요미 주기는 예루살렘에서 대규모로 열린 여성들의 의식으로 끝을 맺었는데, 수천 명의 여성들이 참석했다. 그들 중 대다수는 지난 7년 반 동안 『탈무드』를 공부했을 뿐 아니라 가르치기도 했는데, 가끔씩은 직접, 그리고 온라인을 통해 폭넓게 수강생들을 가르쳤다. 내 뛰어난 친구이자 예루살렘에 사는 재주 많은 문학 에이전트 겸 번역가인 일라나 쿠르산은 수상 경력에 빛나는 회고록 『사랑은 끝났고 여자는 탈무드를 들었다』를 출간하며 매일 『탈무드』를 공부하는 루틴이 어떻게 인생의 힘든 시기를 헤쳐 나가게 도와주었는지 묘사했는데, 그의 책은 전에는 『탈무드』 공부가 자신과는 맞지 않는다고 여기며 전통을 멀게 느꼈던 많은 사람들에게 영감을 불어넣어주었다. 지난번 주기가 시작되고 몇 년 동안 다프 요미의 자료들은 온라인에서도 꽃을 피웠는데, 여기에는 환상적일 만큼 다양한 팟캐스트, 페이스북 토론 그룹, 인스타그램 스토리, 트위터 계정, 그리고 더 많은 것들이 포함되어 있었으며 그 대부분은 전에 『탈무드』를 공부해본 경험이 전혀 없는 사람들에게 유용하도록 맞춰져 있었다. 다프 요미는 입소문을 타고 있었다.

나는 지난번 주기가 시작할 때 다프 요미에 참여하는 일을 조금 고려해봤지만, 막 넷째를 낳은 참이었고, 두꺼운 책이나 번역이 썩 좋지는 않은 투박한 웹사이트를 묵묵히 끝까지 읽는 일은 아무래도 내키지 않았다. 하지만 이번에는 '세파리아'('도서관'이라는 뜻의 히브리어)라는 획기적인 무료 앱이 나와 있었는데, 이 앱에는 전통적인 유대교 문서 가운데 정전의 반열에 오른 거의 모든 작품이 원래의 히브리어와 아람어로 좀더 이해하기 쉬운 영어 번역과 함께 수록되어 있었다. 몇 년 전에 세파리아를 다운받아둔 나는—개발자가 내 지인이었다—종종 성경을, 그리고 다른 문헌을 참조하기 위해 그 앱에 의지했다. 그 몹시도 춥고 우울하던 1월의 일요일 밤, 휴대폰으로 혐오에 반대하는 행진 참가자들로 구성된 어마어마한 군중과 『탈무드』의 열렬한 지지자들로 구성된 어마어마한 군중 사이를 오가다가, 나는 내 손 안에 이미 『탈무드』 전체가 들어와 있음을 순수한 경이로움과 함께 깨달았다.

나는 갑작스레 내가 무엇을 하고 싶은지 알게 되었다. 전 세계 수십만 명의 사람들과 함께 나는 첫 페이지를 펼쳤고, 읽기 시작했다.

✳

온라인으로 반유대주의 공격 사건들에 대한 뉴스들을 보는 일에서 다프 요미 토론 그룹에 가입하고 다프 요미 자료들을 찾아보는 일로 옮겨갔을 때, 무언가 마술적인 일이 일어났다. 알고리즘이 곧바로 나를 파악했고, 갑자기 온라인 어디를 봐도 『탈무드』의 첫 페이지들에 대한 논의와 관련된 것들만 보이게 되었다. 그 첫 페이지들에는 하나이신 하느님에 대한 믿음을 담은 유대교의 가장 중요한 문장 '셰마'를 언제, 어디서, 어떻게 암송할 것인지에 대한 두서없고 지엽적이며 거의 바닥 없는 대화가 담겨 있다.

나는 전에 『탈무드』를 부분 부분 공부했었는데, 그때는 이 책의 구조가 유독 짜증스럽게 느껴졌다. 『탈무드』는 보통의 책처럼 쓰이지 않았고, 심지어는 보통의 '성스러운' 텍스트처럼도 쓰이지 않았다. 그것은 이야기나 종교 관습에 대한 매뉴얼, 지혜를 모아둔 책, 철학책, 성경에 대한 논평, 혹은 법률 개요서 같은 것조차 아니다. 그보다는 시시콜콜 따지며 주고받는 말들, 해시태그를 붙인 참고문헌, 끝없이 이어지는 링크와 밈, 그리고 한없는 파생 타래를 완비한, 종종 알아볼 만한 어떤 기승전결이나 목적지도 없이 우스꽝스러울 정도로 길어진 소셜 미디어에서의 타래에 가깝다. 좀더 유행을 타지 않는 비유를 해본다면 그것은 열띤 대화를 나누고 있는 사람들로 가득한 방으로 걸어 들어가는 일과 비슷한데, 그 사람들은 끊임없이 서로의 말을 끊으면서 대화를 다른 방향으로 끌고 가고, 상대방이 자기 말을 알아듣는지도 전혀 신경 쓰지 않고, 그러므로 자기가 말하는 모든 것이 왜 중요한지 굳이 설명도 절대 하지 않는 사람들이다. 예술적으로 고안된 이야기를 만들어내며 20년을 보냈고 독자들을 이끌어 목적지로 데려가도록 되어 있는 나 같은 소설가에게 자기가 책인 양 행세하는(거기다가 거의 해독할 수 없는 속기 스타일로 기록된) 이런 두서없는 토론은 늘 극단적으로 속이 터지는 느낌으로 다가왔다. 하지만 몇 주 동안의 캄캄함에서 막 몽유병자처럼 걸어 나와 거기 따라붙어 있던 이루 말할 수 없는 그 모든 불안에서 벗어난 뒤 이 짜증스러운 대화 속으로 걸어 들어간 나는 낯설고 예상치 못했던 감정을 경험했다. 그것은 부인할 수 없는 환대의 감각, 그리고 안도감이었다. 마치 춥고 캄캄한 밤에서 빠져나와 따뜻하게 불 밝혀진 방 안으로 들어온 것 같았다. 여섯 세기 동안 존재했던 현자들이 계속 이야기를 하면서 펼쳐진 책들이 흩어져 있는 자습실 테이블에서 옆으로 몸을 움직여 내게 자리를 만들어주는 것 같았다. 나는 몹시 지친 몸으로 자리에 앉아 귀를 기울였다.

※

『탈무드』의 첫 페이지는 이렇게 시작한다. 저녁 셰마는 언제부터 암송하는가? 신전의 성직자들이 그날의 제물을 다 태워 없앴을 때부터. 그 제물의 잔해가 제단에서 불타는 일이 끝난 시점부터. 어스름부터, 일몰과는 다른 그때부터. 한밤중까지. 사실은 새벽까지. 새벽이 되었다는 걸 어떻게 아는가? 하느님이 주신 계명 중 하나—그러나 그들은 나중에 그리로 돌아가리라—를 떠올리기 위해 옷 한구석에 꿰매넣은 흰 실과 푸른 실을 구별할 수 있을 때. 사실 그건 첫 번째 야경夜警이 끝날 때까지다. 혹은 두 번째 야경이 끝날 때까지. '야경'은 얼마나 오랫동안 하며 밤에는 몇 명이나 있어야 하는가? 성경의 어느 구절은 네 명이라고 알려준다. 또 다른 구절은 세 명이라고 알려준다. 첫 번째 야경 도중에는 당나귀들이 울고, 두 번째 야경 도중에는 개들이 짖고, 세 번째 야경 도중에는 아기들이 깨어 젖을 먹고 아내들이 남편들과 함께 속삭인다. 아마도 이것은 아름다운 형상화이거나 밤하늘을 가로질러 움직이는 별자리들을 가리키는 이야기일 것이다. 이 대화 전체는 시계 없이 시간을 알아내는 방법에 관한 것이다. 혹은 달리 표현하자면, 세상이 움직이고 있을 때 그 세상 속에서 자기 자리를 찾는 방법, 다른 모든 것이 변할 때 그 고요하고 변함없는 지점을 굳게 지키는 방법에 관한 것이다. 그것은 하나의 기술이자 과학이며 예술이기도 하다. 시편에 따르면 다윗 왕은 한밤중에 일어나 하느님을 찬양했다. 그는 어떻게 잠에서 깨어났을까? 그는 침대 머리 위에 에올리언 하프를 걸어두었기에 한밤중에 불어온 바람이 그를 깨우곤 했다. 바람이 언제나 한밤중에 불어온 걸까? 아니면 이 바람은 그보다는 왕이자 시인이었던 다윗을 어둠 속에서 일으켜 찬양의 성가를 쓰게 만든 작가적 영감에 가까웠을까?

내가 저녁 셰마를 규칙적으로 암송했던 것도 여러 해 전의 일이 되어 있었다. 하지만 매일 삼십 분씩 이 부분에 대한 복잡한 논쟁들을 따라 읽고 나니 나도 모르게 혼자서, 그리고 가족과 함께 저녁 셰마를 다시 암송하기 시작하게 되었고, 그 말들을 읊조리다 스르르 잠들게 되었다. 우리가 그 말들을 암송하는 동안 이곳은 편안한 은신처가 되었다. 우리는 어둠 속에서 깨어 지켜보고 있었다. 하지만 누군가도 마찬가지로 우리를 지켜보고 있었다.

랍비들의 대화가 끝없이 이어진다는 점에도 어딘가 위안이 되는 데가 있었다. 이 사람들의 강박적인 사고 패턴은 내게 친숙하게 느껴졌고, 내가 나 자신과 여러 친척들, 친구들에게서 지켜봐서 잘 알고 있는 뿌리 깊은 성격적 특질이었으며, 내게서 발견할 때나 다른 사람들에게서 발견할 때나 내게 늘 좌절감을 안겨주었던 특질이기도 했다. 나는 그것을 교정해야 할 결점이라고 인식했었다. 하지만 이제 그것이 무엇을 표현하고 있는지가 선명히 보였다. 슬픔, 두려움 그리고 회복력이었다.

서기 70년까지 유대교의 중심지는 예루살렘에 있는 오래된 신전이었는데, 그곳에서 예배는 제물을 바치는 성직자들에 의해 중재되었다. 이것은 가축과 곡식과 포도주와 향료와 불과 연기가 등장하는 직관적이고 물질적인 과정이었다. 비유적이거나 지적인 면은 전혀 없었다. 심지어는 예배를 드리는 장소의 위치 자체도 하느님의 지시에 따라 정해졌다. 로마인들이 이 신전을 파괴하고 사람들을 추방한 뒤에는 이 종교에도, 심지어는 그저 이 민족에게도, 어떤 형태로든 살아남을 특별한 이유가 없었다. 하지만 이 신전이 파괴되기 전날 밤, 랍비 요하난 벤 자카이라는 한 현자가 관 속에 숨어 포위된 도시 예루살렘을 몰래 빠져나갔고, 그런 다음에는 로마의 장군 베스파시아누스를 설득해 예루살렘에서 멀리 떨어진 어느 작은 도시에 토라를 연구하는 학자들을 위한 학교를 열어도 된다는 허락을 받아냈다. 랍비 요하난 벤 자카이와 유대교 모두 이 대재앙에서 살아남기 위해 자신의 죽음을 가장했다. 그 작은 도시에 모인 학자들로 이루어진 소규모 임원진은 이 종교를 일종의 가상현실 체계로 바꾸고, 신전의 의식들을 마찬가지로 의례화된 축복과 기도, 토라 연구, 정교한 규칙으로 만들어진 개인 간의 윤리 체계로 대체함으로써 새로운 모습으로 바꿔놓았다. 언제, 어떻게, 어떤 기도를 암송할 것인지를 두고 몹시 흥분해 논쟁을 하는 현자들은 생존자들과 생존자의 후예들이며, 파괴된 세계의 자취다. 그들은 마치 세상을 떠난 사랑하는 사람들의 가장 조그만 기억에까지 집착하는 애도자들처럼 하느님과의 그 잃어버린 관계의 모든 마지막 세부사항까지 기억하기 위해 속을 태운다. 누군가는 이런 기억은 결국에는 사라질 거라고, 사람들은 '다음 단계로 나아갈' 거라고 기대할 것이다. 하지만 그것과는 반대되는 일이 일어난다. 기억의 과정이 일단 중요해지면, 그것의 세부는 사라지는 게 아니라 누적된다. 왜냐하면 기억 자체가 살아 있는 것이 되고, 거기에 새로운 의미를 가져다주는 다음 세대 사람들 모두에 의해 풍요로워지기 때문이다.

전에는 내게 짜증을 안겨주었던 토론들을 따라 읽다가 나는 무언가를 알아차리고 깜짝 놀랐다. 각각의 페이지에서 서로 논쟁하고 있는 현자들 중 많은 수가 같은 세대의 인물이 아니었고, 심지어 같은 세기에 살았던 인물도 아니었다. 그들 대부분은 이전 세대나 이전 세기의 현자들이 했던 말들이 기록된 문서를 인용하지조차 않았다. 그 대신 그들은 정신적으로 법원의 서기 같은 역할을 하게 되어 있는 사람들에게 의지했는데, 그 사람들은 이런 토론이 일어나는 자습실에 앉아 현자들 사이에 오가는 대화 전체를 마음속에 기록했다. 그런 다음 이 기록들은 거의 전적으로 구술을 통해 전승되었으며, 몇 세대가 지 난 뒤에야 문자로 기록되었다.

이것은 그저 과거에 속하는 아주 재미있는 사실에 불과할 지도 모른다. 내가 『탈무드』 페이지를 넘기며 그렇지 않다는 걸 ─왜냐하면 이 사람들이 공유하는 정교한 기억이 내 기억과 겹친다는 걸 깨달았기 때문에─알게 되지만 않았다면 말이다. 기도를 어떻게 할지에 대한 랍비들의 논쟁을 따라가는 동안 나 는 어린 시절에 배웠던, 나 역시 외우고 있던 실제 기도들과 관 습들─음식마다 다른 감사기도, 여행을 떠나기 전에 암송하는 말들, 언제 어떻게 절을 하고 다시 몸을 일으킬 것인가─과 여 러 번 마주쳤다. 물론 내가 이것들을 알고 있는 건 이 페이지에 적혀 있는 사람들과 그들 이후로 살아간 모든 사람들, 내게 이 것들을 물려주겠다고 의식적으로 마음먹은 사람들 덕분이었 다. 그저 이 과정이 존재한다는 것만 봐도 알 수 있는 사실을 말해줄 필요는 이 현자들 중 누구에게도 없었다. 파괴와 모욕 은 중요한 것이 아니었다. 오직 기억과 본래의 모습만이 중요 했다. 지금 이 순간 내가 겪어내고 있는 한 시간은 그때 그들이 겪어내고 있던 한 시간과 다를까? 그건 중요할까? 저녁 셰마 는 몇 시부터 암송하는가?

하느님도 기도하신다고 현자들은 말한다. 하느님의 마음 속에는 많은 것이 담겨 있다. 시편에 따르면 하느님은 매일매 일 화가 나 계신다. 하느님은 얼마나 오랫동안 화가 난 상태로 계실까? 현자들은 묻는다. 58,888분의 1시간 동안. 자신의 기 도에서 하느님은 말씀하신다. **연민으로 분노를 극복하는 것이**

나의 의지가 되게 하라. 나는 궁금했다. 나 역시 매일매일 화가 나 있나? (그 시기에는 그랬다.) 나도 그냥 58,888분의 1시간 동안만 화를 내려고 노력해볼 수 있을까? 내가 연민으로 분노를 극복할 수 있을까? 내 인생은 그저 58,888분의 1시간에 불과할까? 저녁 셰마는 몇 시부터 암송하는가?

나는 나로서는 공감이 가지 않는 내용들에 너무도 신경이 쓰이지 않는 자신에게 놀랐다. 이를테면 5세기의 어떤 문서에 여성들에 대해 편견에 찬 말들이 쓰여 있다는 이야기를 들으면 당신은 아마도 충격을 받을 것이다. 하지만 나는 거의 신경이 쓰이지 않았다. 그보다는 거의 아무도 공감하지 않을, 혹은 적어도 성숙한 성인이라면 누구도 공감하지 않을 내용들로 인해 내가 얼마나 황홀해하고 있는지에 놀랐다.

토라는 구원의 천사들이 아니라 몸을 지닌 인간들에게 주어진 것이라고 어느 현자는 지적한다. 방귀를 뀌는 몸. 토라에는 화장실, 방귀, 소변, 대변에 관한 내용이 터무니없을 만큼 많이 포함되어 있는데, 열두 살짜리 남자아이가 아니고서야 좋아하기 어려운 내용이다. 운 좋게도 나는 열두 살짜리 남자아이, 열 살짜리 남자아이, 그리고 일곱 살짜리 남자아이와 함께 살고 있는데, 맙소사, 그애들은 그걸 너무 재미있어했다. 이 사실로 나는 토라의 얼마나 많은 부분이 아마도 의도적으로 웃기게 쓰였을지에 눈을 뜨게 되었다. 이를테면 어느 긴 논의는 똥 무더기가 있는 곳에서 셰마를 암송해도 되는지를 다루고 있었다. 똥으로부터 최소한 네 발짝은 떨어져 암송하라고 한 현자가 조언했다. 하지만 그래도 냄새가 나면 어떡하지요? 다른 현자가 물었다. 그러자 또 다른 현자가 끼어들었다. 음, 아마 그건 똥이 축축한지 건조한지에 따라 다를 겁니다. 하지만 그 똥이 얼마나 건조한지 어떻게 판단하지요? 누군가가 물었다. 그런 다음 그는 곧바로 어느 존경받는 교사가 자신의 충실한 학생을 보내 똥 한 덩어리의 구체적인 굳기를 확인하게 했다는 이야기를 들려주었다. 이 이야기에 내 아들들이 즐거워해서, 나는 내게 명백한 사실로 다가왔어야 했던 것을 그제야 깨달았다. 그 논의는 원래는 (특히 실내 화장실이라는 것이 발명되기 전에는) 심각한 것이었을 수도 있지만, 틀림없이 어느 지점에선가 진지한 얼굴로 하는 유머, 혹은 화장실 유머로 넘어갔을 것이다. 어느 쪽이든, 그때나 지금이나 세상은 정말로 똥으로 가득 차 있다. 우리는 똥이 거기 없는 척하든지, 우리 자신을 병들게 만들지 않으면서 똥과 함께 살아갈 방법을 곰곰이 생각해보면 된다.

보이지 않는 '악마들'에 관한 토라의 논의에서도 이와 비슷하게 돌림노래처럼 장난을 치는 일종의 힘들이 나타났다. 여러 현자들이 나와 그 악마들은 수천 마리가 한 사람을 둘러싸고 갖가지 고통과 질병을 일으킨다고 주장했다. (20세기의 뛰어난 현자 두 명은 'demons'라는 모호한 단어에 대해 '세균'이라는 새로운 역어를 제시했다.) 이 '악마들'을 볼 수 있는 방법이 있을까? 현자들은 궁금해했다. 랍비 한 명이 있다고 대답했다. 첫째로 태어난 검은 암고양이에게서 또다시 첫째로 태어난 검은 암고양이의 태반을 구해 갈아서 불에 태운 다음 그 재를 두 눈에 문지르기만 하면 됐다. "그러면 그 악마들이 보일 겁니다." 또다른 현자가 이 지시에 따르자 악마들이 보였는데, 그 악마들은 아마도 갈아서 불에 태운 고양이 태반처럼 보였던 것 같다. 나는 웃음을 멈출 수가 없었다. 그렇지만 한편으로 생각해보면, 악마들은 정말로 어디에나 존재한다. 그것들은 눈에 보이지 않고, 수천이나 되며, 우리 모두의 주머니 속에 있는 모든 화면에서 거짓말을 퍼뜨리고 고통을 일으킨다. 하느님은 매일매일 화가 나 계신다. 누가 그렇지 않겠는가?

현자들은 애도를 한다. 아들 열 명이 세상을 떠난 한 랍비는 자신의 죽은 열 번째 아들의 뼈를 가지고 다니면서 만나는 모든 문상객에게 그것을 보여주고, 자신의 고통과 함께 연민을 나눠준다. 신랑 신부에게 세레나데를 불러달라는 부탁을 받은 또 다른 랍비는 자리에서 일어나 이렇게 노래 부른다. '여러분은 죽을 겁니다.' 다른 랍비들은 결혼식에서 유리잔을 박살내는데, 이것은 내 결혼식에서도 계속되었던 관습이다. 우리의 세상은 부서진 세상이다. 재건하는 일은 힘겹고, 매일같이 계속되며, 끝이 없고, 결혼식에 이어지는 결혼생활과 비슷한데, 그것은 행복한 결말이 아니라 불완전한 시작과 같다. 저녁 셰마는 언제부터 암송할 수 있는가?

현자들은 타인들을 모욕하지 않고 다른 의견을 갖는 방법을 고민한다. 어느 현자는 다른 사람을 공개적으로 부끄럽게 만드는 것보다는 불타는 용광로에 들어가는 게 낫다고 단언한다. 랍비 고등법원 법원장이 자신과 의견이 다른 현자를 공공연히 모욕하자, 법원은 법원장을 탄핵하고 자리에서 쫓아낸다. 자신이 모욕했던 현자가 존중받는 것을 본 전직 법원장은 그 현자의 집에 찾아가는데, 그 현자는 거기서 소박한 대장장이로 살아가고 있다. 현자가 처음에 전직 법원장을 모른 척하자, 법원장은 용서해달라고 애원하며 되풀이해 사과한다. 전직 법원장의 사과가 받아들여지자 법원은 그를 원래의 자리로 복직시키지만, 다만 그의 자리에 내정된 그 현자와 직책을 함께 맡으라는 조건을 붙인다. 대장장이 현자의 도움으로 실현된, 전에는 적이었던 사람을 위한 절충안이었다. 내가 이 단락들을 공부할 때 뉴스는 대통령 탄핵 심판으로 시끄러웠고, 우리의 공적인 삶은 부패와 모욕만 있을 뿐 화해나 심지어는 진실함에조차 전혀 관심이 없는 역겨운 광경으로 변해 있었다. 부서진 세상을 재건하는 일에는 몇 가지 방법이 있는데, 거기에는 겸손과 공감, 어떤 사람도 다른 사람보다 우월하지 않다는 변함없는 인식이 필요하다. 그 변함없는 인식에는 실천과 경계심, 모든 야경의 밤에 깨어 있는 태도가 필요하다.

현자들은 세상이 부서져 있다는 걸 안다. 그들은 부서진 조각들을 꽉 붙잡고 있다. 자신이 공부했던 토라를 잊어버린 노학자는 십계의 깨진 조각들, 백성들이 우상숭배로 돌아서자 좌절한 모세가 박살내버렸던 석판들에 비유된다. 이 부서진 석판들은 그것들을 대신한 새로운 석판들과 함께 계약의 궤에 담겼고, 산산이 부서진 조각들 또한 하느님과의 계약의 일부가 되었다. 자신이 알던 것을 잊어버린 노학자는 여전히 존경받으며, 사람들은 자신이 여행을 할 때 그를 데려가준다. 내가 한때 가치 있게 여겼던 것들의 기억이 사라지고, 줄어들고, 부서져가는 지금, 나는 이따금씩 그 노학자가 된 기분이다. 내가 페이지를 넘기자 오래전에 세상을 떠난 이 학자들이 내게 격려를 보내주었다.

『탈무드』 공부에, 특히 다프 요미에 위안이 되는 면이 있다면 절대 혼자 공부하지 않아도 된다는 것이다. 자신이 왜 옳은지를 서로에게 소리쳐대는 사람들과는 달리, 온라인으로 모인 다프 요미 학습자들은 이 문장의 뜻은 무엇인지, 자신의 해석이 괜찮은지, 더 깊은 의미가 무엇인지 서로에게 묻는다. 나는 이 낯선 사람들에게, 그들의 성실함과 담백함에, 오늘날 온라인에서나 오프라인에서나 드물게만 마주치게 되는 그 자질들에 놀라 말을 잇지 못한다. 놀랍게도 이들 중 많은 사람들이 유대교로 개종하는 과정 중에 있는 비유대인으로, 아무것도 보이지 않는 어둠 속에서조차 이 여행에 자발적으로 합류한 사람들이다.

훨씬 더 놀랍게도, 다프 요미에 참여한 내 동료 학습자 중 한 명은 내 어머니인데, 세상에서 시시콜콜 따지는 것과는 가장 거리가 먼 분이 등록을 하고 아직까지도 그만둘 기미를 보이지 않고 있다. 열네 명의 손주를 둔 할머니인 내 어머니는 이제 셰마 암송도 하는데, 어머니의 말에 따르면 "나는 야경의 밤에는 언제나 깨어 있기 때문"이라고 한다. 겨우 네 아이의 어머니일 뿐이지만 나 역시 야경의 밤에 자주 참여하고 있다. 다프 요미가 끝나면 우리는 각각의 세대에서 일곱 살씩 더 나이를 먹을 것이고, 하느님이 도우신다면 7년만큼 더 지혜로워질 것이다. 우리가 전에 배웠던 것을 잊어버린다 해도, 우리가 부서진다 해도, 우리의 잊힌 지혜가 부서진 석판 조각들처럼 덜컹거리며 머릿속을 굴러다닌다 해도 그럴 것이다.

나는 여전히 오늘의 오래되고 오래된 뉴스를 따라 읽는다. 하지만 이제 나는 그것으로부터 몸을 돌려 오래된, 아주 오래된 것을 향하기도 한다. 살아 있는 모든 사람들에게 언제나 그렇듯 내 몸에도 영원히 유령들이 출몰한다. 우리의 머릿속은 우리보다 앞서 이곳에 왔던 사람들의 두려움과 희망이 거주하는 장소이기 때문이다. 나는 페이지를 넘기며 그곳으로 되돌아간다. 나와 함께 페이지를 넘겨주는, 살아 있거나 죽은 모든 동료 독자들이 나를 데려가주는 것을 느끼며.

감사의 말

나 혼자였다면 결코 여행할 일이 없었을 길들을 따라 가 보자고 권해준 너그러운 편집자들 덕분에 이 책이 태어날 수 있었다. 대부분의 다른 책들보다 더욱더 그랬다. 이 프로젝트에 해볼 가치가 있다고 나를 안심시켜준 에이전트 게리 모리스에게, 그리고 그 관대함과 통찰력으로 어김없이 내게 깊은 인상을 남기는 노튼 출판사의 편집자 얼레인 살리에르노 메이슨에게 늘 감사를 보낸다.

하지만 이번에는 감사하고픈 편집자들이 더 많은데, 내가 곰곰이 생각해본 적 없는 주제들을 탐구해보라고 권해준 사람들, 그리고 나 스스로 미심쩍은 본능을 따라가도록 나를 신뢰해준 사람들이 그들이다. 〈태블릿〉의 얼라나 뉴하우스와 데이비드 새뮤얼스, 매튜 피시빈, 〈주이시 리뷰 오브 북스〉의 에이브 소커, 〈스미소니언〉의 제니 로덴버그 그리츠, 〈뉴욕 타임스〉의 레이철 드라이, 〈애저〉의 말라 브레이버먼, 앤솔로지 『미국의 에스더Esther in America』(머기드북스, 2021)의 편집자 스튜어트 핼펀, 그리고 〈애틀랜틱〉의 요니 애플바움, 이 책에 실린 이야기들을 믿고 처음으로 매체에 실어준 것에, 그리고 그들 각자의 뛰어난 아이디어와 제안들에 감사한다. 또한 너그럽게 시간을 내어 유대인들의 과거를 이해하기 위한 자신만의 대담하고도 획기적인 접근법을 공유해준 수많은 사려 깊은 사람들에게, 자신들의 경험에 대한 그들의 통찰력 있는 의견에 감사한다. 그들 가운데는 단 벤카난, 피에르 소바주, 알라 주스킨 페렐만, 제이슨 구버먼 페퍼, 프랜 멀리노, 아이린 클루르만, 보니 갈라트, 진 이스파, 알렉스 나훔손, 짐 프라이, 에디 애시커나지, 크리스티 셔먼, 그리고 이 책에는 실리지 못한 많은 이들이 있다. 또한 참고문헌에 정리한 저자들을 비롯해 모르는 사이에 자신의 전문 지식을 내게 빌려준 사람들에게도 감사한다.

이 책에는 내 부모님인 수전과 매튜 혼, 특히 내가 유대인의 과거에 대해 호기심을 갖고 현재의 우리가 그것을 이용하는 방법을 자각하는 사람이 되도록 길러주신 내 어머니의 흔적이 남아 있다. 또한 20년 넘게 죽은 유대인 이야기를 하는 나를 견뎌주고 언제나 원래의 나보다 용감한 사람이 되도록 격려해준 내 남편 브렌든 슐먼의 영향도 담겨 있다.

우리의 아이들인 마야, 아리, 일라이 그리고 로넨에게 이 책을 바친다. 그애들이 이 책을 읽을 필요를 느낄 일이 없었으면 하는 것이 나의 열렬한 소망이다.

해설

타자他者와 사자死者, 문명에 대한 급진적 질문

정희진(이화여대 초빙교수, 서평가)

이 책의 제목, '사람들은 죽은 유대인을 사랑한다People Love Dead Jews'를 좀더 이해하기 쉽게 번역한다면, '사람들은 죽은 유대인만 사랑한다'가 될 것이다. 이 책은 제목이 책 내용을 완벽하게 요약한 좋은 예이다.

세 가지 삽화를 소개한다. 미국의 시인 오드리 로드는 다중적 억압을 이야기할 때 자주 소환되는 인물이다. 흑인, 여성, 레즈비언, 게이 남성과의 사이에서 낳은 두 아이의 일하는 엄마… 젠더, 인종, 성 소수자가 교직된 삶을 살았다. 미국 사회에서 유대인도 그런 요소다. 이를테면 내가 한국 사회에서 '중년, 여성, 건강 약자'라는 정체성으로 표현된다면, 어떤 미국 시민은 '유대인 가난한 노동계급'이라고 자신을 나타낼 수 있다. '유대인'은 계급, 인종, 젠더처럼 한 사람의 삶을 좌우할 수 있는 사회구조다.

일본의 정치철학자 하시가와 분조는 '죽은 아이'와 '아이의 죽음'의 차이에 대해 논한 적이 있다. 부모에게는 죽은 아이가 중요하지만, 아이의 죽음만을 강조하는 사람들도 있다. 대개 전자는 구체적인 슬픔, 후자는 사건이라는 대비로 이해할 수 있지만, 아이의 죽음이 특정 세력의 이익을 위해 정치적으로 활용될 경우 중대한 문제가 된다. 일본군 '위안부'가 피해자 개인의 인권보다 민족주의의 영향력 안에서 다루어질 때, 사회적 약자의 고통은 특정 지배 세력에게 정치적 자원, 즉 레버리지가 된다. 인간의 죽음을 '~주의'에 이용하는 세계에서는, 살아 있는 피해자의 인권보다 죽은 피해자가 더 중요하다. 그것이 사람들이 죽은 유대인을 사랑하는 이유다.

미하엘 하네케의 영화 〈히든〉은 프랑스와 알제리의 후기(포스트) 식민 상황을 다룬다. 영화는 피억압자가 얼마나 지배자에게 자기 존재와 피해를 인정받고 싶어하는지를 보여준다. 그 방식은 알제리인이 오랜 친구인 프랑스인 앞에서 자살하는 자해, 열사烈士의 정치다. 그러나 정작 그 프랑스인은 사건 이후 집에 와서 낮잠을 잔다. 사실 가해자는 죽음으로 호소하는 피해자에게도 관심이 없다. "사람들은 죽은 유대인을 사랑한다"는, 죽은 유대인도 사랑하지 않는다는 이야기다.

이 책은 사회적 약자의 죽음을 지배 문화가 어떻게 활용하는지에 대한 고전이 될 만한 작품이다. 서양의 역사는 유대인Judea人/猶太人과 다른 문화들의 관계사라고 해도 과언이 아닐 만큼, 유대 문화는 서양사를 이해하는 데 광범위한 영역을 차지하고 있다. 우리는 이 책을 통해 유대인들이 1000년 이상 중국에서 살아왔으며 하얼빈이 유대인이 세운 도시라는 사실이나 셰익스피어의 『베니스의 상인』을 비롯해 서양 문학에서 유대인이 주로 고약한 고리대금업자로 등장하는 정치경제학적 배경을 알 수 있다(정착지를 찾지 못했던 유대인에게는 농사보다 상업, 금융업이 유리했다).

지금 전 세계에 존재하는 유대인은 1500만 명 정도. 그중 950만 명이 1948년부터 중동 한복판에 이스라엘이라는 나라를 세우고 정주하고 있다. 유대인 이야기가 『탈무드』나 홀로코스트로 국한되고 이들이 왜 기독교, 이슬람교, 팔레스타인과 극도의 갈등 관계에 있는지는 이 글의 관심사가 아니다. 성서에는 수십 개의 외전外傳/外典이 있다. 이슬람교도와 기독교도가 같은 신을 믿는다는 사실이 생소한 독자도 많을 것이다.

수천 년간 민족적 정체성을 지키고 살아왔다고 해도 '혼혈'의 불가피성을 생각할 때 유대인은 다른 집단 정체성과 마찬가지로, 상상이 실제로 작동하는 공동체이다. 그리고 이 모든 것은 우리가 역사라고 부르는 이야기story로 만들어진 현실이다.

'유대인'인 저자의 표현대로 "히브리어 성서는 결코 역사적 맥락에서 논의되지 않았는데, 우리 자신이 곧 역사적 맥락이기 때문이었다. 성서는 곧 우리의 현재였고, 우리 가족의 종교 생활 속에서 그런 방식으로 다루어졌다. 매주 안식일이면 우리의 식탁에서는 천지창조가 다시 일어났"(17쪽)다. 유대 민족은 실재가 아니라 담론과 관습의 산물이다. 물론 정체성은 억압받을 때 생성되는 사회의식이므로 유대인들의 민족적 정체성은 강력하고 전투적이다. 한편 정체성의 정치는 피해의 자각이라는 원한, 즉 '르상티망ressentiment'에서 생기기 때문에, 피해자는 자신이 가해자일 수도 있다는 사실을 잊기 쉽다. 시오니즘이 그것이다(미-이스라엘 동맹이 팔레스타인을 억압하는 현실은 이 책에 접근하는 데 혼란을 줄 수도 있을 것이다).

어쨌든 이 책은 유대인의 자기 서사 혹은 유대인에 '대한' 것이 아니다. 유대인은 다른 집단, 문화와의 관계 속에서 규정된 이들이다. 특히 미국 문화 전반, 역사, 미디어, 예술 작품, 공적인 제도들, 사람들의 고정관념 등 유대인이 개념화되는 방식을 다룬다. 이 책은 반유대주의가 어떻게 죽은 이들을 숭배하는 방식으로 만들어졌으며, 그 효과로 살아 있는 동시대 유대인의 시민권까지 박탈하는가에 대한 래디컬한 문제 제기다. 책은 지적으로 풍요로우면서도 신랄하고 유려하다. 융합적 방식으로 공부한다면, 서양사를 이해하기에 가장 좋은 텍스트라고 생각한다.

인간은 자신을 어떻게 알 수 있는가. '나'는 '너'의 탄생으로만 가능하다. 남성의 입장에서 자신과 다르게 '생긴' 최초의 타자는 여성이었다. 미소지니가 문명의 매트릭스인 이유다. '나'는 나와 구별되는 타자의 존재를 조작함으로써 존재할 수 있다. 주체인 '나'는 '너'가 아닌 사람이다. 타인을 그대로 두지 않고 나를 기준으로 내가 아닌 존재로 만드는 과정이 '타자화'이다. 너와 나의 차이는 내가 규정한다. 이 규정은 오로지 나를 설명하기 위한 것이므로 숭배든 혐오든 그것은 중요하지 않다.

필요에 의해 연속선continuum을 이루거나 무관심, 집단 학살, 따돌림, 배제 등 어떤 행위도 가능하다. 너는 내가 만든 것이고, 그것이 객관이기 때문이다. 동양은 서구의 재현이고(오리엔탈리즘), 여성은 남성의 재현이다(젠더). '동양' '여성'이 실재가 아니라 규범인 이유다.

사람들은 약자를 싫어한다. 불편하다. 당황스럽다. 이들을 도와주어야 할까, 배려해야 할까. 그들의 요구에 뭔가 응답해야 하나? 아니면 나도 '저들처럼' 되면 어떻게 하지? 저들이 나를 위협하지는 않을까. 장애인, 동성애자, 이주 노동자, 이교도…는 나와 다른 이들이고 나의 통제 밖에 존재한다. 불안하다. 그러나 이러한 심리는 인도주의적 당위나 윤리적이고자 하는 인간의 또 다른 욕망과 충돌한다. 이 모순을 해결하는 방법에는 여러 가지가 있다.

이 책은 타자화 방식 중 죽은 자를 숭배하는 측면을 다룬다. 유대인은 죽은 유대인을 통해 만들어졌다. 사회적 약자의 범주는 객관적이지 않다. 객관화할 수 없기 때문에, 그것을 객관으로 만들어야 하는 정교한 장치가 필요하다. 죽음은 삶의 연속일 뿐이지만, 죽음을 타자화하는 문화는 죽음에 초월적 이미지를 부여한다.

가장 일상화된 문화는 젠더이다. 피해자는 대표적인 성역할이다. 여성은 남성과 같은 인간이 아니라 남성 문화의 상징으로 물화되어왔다. 여성의 몸은 언제나 종교, 민족, 이데올로기 등 남성 집단 문화의 싸움터로 재현되어왔다. 이는 조선 시대 열녀 문화에서 전시 성폭력까지, 역사의 조건 그 자체였다.

이때 여성은 남성 집단을 위해 죽어야만 시민권을 획득한다. 미군정 이래 수많은 기지촌 성산업에 종사했던 수많은 여성이 강간·살해되었다. 1992년 故윤금이 사건 전까지는 제외된 역사였지만 이후 평소 한국 사회의 최하층민, "양공주"로 불렸던 기지촌 여성은 "민족의 순결한 딸"로 호명되었다. 기지촌 여성은 살아 있을 때는 오욕을 뒤집어썼지만, 죽음으로써 지배 문화(민족주의)에 유리하게 이용될 때 비로소 '사람'이 된다.● 죽어야 하는 것이다. 일본군 '위안부'도 마찬가지다.

여성과 민족ethnicity은 오래된 타자성이다. 사람들은 유대인을 싫어한다. 유대인은 싫지만, 그것을 드러내는 것은 문명인의 교양이 아니다. 대신 유대인의 수난사에 관심을 보이고 죽은 유대인을 유대인으로 대표하고 재현한다. 이것이 인간의 존재성을 생사로 구분하는 끔찍한 구별 짓기다. 죽은 사람만 인간이라는 뜻이다. 같은 시민으로서 살아 있는 유대인에 대한 혐오나 차별, 고정관념을 사회정의의 의제로 삼는 대신, 죽은 유대인을 찬양함으로써 '우리는 안전해진다'. 이것이 사회적 약자의 죽음을 숭배함으로써, 죽은 자와 산 자를 모두 매장하는 방식이다.

당대는 특히 그러하다. 유대계 폴란드인 역사학자 비톨트 쿨라는 "예전에 유대인은 재산, 자격증, 사회적 지위, 국제적 연줄 때문에 질시의 대상이었다…. 오늘날 그들은 시체소각로 때

● 정희진 편집, 한국여성의전화연합 기획, 「죽어야 사는 여성들의 인권 : 한국기지촌여성운동사, 1986-1998」, 『한국 여성인권운동사』, 한울, 1999.

문에 질시받고 있다"*고 말했다. 그의 언급이 중요한 이유는 내용도 그렇지만, 신자유주의의 피해자주의를 1980년 초에 '예견'했다는 사실이다. 지금 세상을 보라. 모두 아귀가 된 개인들이 서로 밀치고 넘어뜨려야만 생존 가능한 신자유주의 체제에서, 윤리적인 인간은 존재할 수 없다. '윤리적 인간'이 되는 유일한 방법은 피해자가 되는 것이다. 혹은 피해자라고 주장하는 것이다. 그래서 사람들은 실제 피해 여부와 관련 없이 피해자성을 선점하고 피해의식을 경쟁한다. 그래서 '죽은 유대인 사랑'은 이 시대 더욱 윤리성을 획득한다.

나는 두 가지 의미에서 이 책이 피해자 민족주의가 강력한 한국 사회에 매우 중요한 의미가 있다고 생각한다. 우리 사회는 '올바른' 피해자를 찾는다. 그 정점은 외세의 피해자들이다. 일제강점기나 미군 범죄 피해자들은 비참한 죽음을 통해서만 한국 사회에 수용된다. 자기 권리를 찾는 피해자들은 배제는 물론, 심지어 폭력의 대상, 민족의 반역자, 매춘 여성이 된다 (일본군 '위안부' 피해자에게 일본 정부와 민간인들이 지급하려고 했던 소위 국민 기금 사건은 피해자의 기본적 선택권마저 박탈한 사례다).

다른 한 가지 시사점은 한국 사회의 혐오 담론의 오식이다. 막말, 비하, 모욕은 혐오의 일부분이다. 혐오는 본질적으로 배제와 타자화의 정치이다. 무엇이 피해이고, 피해자를 규정할

● 임지현, 『희생자의식 민족주의-고통을 경쟁하는 지구적 기억 전쟁』, 휴머니스트, 2021.

수 있는 권력의 장소는 어디인가. 진영 논리 사회에서는 불가능한 논쟁이다. 소모적인 논쟁 속에서 가해자와 피해자가 뒤바뀐다. 가해와 피해는 팩트가 아니라 경합의 과정이지만, 경합의 조건—다양한 목소리—이 없다는 의미다. 타인을 타자로 만드는 이들은 "우리는 억울하다. 우리는 당신들을 차별하지 않았다. 오히려 존중했다(봐줬다)"고 반발한다.

끔찍한 일상, '사람들은 죽은 유대인을 사랑한다'는 뜻은 유대인은 죽어야만 시민권을 획득할 수 있다는 말이다. 혐오와 테러의 일상에 마주한 유대인의 몸은 죽어서는 '유령', 살아서는 유령의 집이자 유령을 연상시키는 공간(그릇)으로 간주된다. '죽은 유대인 사랑'은 존재하는 이들을 존재하지 못하도록 하는 불가능한 임무를 수행한다.

참고문헌

Alexander, Sidney. *Marc Chagall: An Intimate Biography.* New York: Paragon House, 1978.

Arendt, Hannah. *Eichmann in Jerusalem: A Report on the Banality of Evil.* New York: Viking, 1963.

(한나 아렌트, 김선욱 역, 『예루살렘의 아이히만』, 한길사, 2006)

Arendt, Hannah, and Mary McCarthy. *Between Friends: The Correspondence of Hannah Arendt and Mary McCarthy, 1949-1975.* Edited by Carol Brightman. New York: Harvest Books, 1996.

"As Jewish Enclaves Spring Up Around NYC, So Does Intolerance." Associated Press, January 2, 2020.

Ault, Alicia. "Did Ellis Island Officials Really Change the Names of Immigrants?" *Smithsonian,* December 2016.

Bale, Rachael, and Jani Hall. "What You Need to Know About Tiger Farms." *National Geographic,* February 2017.

Bar-Itzhak, Haya. *Jewish Poland-Legends of Origin: Ethnopoetics and Legendary Chronicles.* Detroit: Wayne State University Press, 2001.

Ben-Canaan, Dan. "The Jewish Experience in China and Harbin: The Chinese Perception of the Other." Lecture delivered at the Hong Kong Jewish Historical Society (text provided to the author). May 29, 2016.

───── . *Jewish Footprints in Harbin.* Harbin: China Education Press, 2018.

───── . *The Kaspe File: A Case Study of Harbin as an Intersection of Cultural and Ethnic Communities in Conflict, 1932-1945.* Harbin: Heilongjiang University People's Publishing House, 2008.

Bialik, Chaim Nachman. *Shirot Bialik: A New and Annotated Translation of Chaim Nachman Bialik's Epic Poems.* Edited and translated by Steven L. Jacobs. Columbus, Ohio: Alpha Publishing Company, 1987.

Bloom, Harold. *Shakespeare and the Invention of the Human.* New York: Riverhead, 1998.

Bowd, Stephen, and J. Donald Cullington. *"On Everyone's Lips": Humanists, Jews, and the Tale of Simon of Trent.* Phoenix: Arizona Center for Medieval and Renaissance Studies Press, 2012.

Bresler, Boris. "Harbin's Jewish Community 1898–1958: Politics, Prosperity and Adversity." *Jews of China, Volume 1: Historical and Comparative Perspectives.* Edited by Jonathan Goldstein. London: Routledge, 1998.

Caldwell, Christopher. "Hero and Oddball." Review of *A Quiet American: The Secret War of Varian Fry* by Andy Marino. *Policy Review,* February 1, 2000.

Chagall, Marc. *My Life.* 1925. Translated by Elisabeth Abbott. New York: Orion Press, 1960.

Cohen, Gerson D. "The Story of the Four Captives." *Proceedings of the American Academy for Jewish Research 29* (1960–61).

Dautch, Aviva. "A Jewish Reading of *The Merchant of Venice.*" British Library, March 15, 2016.

Diarna: The Geo-Museum of North African and Middle Eastern Jewish Life. Forthcoming oral-history interviews screened for the author. Publicly available at www.diarna.org.

Duberman, Martin. *The Worlds of Lincoln Kirstein.* New York: Knopf, 2007.

Fallon, Scott. "Tensions Within a Changing Community Are Heightened in the Wake of the Jersey City Tragedy." *The Star-Ledger* (New Jersey), December 20, 2019.

Fermaglich, Kirsten. *A Rosenberg by Any Other Name: A History of Jewish Name Changing in America.* New York: New York University Press, 2018.

Feuchtwanger, Lion. *The Oppermanns.* New York: Viking, 1934.

Frank, Anne. *Diary of Anne Frank: The Revised Critical Edition.* Edited by David Barnouw and Gerald Van Der Stroum. Netherlands Institute for War Documentation, translated by Arnold J. Pomerans et al. New York: Doubleday, 2003.

(국내에는 '안네의 일기'라는 제목으로 번역·출간되었다.)

Frank, Steve. "*The Merchant of Venice* Perpetuates Vile Stereotypes of Jews." *The Washington Post,* July 28, 2016.

Fry, Varian. *Surrender on Demand.* New York: Random House, 1945.

─────. Varian Fry Papers, 1940-1967. 20 boxes. Columbia University Rare Book and Manuscript Library, New York.

Gitelman, Zvi. *Jewish Nationality and Soviet Politics: The Jewish Sections of the CPSU, 1917-1930.* Princeton: Princeton University Press, 1972.

Glatshteyn, Yankev. "Good Night, World." 1938. *American Yiddish Poetry: A Bilingual Anthology.* Edited and translated by Barbara Harshav and Benjamin Harshav. Berkeley: University of California Press, 1986.

Gold, Mary Jayne. *Crossroads: Marseille, 1940.* New York: Doubleday, 1980.

Gradowski, Zalman. "The Czech Transport: Chronicle of the Auschwitz Sonderkommando." 1944. Translated by Robert Wolf. In *The Literature of Destruction: Jewish Responses to Catastrophe,* edited by David G. Roskies. Philadelphia: Jewish Publication Society, 1989.

Graetz, Heinrich. *History of the Jews, Volume 1.* Translated by Bella Lowy. Philadelphia: Jewish Publication Society, 1989.

Ibn Daud, Abraham. *The Book of Tradition: Sefer Ha-Qabbalah.* Translated by Gerson D. Cohen. Philadelphia: Jewish Publication Society, 1967.

Isenberg, Shelia. *A Hero of Our Own: The Story of Varian Fry.* New York: Random House, 2001.

Julius, Anthony. *Trials of the Diaspora.* Oxford: Oxford University Press, 2010.

Kermode, Frank. *The Sense of an Ending.* New York: Oxford University Press, 1966.

(국내에는 '종말 의식과 인간적 시간'이라는 제목으로 번역·출간되었다.)

Kirstein, Lincoln. *Mosaic: Memoirs*. New York: Farrar, Straus & Giroux, 1994.

Kurshan, Ilana. *If All the Seas Were Ink*. New York: St. Martin's Press, 2017. (일라나 쿠르샨, 공경희 역, 『사랑은 끝났고 여자는 탈무드를 들었다』, 살림, 2018)

Lowery, Wesley, Kevin Armstrong, and Deanna Paul. "Jersey City Grapples with Ramifications of Shooting at Kosher Market." *The Washington Post*, December 12, 2019.

Marino, Andy. *A Quiet American: The Secret War of Varian Fry*. New York: St. Martin's Press, 1999.

Mendele Moykher Seforim. *The Mare*. Translated by Joachim Neugroschel. In *Great Tales of Jewish Fantasy and the Occult*, edited by Joachim Neugroschel. Woodstock, NY: Overlook Press, 1987.

Miller, Henry B. "Russian Development of Manchuria." *National Geographic*, March 1904.

Nahman of Bratslav. *Nahman of Bratslav: The Tales*. Translated by Arnold J. Band. New York: Paulist Press, 1978.

Nightingale, Carl. *Segregation: A Global History of Divided Cities*. Chicago: University of Chicago Press, 2012.

Ozick, Cynthia. "Who Owns Anne Frank?" *The New Yorker*, October 6, 1997.

Palmieri-Billig, Lisa. "Libyans Protest Jew Attempting to Reopen Synagogue." *Jerusalem Post*, October 7, 2011.

Perelman, Ala Zuskin. *The Travels of Benjamin Zuskin*. Translated by Sharon Blass. Syracuse: Syracuse University Press, 2015.

Po-chia Hsia, R. *Trent 1475: Stories of a Ritual Murder Trial*. New Haven: Yale University Press, 1996.

Rosen, Armin. "Everybody Knows: As the Leading Targets of Hate Crimes, Jews are Routinely Being Targeted in the Streets of New York City." *Tablet*, July 15, 2019.

Rosenfarb, Chava. *The Tree of Life: A Trilogy of Life in the Łódź Ghetto*. Translated by Chava Rosenfarb and Goldie Morgentaler. Madison:

University of Wisconsin Press, 1985.

Rubenstein, Joshua, and Vladimir P. Naumov, eds. *Stalin's Secret Pogrom: The Postwar Inquisition of the Jewish Anti-Fascist Committee.* Translated by Laura Esther Wolfson. New Haven: Yale University Press, 2001.

Sauvage, Pierre. *And Crown Thy Good: Varian Fry and the Refugee Crisis, Marseille 1940-41.* Forthcoming film; excerpts and additional interviews screened for the author. Varian Fry Institute, Los Angeles. www. varianfry.org.

Sawin, Martica. *Surrealism in Exile and the Beginning of the New York School.* Cambridge, MA: MIT Press, 1995.

Seidman, Naomi. "Elie Wiesel and the Scandal of Jewish Rage." *Jewish Social Studies 3,* No. 1 (Autumn 1996).

Shickman–Bowman, Zvia. "The Construction of the China Eastern Railway and the Origin of the Harbin Jewish Community." *Jews of China, Volume 1: Historical and Comparative Perspectives.* Edited by Jonathan Goldstein. London: Routledge, 1998.

Sholem Aleichem. *Tevye the Dairyman and the Railroad Stories.* Translated by Hillel Halkin. New York: Schocken, 1987.

Simpich, Frederick. "Manchuria, Promised Land of Asia." *National Geographic,* October 1929.

Skidelsky, Robert. "A Chinese Homecoming." *Prospect* (UK), January 22, 2006.

Song, Lihon. "Some Observation on Chinese Jewish Studies." *Contemporary Jewry* 29, No. 3 (December 2009).

Su, Ling. "Harbin Jews: The Truth." *Southern Metropolis Life Weekly* (China), April 2007.

The Travels of Benjamin of Tudela. Animated film (non-credited), 1978. Oster Visual Documentation Center, Museum of the Jewish People (Beit Hatfutsot), Tel Aviv.

U.S. Millennial Holocaust Knowledge and Awareness Survey. Survey commissioned by Claims Conference (Conference on Jewish Material Claims Against Germany) and conducted by Schoen Consulting, www. claimscon.org, 2020.

Weisz, George, and Donatella Lippi. "Roderigo Lopez: Physician-in-Chief to Queen Elizabeth I of England." *Rambam Medical Journal* 8, No. 3 (July 2017).

White, Nic. "Anne Frank House Banned Orthodox Jewish Employee from Wearing His Skullcap at Work." *Daily Mail* (UK), April 15, 2018.

Yehoshua, A. B. *Mr. Mani,* 1989. Translated by Hillel Halkin. New York: Doubleday, 1992.

옮긴이 서제인

기자, 편집자, 작가 등 글을 다루는 다양한 일을 하다가 번역을 시작했다. 거대하고
유기체적인 악기를 조율하는 일을 닮은 번역 작업에 매력을 느낀다. 옮긴 책으로
『잃어버린 단어들의 사전』『노마드랜드』『아파트먼트』『아무도 지켜보지 않지만 모
두가 공연을 한다』『코펜하겐 삼부작』『300개의 단상』『어른 이후의 어른』『지나친
고백』 등이 있다.

사람들은 죽은 유대인을 사랑한다

1판 1쇄   2023년 4월 12일
1판 3쇄   2023년 5월 17일

지은이   데어라 혼
옮긴이   서제인
펴낸이   김이선
편집   김소영 황지연
디자인   김마리
마케팅   김상만

펴낸곳   (주)엘리
출판등록 2019년 12월 16일 (제2019-000325호)
주소   04043 서울특별시 마포구 양화로 12길 16-9 (서교동 북앤빌딩)

✉   ellelit@naver.com
🐦 📷   ellelit2020
전화   (편집) 02 6949 3804 (마케팅) 02 6949 1339
팩스   02 3144 3121

ISBN   979-11-91247-33-6 03300